墓から探る社会

川崎市市民ミュージアム 編
土生田純之 企画

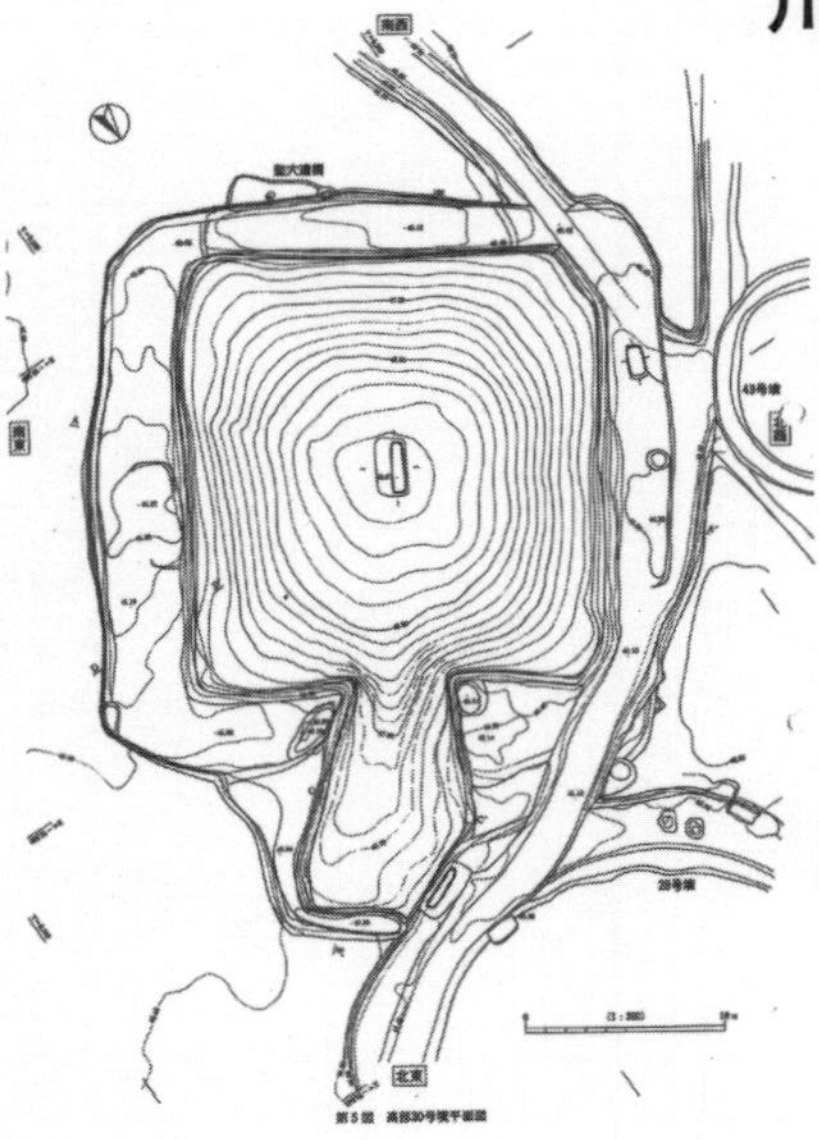

雄 山 閣

はじめに

都市化が著しい首都圏においても、近年の発掘調査の進展によって、地域の歴史を考える新たな材料が増加しています。弥生時代の集落と墳墓の在り方や墳墓としての古墳、その時代としての古墳時代も、これまでとは違った時代像が生まれようとしています。川崎市およびその周辺についても、弥生時代の墳墓から古墳の発生、その展開と終焉、埴輪の生産と流通などで、新たな発見と考えが生まれています。そこで川崎市市民ミュージアムと横浜市歴史博物館・府中市郷土の森博物館が協議し、弥生時代から飛鳥時代の墓の様相を、多角的にとらえる展覧会を計画し、平成十八年に「弥生・古墳・飛鳥を考える」という統一テーマを設定し、川崎市市民ミュージアムでは「古墳の出現とその展開」展を開催いたしました。この三館連携の展覧会で、中心的なイベントとして「墓」をテーマにしたシンポジウムが計画され、川崎市市民ミュージアムが担当となりました。

展覧会は考古学や歴史学の成果をもとにしたものですが、シンポジウムでは研究分野・研究方法にとらわれず、墓から社会を探る目的で、民俗学・社会学・中国文学などの研究者とともに、討論を行ないました。本書はその時のシンポジウムの記録と関連する論文からなっています。「葬送儀礼」―「死生観」―「墓の変容」などを切り口にして、弥生時代から現代社会、東アジアからアメリカ大陸にいたる「墓」を浮き彫りにしています。墓の多様性と共通性を一人でも多くの方に理解していただければ幸いです。

本書を刊行するにあたってご協力いただいた、すべての方々に感謝申し上げます。

編者代表　川崎市市民ミュージアム　館長　志賀健二郎

例言

一　本書は平成十八年六月三日・四日に、川崎市市民ミュージアム映像ホールで行なわれた、「墓から探る社会―弥生から古墳の墓へ―」と題したシンポジウムの記録集に、関連論文・コラムを加えたものである。

二　シンポジウムは展覧会「古墳の出現とその展開」の関連として計画したものであり、この展覧会は「弥生・古墳・飛鳥を考える」の大テーマのもと、横浜市歴史博物館「弥生の人びとの眠る場所」展、府中市郷土の森博物館「あすか時代の古墳」展と同時期に連携して実施した展覧会であった。本シンポジウムは、三館連携の事業として位置づけられ、川崎市市民ミュージアムが担当し、横浜市歴史博物館・府中市郷土の森博物館が協力した。

三　シンポジウムの構成は土生田純之氏に依頼した。また、本書作製にも多大なご協力をいただいた。

四　本書の「第二部シンポジウム討論」は、採録した音声を小坂延仁が成文化し、各発表者に加筆修正をお願いし、浜田晋介がまとめたものである。

五　シンポジウムでの発表者の所属は、平成十八年当時のものである。

六　本書の構成は浜田が担当し、小坂・副島蔵人・品川欣也が協力した。

墓から探る社会　目次

第三部　特　論

第一部　総　論

弥生時代の墓から探る社会

禰宜田佳男

一　問題の所在

弥生時代の墓を扱った研究は数多くに及ぶ。墓地の構造や副葬品の構成をもとに、集団内において階層分化が進む過程や集団間の関係などについては多くの研究蓄積があり、地域ごとの様相が明らかにされてきた。その一方で、墓は亡くなった人を送る場であることから、葬送儀礼に関する実態の解明も進められている。

墓をめぐる研究が多岐にわたる中、本稿では弥生時代の墓で行なわれた葬送儀礼を取り上げる。かつて私は、北部九州の甕棺墓を分析し、棺の口の部分に目貼り粘土が施される場合や、副葬品は棺の内外に配置される場合があり、その思想的な背景について言及したことがある（禰宜田二〇〇五）。

弥生時代に続く古墳時代になると、埋葬施設は堅固に作られ、銅鏡など豊富な副葬品が棺の内外に副えられるようになった。弥生時代中期以降の墓と古墳の副葬品の内容と配置を比較した小山田宏一氏は、前期古墳の副葬配置には棺内と棺外という遺骸保護に二重の呪的観念があり、その系譜は弥生時代にたどれることを論じた（小山田一九九五）。

甕棺墓と前方後円墳では二〇〇年以上の開きがあり、地域も異なる。本稿では、これまでの研究成果と近年の調査成果をもとに、弥生時代の北部九州およびそれ以外の地域における埋葬施設の構造と副葬品配置のあり方を概観し、前方後円墳におけるそれらとの関係について整理したい。

弥生時代の墓の検討に入る前に、前方後円墳でのあり方をみておく。まずは埋葬施設である。前方後円墳では墳丘構築後、墓坑は深く掘削され、遺骸を納め副葬品が副えられ、石槨の壁体が積み上げられ、天井石が被せられた。そして、石が配され、さらに粘土による被覆が行なわれた。前方後円墳では、堅固な埋葬施設が築かれ、最後に粘土で覆うことにより遺骸の封じ込めが行なわれたと考えられる。

もう一つは副葬である。着装されたものを含め副葬品の種類と位置は多様である。そのうち、副葬品で重要な意味をもっていた銅鏡については、今尾文昭氏が弥生墓と前方後円墳における副葬のあり方を比較し、古墳時代前期の特徴として、①銅鏡が棺の側板や壁体に立てかけられて遺骸をかざすように置かれること、②棺内・棺外さらには槨外にと各段階で副葬されること、③遺骸の左右あるいは前後というように対置する場所に副葬されることを指摘した（今尾一九八九）。

上記③に関わることであるが、銅鏡の副葬は古墳によって数や副葬位置はさまざまである。これに関する多くの先行研究の中で、三角縁神獣鏡の副葬位置とそ

（奈良県立橿原考古学研究所提供／阿南辰秀氏撮影）

写真１　銅鏡の出土状況（黒塚古墳）

の政治的意味にまで言及した福永伸哉氏は、単数副葬では（ⅰ）頭部単数型、（ⅱ）足部単数型、複数副葬では（ⅲ）身体包囲型、（ⅳ）頭部集中型、（ⅴ）頭足分離型、（ⅵ）埋納施設型、に整理した（福永一九九五）。

分類の内容は明快でほとんど説明を要しないが、（ⅰ）頭部単数型は一面の鏡が被葬者の頭部あるいは胸に副葬される場合で、もっとも一般的である。（ⅱ）足部単数型は足部に副葬される場合で、例は限られる。（ⅲ）身体包囲型は一〇面を超える多くの銅鏡が副葬される場合で、遺骸や木棺を囲むように並べられた。例えば奈良県黒塚《くろづか》古墳では、頭部に銅鏡（画文帯神獣鏡）、棺外では木棺を取り囲むように銅鏡（三角縁神獣鏡）三三面が副葬された。棺内では鏡面は外に向けられ、棺外では西棺側に一七面、東棺側に一五面、北小口中央から一面が置かれ、いずれも鏡面は木棺側に向けることが原則であった（写真1）。

（ⅳ）頭部集中型は頭部付近に複数の銅鏡が配置される場合で、（ⅴ）頭足分離型は頭部側と足部側に置き分ける場合である。前者の例として兵庫県権現山《ごんげんやま》五一号墳（図1）をあげることができるが、埋葬施設は撹乱を受け、本来は

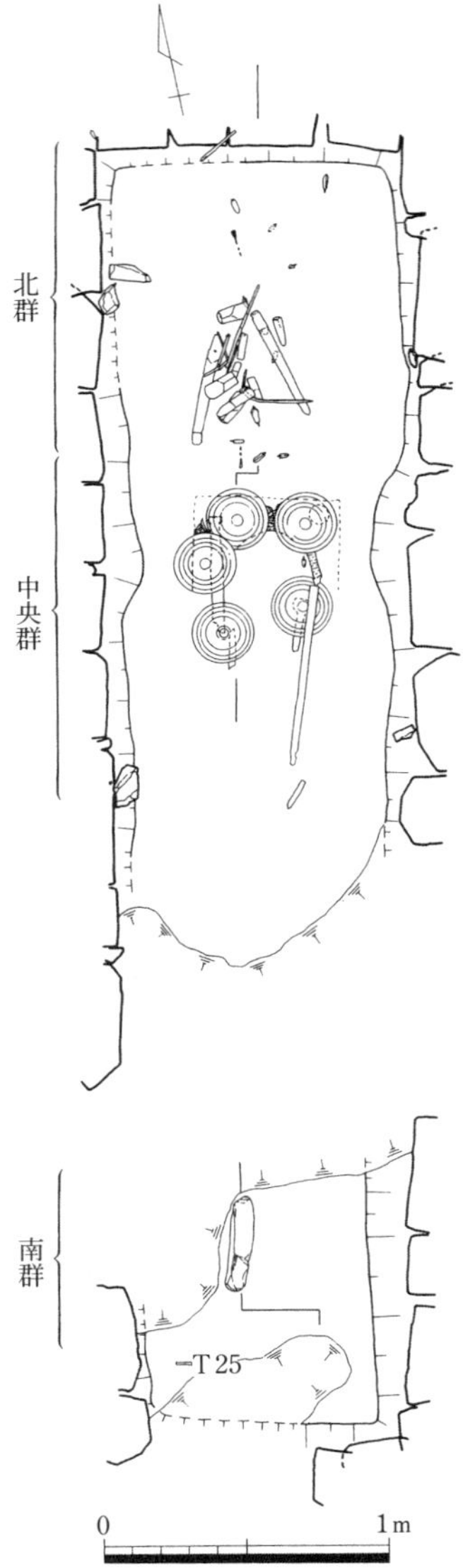

図1　権現山51号墳副葬品出土状況

後者であった可能性もある。最後の（vi）埋納施設型は、人体埋葬を伴わない施設に埋置された場合である。

銅鏡以外でも、刀剣類は棺内だけでなく棺外に副葬されることがあり、腕輪形石製品が頭部と足部に副葬されることもあるなど、銅鏡の位置に、別の副葬品が副えられることもあった。

このように、前方後円墳において、副葬品は種類を問わず、棺の内外に配置されたのである(1)。

二　列島各地域での葬送儀礼

それでは、弥生時代中期以降、列島各地域における埋葬施設と副葬品のあり方をみていくこととする。

(一)　北部九州の様相

ア　弥生時代前・中期

棺の密閉と穿孔　弥生時代の北部九州で盛行した甕棺墓では、遺骸の埋置後に副葬が行なわれ、棺に蓋をした後、その隙間に目貼り粘土を施すことがあった（写真2）。目貼り粘土は、複棺では下甕と上甕の口を合わせた部分、単棺では棺を木や石で蓋をした部分に充填され、福岡県金隈《かねのくま》遺跡など、成人用甕棺が成立した弥生時代前期末から認められる。そこに、棺を密閉する意識があったと考えることは許されよう。

その一方、棺への穿孔も行なわれた。穿孔は、甕棺を墓坑に埋置する前に行なわれたのが一般的だが、福岡県立岩《たていわ》遺跡一〇号甕棺墓のように埋置後、棺の内側から穿孔しようとしたが貫通せず、陥没しただけという場合もあった。

（佐賀市教育委員会提供）

写真2　甕棺に施された目貼り粘土（増田遺跡）

孔が上甕で確認されることもある。孔が低い位置にくるよう埋置する例も多いが、棺の穿孔は必ずしも水抜きのためとは言いきれない。

興味深いのは一つの甕棺墓で棺に穿孔があり、かつ口の部分を粘土で密閉する場合があることである。当時においてはそれぞれに意味のあることで、矛盾することではなかったのだろう。

副葬品の配置　銅鏡の副葬位置に関しては今尾氏が、①頭位・頭側、②肩部、③体側、④足部、⑤棺外頭上方があり、頭部を含む上半身、頭優位の副葬であることを指摘している（今尾一九八九）。その後の出土例を含めると、次のように類型化できる。以下、とくに断らない場合は弥生時代中期後半である。

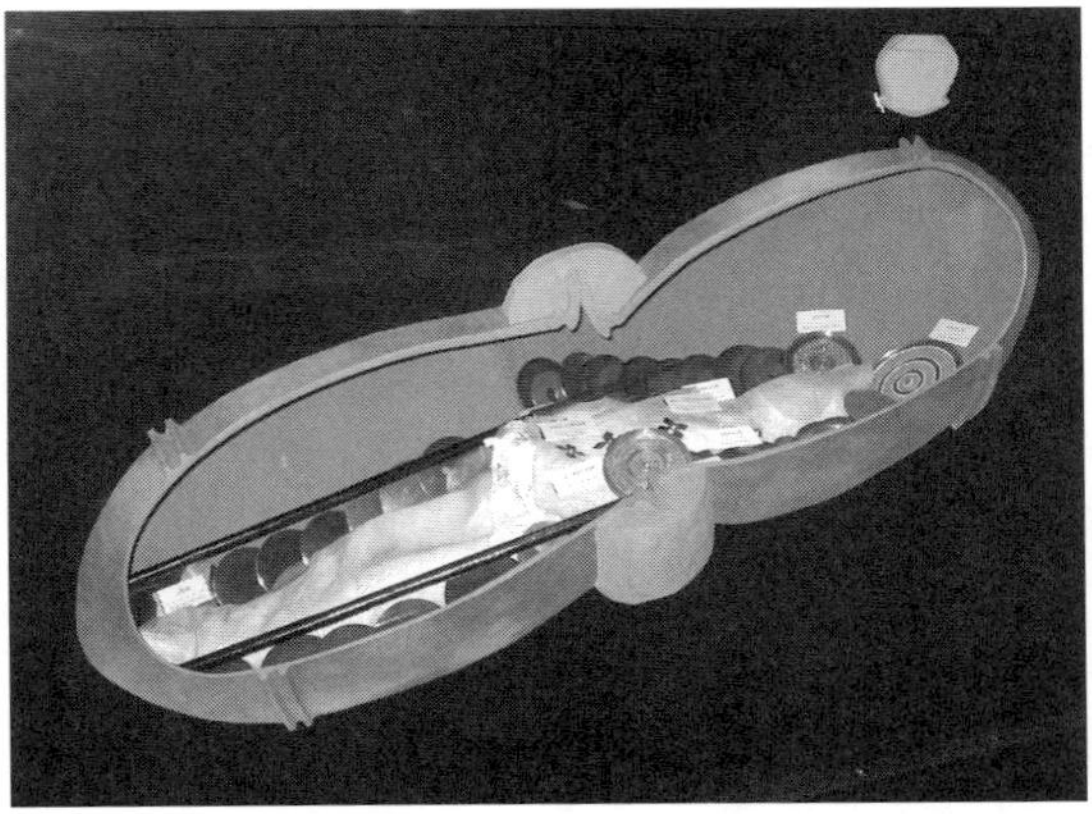

（九州国立博物館提供）

写真３　復元された王墓（三雲遺跡１号甕棺墓）

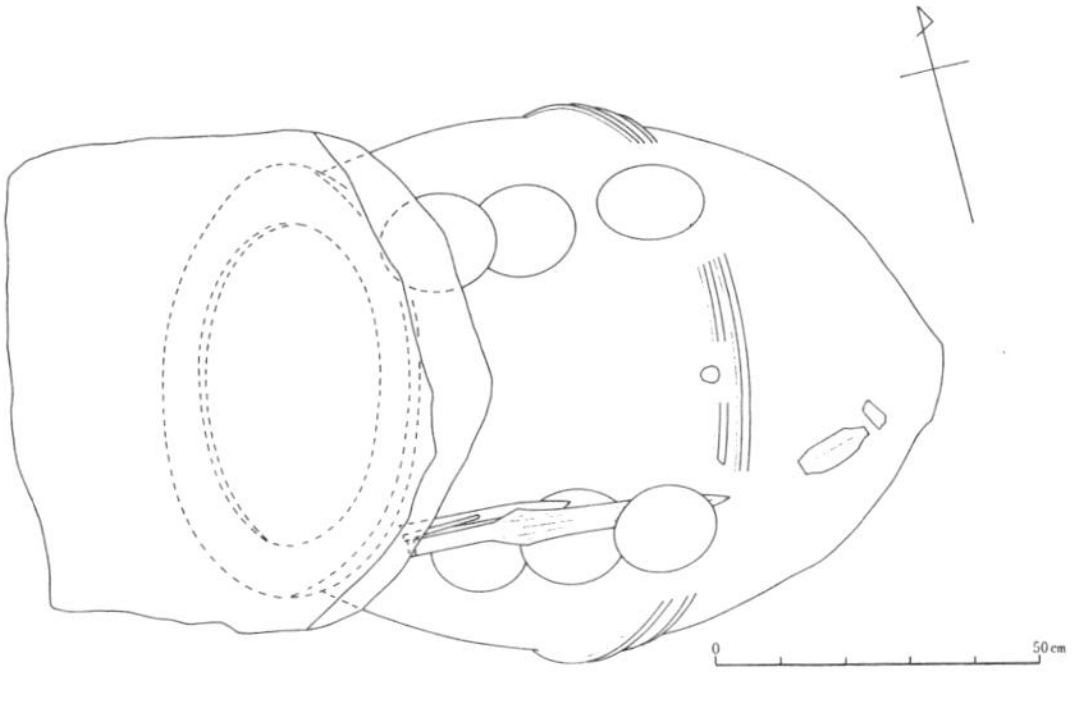

図２　立岩遺跡10号甕棺墓副葬品出土状況

【完鏡・多数・棺内被覆型】

王墓と呼ばれている江戸時代に発見された福岡県三雲《みくも》遺跡一号甕棺墓、明治時代に発見された福岡県須玖岡本《すくおかもと》遺跡Ｄ地点甕棺墓は、出土状況が明らかでないため、確実に設定できる類型ではない。ただし、その後の発掘調査例で銅鏡は基本的に棺内であることから、それを踏まえると遺骸を覆うように置かれていたと推測される（写真３）。

【完鏡・複数・棺内包囲型】立岩遺跡一〇号甕棺墓では、遺骸の両側から三面ずつの銅鏡が、遺骸をはさむ状態で副葬されていた（図2）。

【完鏡・単数・棺内頭部型】立岩遺跡三九号甕棺墓では、銅鏡一面が右側頭骨下に半分ほどかかる位置で出土した。同三四号甕棺墓では人骨を取り出した後、三九号甕棺墓と同様に頭部下付近に銅鏡一面が置かれていたことも明らかとなった。

【完鏡・単数・棺外型】佐賀県吉野ヶ里《よしのがり》遺跡SJ2775号甕棺墓では、棺と蓋の間に施された粘土に小型の銅鏡一面が、鏡面を外に向けて副葬されていた（写真4）。

以上のように、弥生時代中期後半に銅鏡が副葬されたのは、基本的に棺内であった。ここで取り上げなかった福岡県東小田峯《ひがしおだみね》遺跡一〇号甕棺墓では、銅鏡二面が底部側から出土した。甕棺は斜めになっており、埋葬後に銅鏡がずり落ちた可能性は否定できず、足部への副葬があったかどうかは、良好な出土状態のもとで確認したい(2)。

重要なことは、銅鏡の棺外副葬が一例ながらあった点である。銅鏡が棺と蓋の隙間の粘土中に鏡面を外に向けていたことは、銅鏡が単に威信材というだけでなく何らかの意味、何らかの期待のあったことが示唆される。

銅鏡以外の副葬品の位置についてもみておこう。甕棺墓には、銅剣・鉄剣・鉄戈などの武器も棺内・棺外に副葬されることがあった。東小田峯遺跡一〇号甕棺墓では、鉄剣が棺内で、鉄戈は棺外に、福岡県安徳台《あんとくだい》遺跡二号甕棺墓では鉄剣および鉄戈が棺外に副葬されていた。また、立岩遺跡一〇号甕棺墓では遺骸の右側より銅矛・鉄剣・ヤリガン

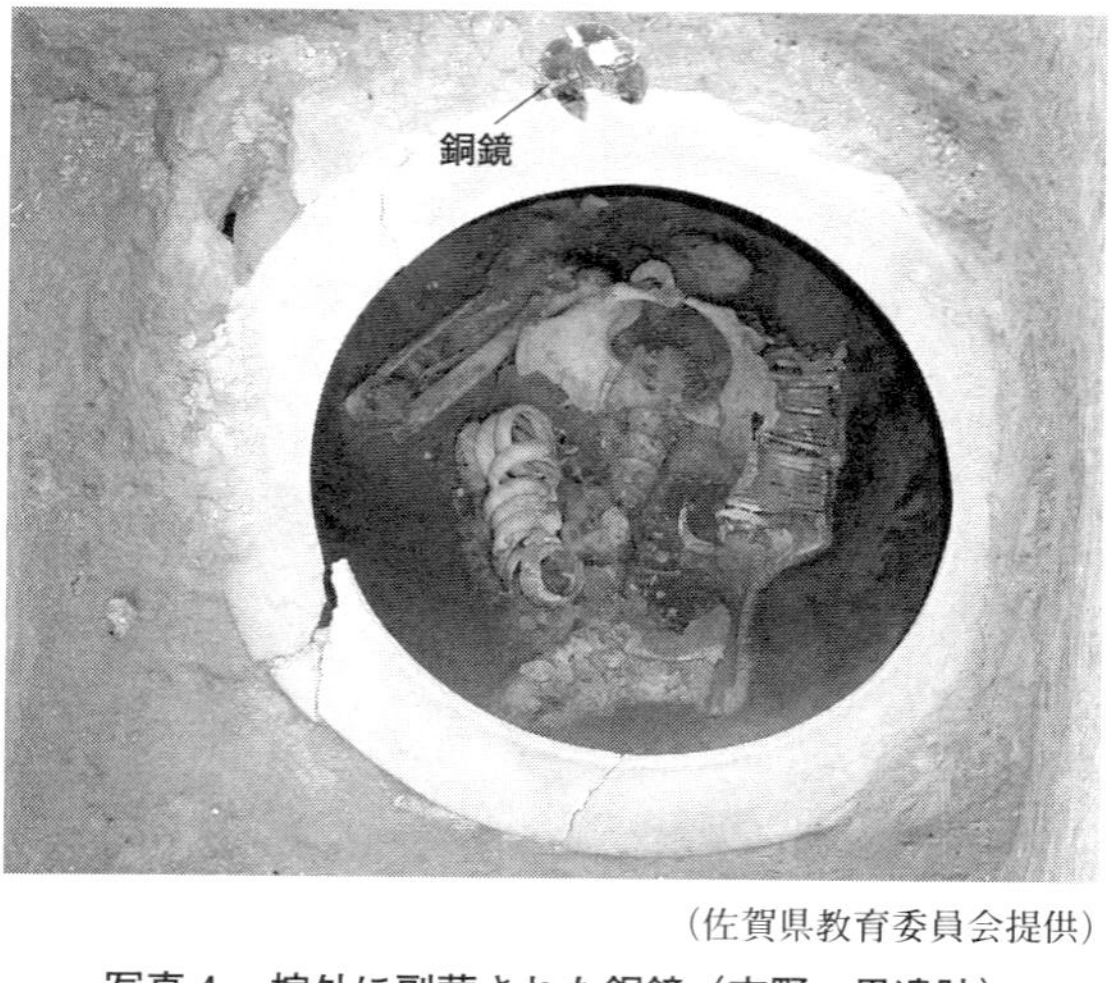

（佐賀県教育委員会提供）

写真4　棺外に副葬された銅鏡（吉野ヶ里遺跡）

ナが出土したが、単棺であることを考慮すると、銅矛は身だけが副葬されたか、柄は折られていたことが推測される。なお、時期がさかのぼる中期前半の佐賀県宇木汲田《うきくんでん》遺跡五八号甕棺墓では、銅戈が上甕と下甕の隙間で検出された。

鉄戈が棺外から出土することについては、棺内に入らなかったとする見解がある。しかし、鉄戈自体は福岡県道《どう》場山《じょうやま》遺跡をはじめ棺内に副葬されることもある。立岩遺跡の銅矛と同様、鉄戈の身だけ、あるいは柄を折れば棺内の副葬は可能である。宇木汲田遺跡の銅戈も含め、棺内に入らなかったという物理的な要因ではなく、意図的に棺外に副葬されたと考えている。

玉類も概ね棺内に副葬されたが、立岩遺跡三五号甕棺墓では目貼り粘土中にガラス管玉が副葬されたことは特筆される。やはり、棺の口が意識されていたことが考えられる。

このように、銅鏡・武器類・玉類は棺の口を塞ぐ目貼り粘土、あるいは棺の口とその付近に副葬されることがあった。銅鏡など副葬品の種類は、それぞれの被葬者により異なったが、副葬する際の意味は共通していたと推測する。

ここで、棺に目貼り粘土を施すものと副葬品の相関性についてもみておこう。銅鏡が副葬された甕棺墓は、明治期以前に発見された二例と東小田峯遺跡一〇号甕棺墓以外では、目貼り粘土を確認できる。武器類・玉類が副葬された甕棺墓にも目貼り粘土は多数認められる。副葬品を有する墓には、目貼り粘土が施される傾向にあることが指摘できよう。

イ　弥生時代後・終末期

弥生時代後期になると、甕棺墓に代わり箱式石棺墓や木棺墓が増えてくる。銅鏡に関しては、破砕鏡と破鏡が副葬されるようになる(3)。破砕鏡は埋葬時に完鏡を破砕して副葬したもの、破鏡は破片で用いられていた銅鏡を副葬したものである。この段階では以下のような場合がある。ほかの副葬品と棺密閉のあり方も含め、みていくことにする。

【完鏡・単数・棺内頭部型】弥生時代終末期から古墳時代初頭の、前方後円形の墳丘をもつ福岡県津古生掛《つこしょうがけ》墳墓は埋葬施設が大きく削平されていたものの、銅鏡一面が頭部付近に置かれていた。棺内の原位置は明らかでないが鉄剣一点、棺外からは鉄鏃も出土した。棺底で粘土は検出されたが、詳細は不明である。

【完鏡・単数・棺内頭部周辺型】弥生時代後期前半の福岡県宝満尾《ほうまんお》遺跡四号土坑墓では、小型の銅鏡が頭部側の壁面付近から出土した。発掘時には割れていたが、本来は鏡面を内側に向けて木棺に立てかけられていたと報告者は考えている。今尾氏が古墳時代に認められると指摘した副葬方法をとっている。遺骸の埋置後木蓋が用いられたとみられ、粘土により墓の密閉も行なわれた。

【完鏡・単数・棺外型】弥生時代後期後半の福岡県良積《よしづみ》遺跡一四号甕棺墓では、上甕と下甕の口が結合する部分でいったん埋土を整地し銅鏡は鏡面を上にして発見された。棺内からは管玉一点が出土した。甕棺の口には、赤色顔料が混ぜられた目貼り粘土が巻かれており、その部分の上に平らな石も検出した。この甕棺墓では、棺の口の部分で多くのことが行なわれていたことになる（写真5）。

【破砕鏡・多数・棺外型】弥生時代後期後半の福岡県平原《ひらばる》墳墓では、超大型鏡を含む三九面の破砕鏡が、墓坑内の四隅から出土した。そのほか、玉類は頭部と遺骸の右脇に、素環頭大刀は頭部付近に置かれてあった。埋葬施設は割竹形木棺とされるが、粘土を用いたかどうかは明らかではない。

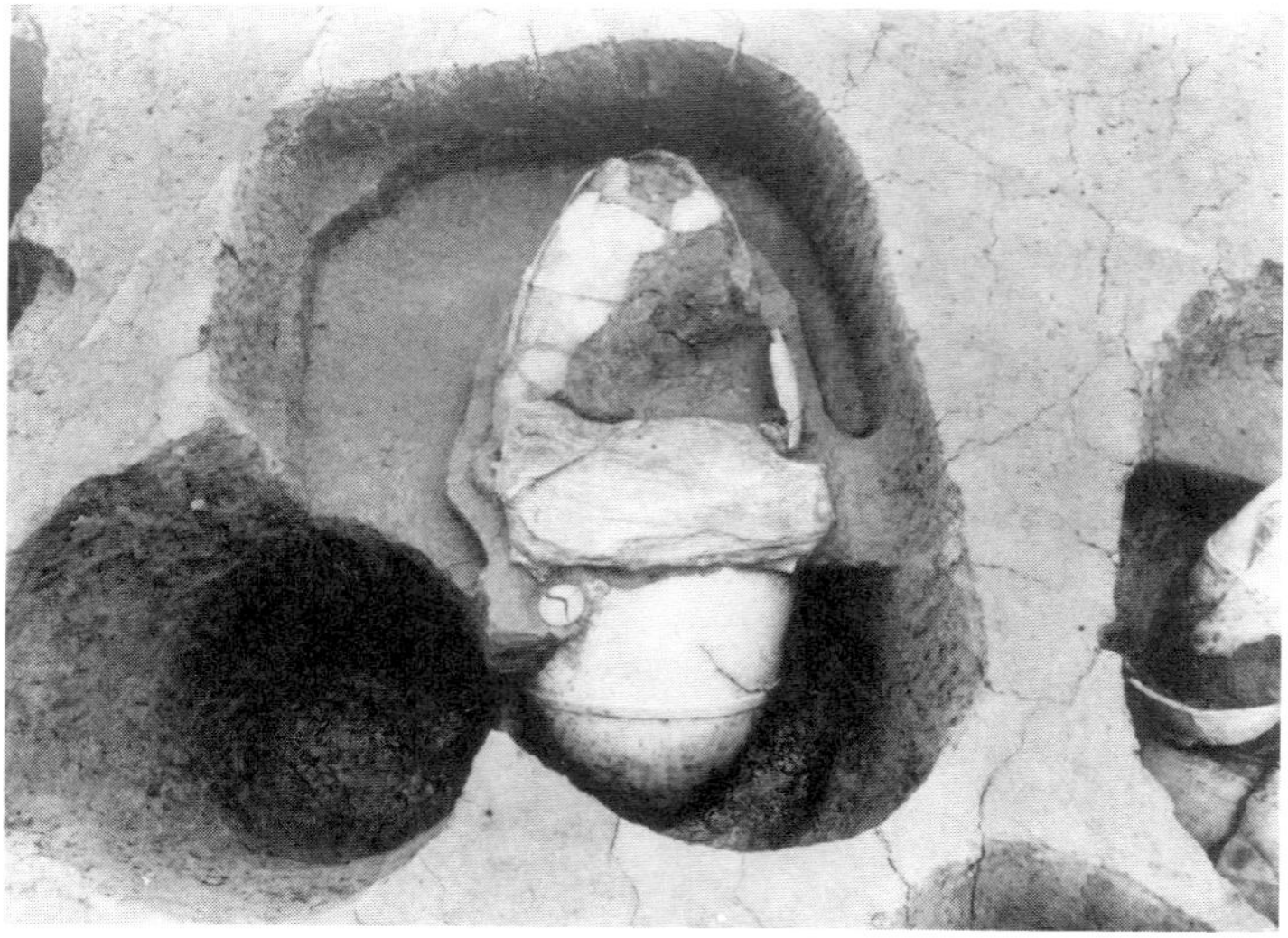

（久留米市埋蔵文化財センター提供）

写真5　良積遺跡14号甕棺墓検出状況

【破砕鏡・単数・棺内頭足型】弥生時代終末期と目される福岡県汐井掛《しおいがけ》遺跡四号箱式石棺墓では、破砕鏡の多くが頭部付近で鏡面を上にして、一部の破片は右足元から五センチほど浮いたところで出土した。床面からかなり浮いた状態で検出されたことについては、遺骸を埋め、土砂を入れた後に置かれたと考えられている。

【破砕鏡・単数・棺外型】佐賀県二塚山《ふたつかやま》遺跡二九号石蓋土坑墓は弥生時代後期で、蓋石の目貼り粘土中およびその直下から、破砕鏡一面分がまとまって出土した。

また、福岡県原田《はるた》遺跡C地区箱式石棺一号墓では、底石六枚のうち中央に近い部分の石を四分割にし、三枚はもう一度底石として組み合わせ、残り四分の一の部分は一段掘り下げて埋置して、その上に銅鏡一面、中央で折った鉄剣二本を平行させて置き、その上には目貼り粘土を施し、最後に三角形に近い石を置くという非常に手のこんだ副葬例がある。弥生時代後期後半から終末期に属する。これまでの埋葬方法とはまったく異なり、非常に珍しい副葬手法である。鏡の一部が欠損しているので破砕鏡に含めた（図3）。

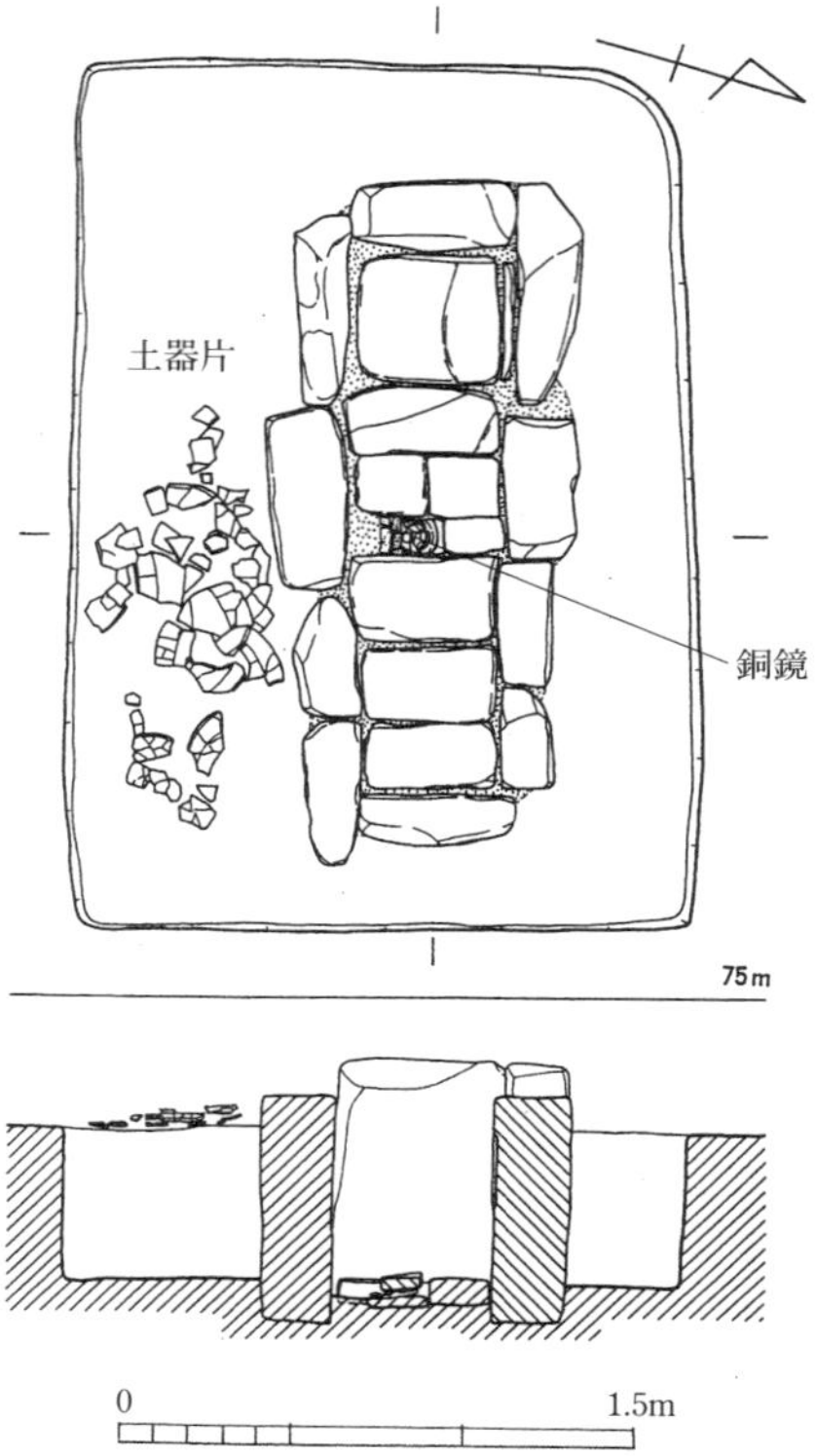

図3　原田遺跡C地区箱式石棺1号墓

【破鏡・棺内頭位型】汐井掛遺跡一七五号・二〇三号土坑墓では、それぞれ銅鏡片が頭部付近で鏡面を上にして検出された。前者では、頭部左横にヤリガンナ一点も副葬されていた。目貼り粘土は確認されていない。

【破鏡・棺外型】汐井掛遺跡六号箱式石棺墓では、棺外の目貼り粘土中から銅鏡片が出土した。蓋石は隙間なく架構されており、その間に施された粘土は棺を密閉するための行為とみなされる。

以上の検出例から完鏡は、頭部付近に副葬される例、棺外に副葬される例など中期での副葬位置と同様の場合に加え、棺に立てかけるという新たな副葬方法が認められた。

次に破砕鏡であるが、棺内あるいは棺外に副葬され、その位置は完鏡と基本的に同じであった。完鏡の破砕という行為は新たに加わったものの、鏡自体に期待されていたことに変わりはなかったとみなされる。江戸時代発見の福岡県井原《いわらやりみぞ》鑓溝遺跡では、銅鏡は破砕されて出土したとの記録がある。棺内で多量の破砕鏡を副葬することがあったとも考えられるが、検証のしようがない。

最後に破鏡だが、破鏡も完鏡の出土位置と基本的に違いはない。もともと破鏡は、完鏡を入手できなくなったための代用品とみられているが、副葬される場合も完鏡の役割を補完したと考えられる。

（二）　瀬戸内東部の様相

岡山県南部の弥生時代中期には、丘陵上に群集して木棺墓が存在するが、棺に粘土を充填する例、副葬品をもつ例は認められない。

弥生時代後期後半の岡山県楯築《たてつき》墳墓は、円丘部が径四〇メートルで、その両側の突出部を含めた墳長は八〇メートルとされる。埋葬施設は木棺の外をさらに木で覆う木槨であった。木槨自体は弥生時代中期前半の北部九州にもあるが、後期中頃にはそれまでと異なる構造のものが現われ、本例はその一つとされる（田中一九九七）。

頭部付近で出土したヒスイ製勾玉・碧玉製管玉などは一連の首飾りで、着装されていたようである。遺骸の右側には鉄剣一点が副葬されていた。また、ガラス製小玉については、出土状態から木棺上に置かれていたとみなされる。銅鏡の出土はなかったが、玉類は棺の内外に副葬されていた。

兵庫県の西部、綾部山《あやべやま》三九号墓は、弥生時代終末期に属する長径一五メートルの楕円形の墳墓である。埋葬施設は木棺の外に竪穴式石槨が築かれ、さらにその外側を石が囲った。目貼り粘土の使用はなかったが、遺骸を納めた木棺

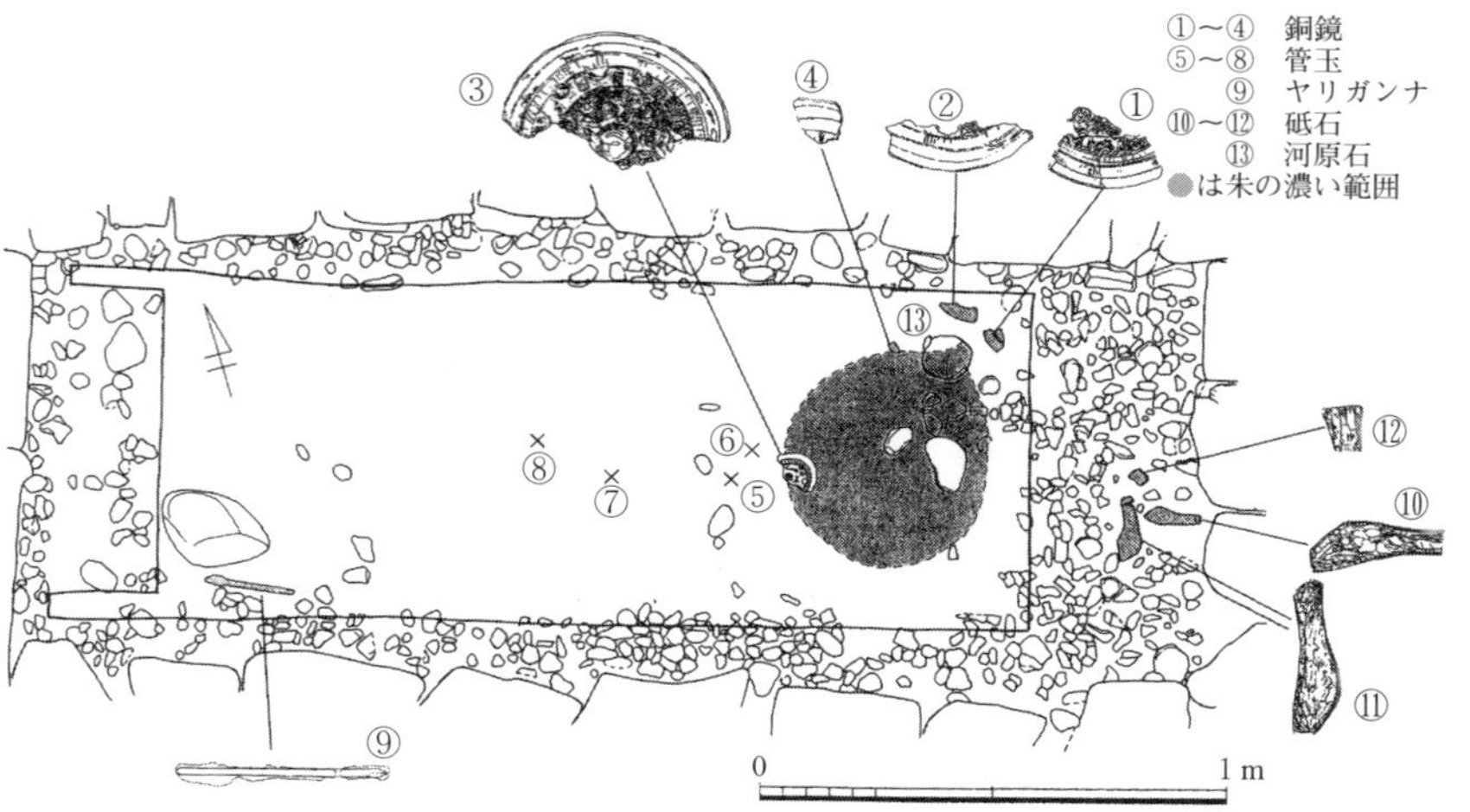

図4　綾部山39号墓副葬品出土状況

を何重にも囲おうとしていたことが窺える。石槨は木によって蓋がなされ、その上に円礫が配されていた。

副葬品は棺内より、破砕された銅鏡一面を確認した。もっとも大きい破片を胸元に、小破片は頭部右側に置かれた。鏡面を上にする場合と鏡背が上を向く場合があり、約八分の一は見つからなかった【破砕鏡・単数・棺内頭部型】。棺内には碧玉製管玉・ヤリガンナ・石杵の副葬もあり、ヤリガンナは足元に配置されていた。棺外では木棺上で頭部にあたるところに砥石が副葬されていた。管玉と砥石は破砕され、ヤリガンナだけが折り曲げなどの変形がなかった。銅鏡だけだと棺内頭部型となるが、副葬品総体でみると、足部のヤリガンナと頭部の破砕鏡でもって遺骸を囲んでいたとみることができるのかもしれない（図4）。

（三）　丹後の様相

弥生時代中期には、方形貼り石墓と呼ばれる墓が営まれた。中期中葉の長辺三二メートル、短辺二〇メートル前後と最大級の規模をもつ京都府日吉《ひよし》ヶ《が》丘《おか》遺跡SZ01の埋葬施設は木棺で、六七七個の碧玉製管玉が検出された。頭部の下、顔の上に置かれた可能性が考えられている。棺に粘土などの検出は認められない。

弥生時代後期になると丘陵に台状墓が築かれ、鉄製の武器や工具類が多くの墳墓で副葬された。鉄器の副葬位置については、①

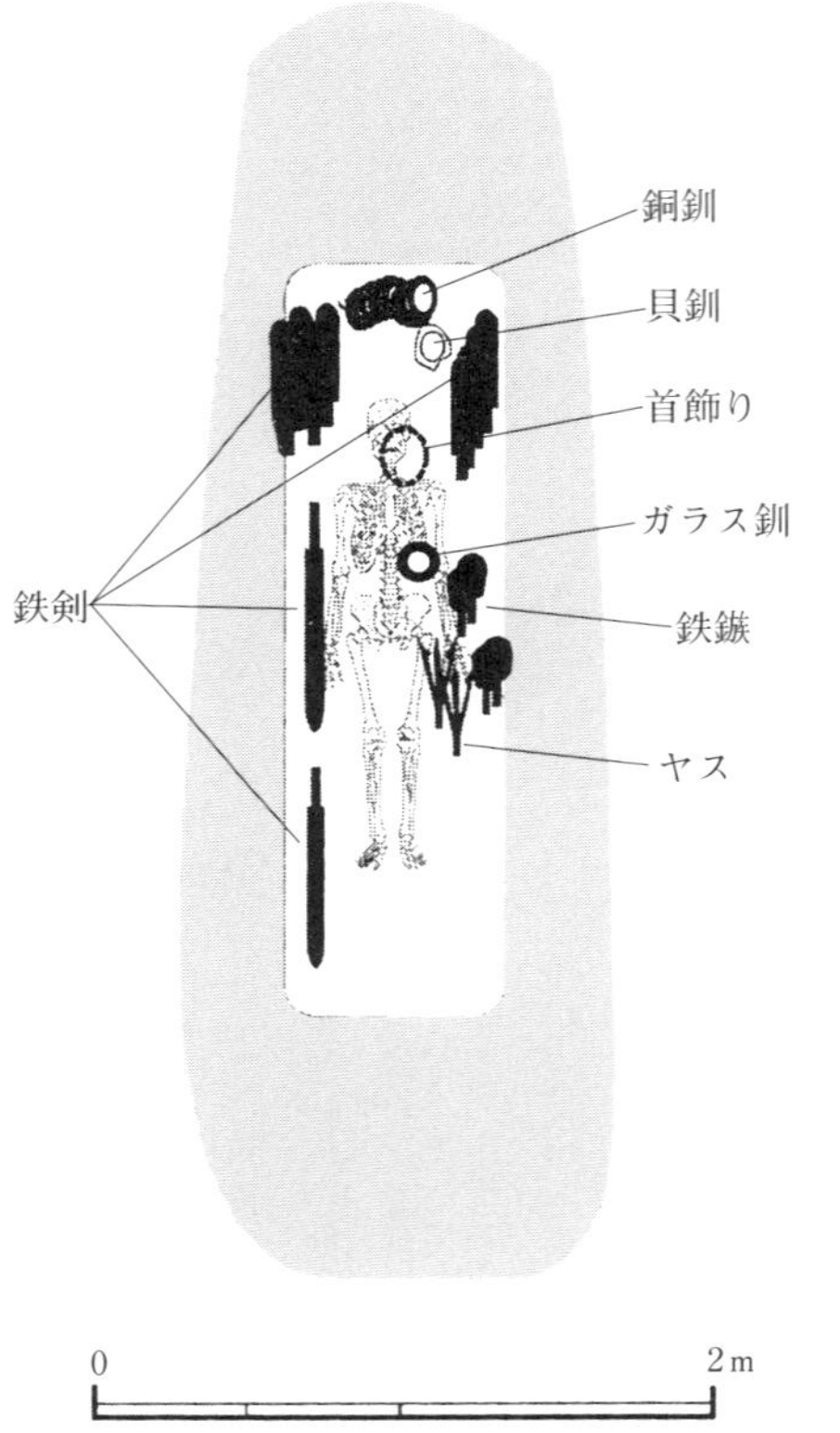

（肥後弘幸2007より）

図5　大風呂南１号墓第１号主体部副葬品出土状況

左腰に鞘入りの短刀、②それに接して鉄鏃をつけた二本の矢、③頭部右側上にヤリガンナ、④着装状態の装身具、⑤体の左側に黒漆塗りの儀杖、と整理されている（肥後二〇〇七）。頭部付近にヤリガンナを副葬する例が多い。

　弥生時代後期後半の京都府大風呂南《おおふろみなみ》一号墓の中心埋葬である第一号主体部からは、頭部付近に銅釧一三点とゴホウラ貝輪とみられる貝片一点が、遺骸の左右に鉄剣一一点、鉄鏃四点および組み合わせ式ヤス二個体が副葬されていた。ガラス製腕輪は左腕に着装され、玉類は着装されたものとばら撒かれたものとがあった（図5）。

　銅鏡はなかったが、遺骸の頭部付近と左右に副葬品を配していた点は重要である。鉄剣は、遺骸の右側では頭部横に五点・胴部横に一点・足横に一点、左側でも頭部横に四点が副葬されていた。さらに左側の胴部横には鉄鏃四点が切っ先を頭部側に向け、あわせてヤスも副葬されていた。鉄鏃とヤスには柄の痕跡があり、柄は足元にまで及んでいた。すなわち、埋葬時には鉄剣とヤスが遺骸を左右から挟みこんでいた状態が復元できるのである。剣・鏃は武器、ヤスは漁具であるが、葬送時においては遺骸を囲むという点で、役割は同じであったと考えられる[4]。

　この墓では、頭部付近に銅釧などがあり、遺骸の三方から副葬品が取り囲んでいた。こうしたあり方は、副葬品の種類こそ異なるものの、前方後円墳における副葬品配置に近い。ただし、埋葬施設の密閉が行なわれた痕跡は認められない。

(四) 大阪湾岸とその周辺の様相

大阪湾岸では弥生時代前・中期、方形周溝墓が営まれたが、従前からいわれているように銅鏡などを副葬する風習はなかった。弥生時代中期後半の兵庫県田能《たのう》遺跡三号方形周溝墓の一六号木棺墓では六三二個の管玉が、一七号木棺墓では銅釧が出土した。このように、ごく限られた墓に装身具が伴った。木棺に粘土が伴うという例は、管見の限り知らない。

弥生時代後期では、大阪府古曽部《こそべ》芝谷《しばたに》遺跡の木棺墓K四でヤリガンナ一点が副葬された。遺骸の胸元に置かれたのであろうか。副葬の風習がなかったこの地域において、もっともさかのぼる例[5]であるが、これについては、丹後地域からの影響が考えられている。

弥生時代終末期の京都府芝ヶ原《しばがはら》墳墓は、墳長二〇メートル程度の前方後方形の墳墓で、埋葬施設は木槨であった可能性が考えられている。頭部付近で鏡面を上にした状態の銅鏡一点、銅釧一点と玉類を確認した【完鏡・単数・棺内頭部型】。大阪湾岸とその周辺で銅鏡をもち、それが頭部付近に配置された初例である。ヤリガンナ、錐もしくは針とみられる鉄製品は出土状況から、木棺上に置かれていたとされる(図6)。

同じく、弥生時代終末期の奈良県ホケノ山墳墓は墳長八〇メートルの前方後円形の墳丘をもつ。埋葬施設は木棺の外に木槨があり、その外側を石で囲う構造で、綾部山三九号墓に通じるといえよう。副葬品は銅鏡一面、刀剣類五点が足元付近から出土した。破砕鏡もあり、棺内に完鏡と破砕鏡があった。銅鏃・鉄鏃・素環頭大刀などは木槨上に置かれたとみなされている。完鏡が足元から出土したが、盗掘を受けていることから、ほかに副葬品があった可能性は考慮しておきたい。

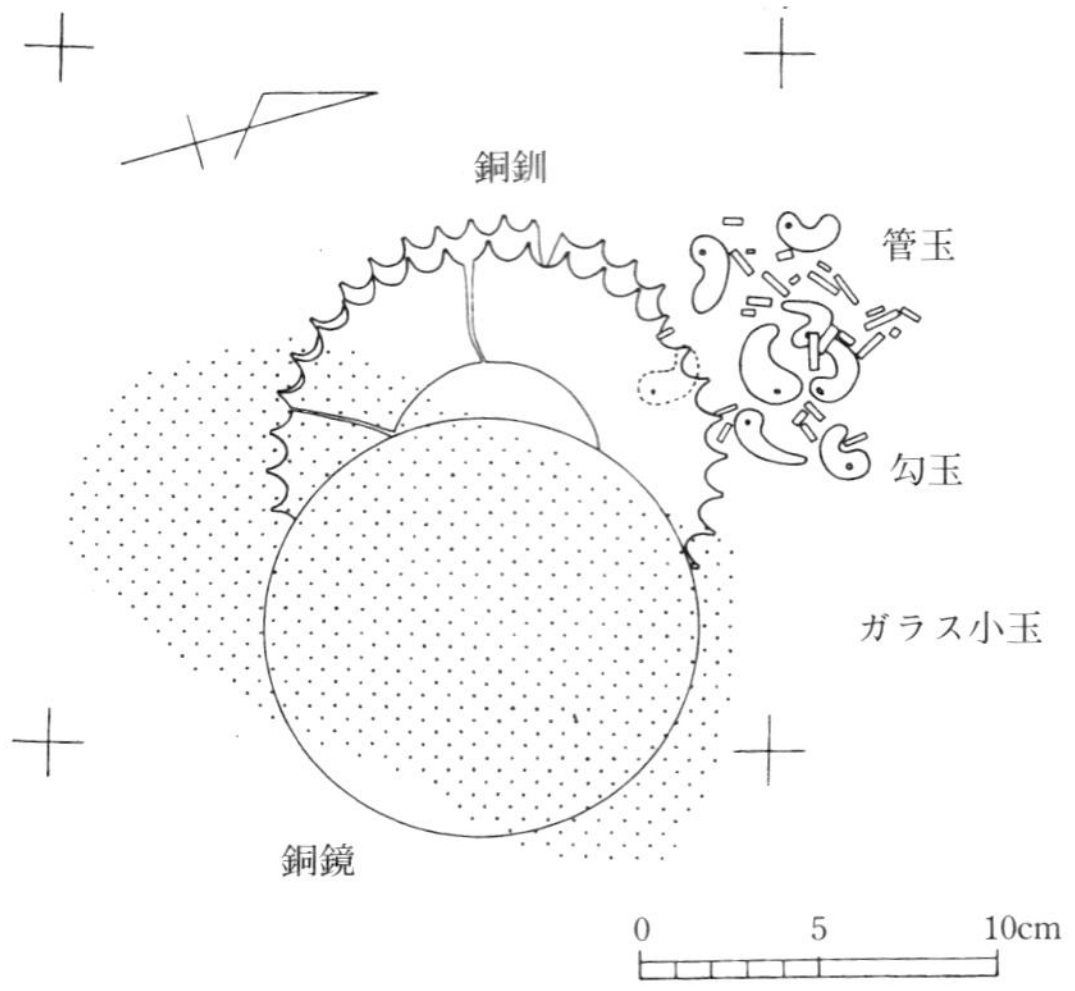

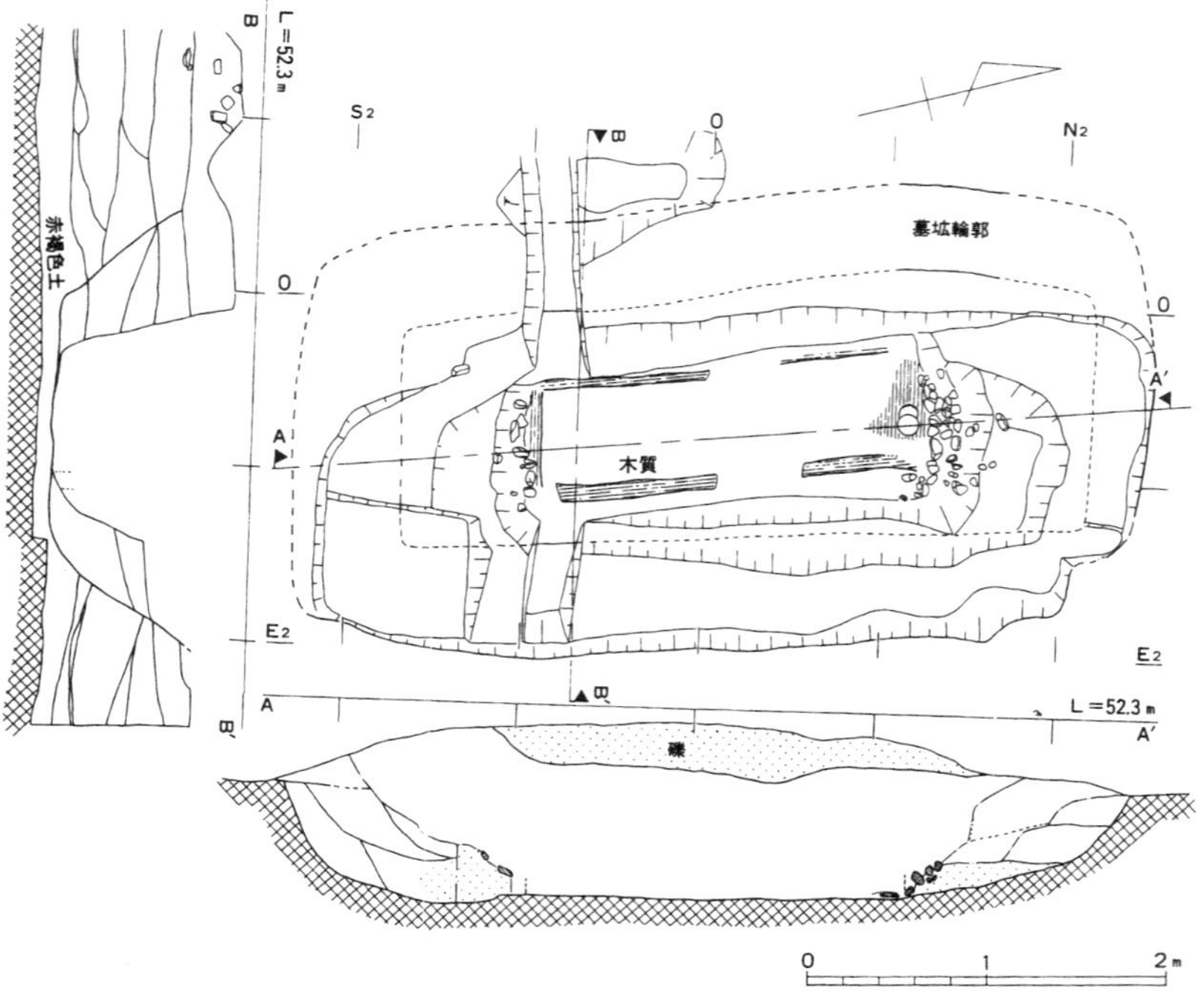

図6　芝ヶ原墳墓副葬品出土状況

（五）南関東の様相

弥生時代中期後半以降、南関東では方形周溝墓が作られた。弥生時代後期の神奈川県王子ノ台《おうじのだい》遺跡ＹＫ五号方形周溝墓では、鉄剣が被葬者の左側で切っ先を頭部に向けた状態で検出された。方形周溝墓群の中では中規模のものである。このほか、ＹＫ七号方形周溝墓の第二主体部で頭部をとりまく形で散布する状態でガラス玉六点を確認した。ここで示したのはごく一部であり、後期には副葬品をもつ墓が散見される。

弥生時代終末期の千葉県高部《たかべ》三二号墓は、墳長三一・二メートルの前方後方形の墳丘をもつ。破面に研磨痕のある破鏡一点が、頭部側の墓坑の壁際から出土した。本来は木棺内の遺骸頭部のある方に鏡面を向けた状態で立てかけて副葬された可能性がある【破鏡・単数・棺内頭部周辺型】。ほかに槍二点が足元側の両側から、切っ先を足側に向けた状態で出土した。柄がついていたとすると、遺骸は二本の槍に挟まれていたと考えられる。

高部三〇号墓は墳長三三・八メートルの前方後方形の墳丘をもつ。時期は三二号墓よりやや後出する。多くは鏡背を上にした破砕鏡が、頭部あるいは胸部に置かれていた。全体の一割強が欠失していた【破砕鏡・単数・棺内頭部型】。鉄剣は二点出土し、うち一点は頭部付近であるが、埋葬施設の方向とは一致しない。もう一点は切っ先を足元に向けて頭部の脇に置かれ、朱の塊を含めて、頭部を囲む形で副葬されていたことになる。

南関東にも弥生時代終末期に、銅鏡を破砕する風習、頭部付近に銅鏡を副葬する風習、あるいは副葬品で遺骸を囲む風習が伝播していたことを知ることができる。

三　弥生時代の葬送儀礼の時間的・空間的展開

前章では、各地域における弥生時代中期から終末期にかけての棺密閉と副葬状況をみてきた。ここで、時間的・空間的な広がりを整理する。

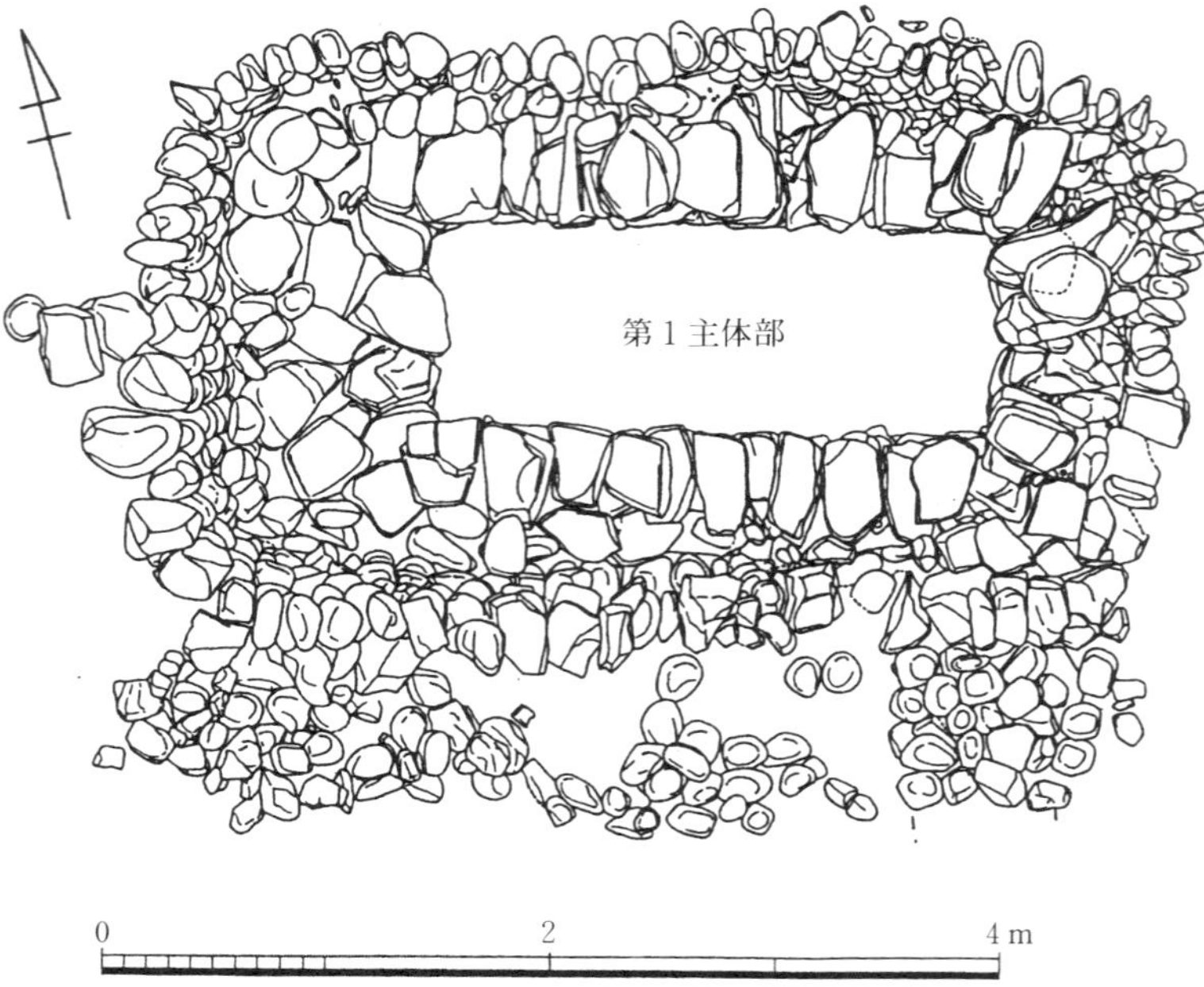

図7　綾部山39号墓埋葬施設

（一）　棺の密閉

北部九州では甕棺の口に目貼り粘土が施され、弥生時代中期後半には粘土中に銅鏡や玉類を副葬することがあった。後期になっても、箱式石棺墓の側石と蓋石にできた隙間、木棺墓の場合木蓋と側板の隙間などに目貼り粘土が施された。時に、そうしたところに破砕鏡・破鏡を副葬することがあり、中期に行なわれたことは後期に引き継がれたといえる。

しかし、北部九州以外の地域では弥生時代中期・後期を通じて、棺に目貼り粘土を施す例は認められない[6]。粘土による棺の密閉は、北部九州以外の地域には基本的に伝わらなかったとみるべきだろう。

一方、弥生時代後期後半になると、瀬戸内地域では木棺を木や石の空間で囲う構造の埋葬施設が出現した（図7）。

（二）　副葬品配置

弥生時代中・後期の様相　北部九州弥生時代中期には、銅鏡の副葬をとってみても多様であり、後期には完鏡だけでなく、破砕鏡・破鏡の副葬が加わった。

このような中、副葬品配置で注目しているのは棺外副葬である。現代人的発想だとの批判は免れないかもしれないが、葬送儀礼が各場面で行なわれる中、遺骸が参列者の目に映るかどうかの違いは大きく、棺に蓋をすることは重要な場面であったと推測する。そう考えることが許されるのであれば、遺骸のそばに副えられた銅鏡と、棺外に置かれた銅鏡とでは、副葬時の意識は異なっていたと思うのである。

そして、棺の口の部分に、銅鏡だけでなく、武器・玉類が副葬されることについては、再三触れてきた。また、副葬品ではないが目貼り粘土に赤色顔料を混ぜる例、棺の口の部分に石が置かれることもあった。いずれも棺の口を意識していたことを窺わせる。(7)

一方、棺内副葬は、弥生時代中期に、銅鏡が遺骸を左右から挟むように配置される場合があり、頭部付近に副葬される場合や遺骸を覆い尽くしていた場合などがあった。後期には破砕鏡と破鏡の副葬が行なわれるようになったが、副葬位置は完鏡と同じ部位であった。破砕鏡や破鏡であっても、銅鏡が葬送儀礼の中で果たした役割は基本的に変わらなかったとみなしている。

弥生時代終末期の様相　弥生時代終末期には、これまで以上に文物や思想・情報が広範囲に動いたとみられる。そうした状況の中、北部九州で行なわれていた完形の銅鏡を頭部付近に副葬する行為が芝ヶ原墳墓において認められるようになった。また、破砕鏡を副葬する風習は、徳島県萩原《はぎわら》一号墓・兵庫県西条《さいじょう》五二号墓をはじめ（小山田一九九二）、綾部山三九号墓・ホケノ山墳墓・高部墳墓群などでも確認されている。

古墳出土の銅鏡（三角縁神獣鏡）の副葬配置を整理した福永氏の分類（福永一九九五）に合わせると、弥生時代の場合、銅鏡のほとんどは単数埋葬であったが、（i）頭部単数型は弥生時代中期後半の立岩遺跡三九号甕棺に、（iii）身体包囲型は弥生時代中期後半の立岩遺跡一〇号甕棺墓に、（v）頭足分離型は破砕鏡が弥生時代終末期の汐井掛遺跡四号箱式石棺墓などで例がある。

また、綾部山三九号墓は破砕鏡ではあるが、頭部付近に副葬され（ⅰ）頭部単数型となる。ただし、ヤリガンナが足元からも出土しており、副葬品全体では「頭足分離型」とみることもできる。同様に芝ヶ原墳墓も（ⅰ）頭部単数型である。銅釧や玉類の副葬を含めると「頭部集中型」となる。（ⅱ）足部単数型は、弥生時代にもあった可能性はあるが確証はなく、（ⅵ）埋納施設型はいまのところ弥生時代の墳墓で例を知らない。

このようにみてくると、古墳時代における銅鏡の副葬品配置のいくつかは、弥生時代中期の北部九州の墓に求められる。また、ほかの副葬品を含めると、多くが弥生時代に認められることになる。

四　前方後円墳における葬送儀礼の系譜

（一）思想的背景

前方後円墳において、神仙思想の影響があったことは、以前から多くの先学が指摘しているところであるが、近年でも、例えば、銅鏡の破砕については、死者に対する忌避や穢れの拡散を防ぐためではなく、破砕後、その鏡を遺骸の前後に置くことなどの行為があることは、「再生と復活」「遺骸保護の観念」との関連があったとの解釈がある（小山田一九九二）。

また、本稿では銅鏡を中心にみてきたため、ほとんど取り上げてこなかったが、鉄剣を折り曲げる風習も、弥生時代後期に北部九州に出現し終末期には瀬戸内地域や日本海側に広がった。神仙思想に関わる『神仙伝』において銅鏡を入手できない場合、鉄剣を曲げることによって銅鏡の代わりを果たしたということが記されていることから、鉄剣が曲げられて副葬されたのは神仙思想の影響があったと考えられている（清家二〇〇二）。鉄剣以外にヤリガンナや刀子などが曲げられたのも、そうした思想に起因するとみられる。先に紹介した綾部山三九号墓は、銅鏡があったがために、ヤリガンナは曲げる必要がなかったのかもしれない。

そして、前方後円墳に副葬される三角縁神獣鏡には神仙世界の様相が描かれた。破砕鏡がなくなるのは、その図柄を重視するようになったからであるという見解も示されている（小山田一九九二）。

では、弥生時代中期の甕棺墓に、棺を密閉し、副葬品を意図的に配置していたことはどう考えたらいいのであろう。中国思想が一言で語れるものではないことはいうまでもないが、古代中国では、人が死ぬといったん魂は抜け出してしまうが、遺骸が完全に残っておれば、またその肉体にもどってきて再生すると考えられていた（大形二〇〇〇）。実際に、春秋戦国期以来、木槨は隔絶と密閉を意識した構造で、思想的には権力者の辟邪、昇天の思想が推察できるという（黄一九九四）。

福岡県吉武高木遺跡四・五次K一一二号甕棺墓をはじめ、甕棺のいくつかにはシカの絵が描かれることがある。シカの角は毎年生えかわる再生の象徴であり、それがイネになぞらえられ弥生時代には神聖視されたといわれている。そのシカが甕棺に描かれたことから、甕棺葬には死者の再生を願う観念があったのではないかと考えている（図8）。甕棺葬送儀礼の際に込められた思いまでを考古学的に実証することは難しいが、弥生時代中期の北部九州における甕棺墓制でみられた儀礼には、遺骸を護るという意図があり、そこには中国思想の影響があったと考える（小山田一九九五、禰宜田二〇〇五）[8]。

（二）前方後円墳における葬送儀礼の弥生的伝統

本稿では、弥生時代中期の北部九州における葬送儀礼と、前方後円墳で行なわれた儀礼の関連を考えようとしてきた。

前方後円墳で採用された竪穴式石槨に関しては、瀬戸内地域からの影響が考えられている（北條二〇〇〇）。その竪穴式石槨においては、天井石をかけた後に石を被せ、最後の段階に石槨の上面を被覆するのに粘土を用いた。粘土被覆は埋葬施設の密閉性を一層強固にしようとしたとみなされ、その系譜については、北部九州の棺に施された粘土との関連を考えたい。

前方後円墳では、棺内と棺外に副葬されたことが大きな特徴である。棺外副葬の場合は、棺の周囲に副葬品が置か

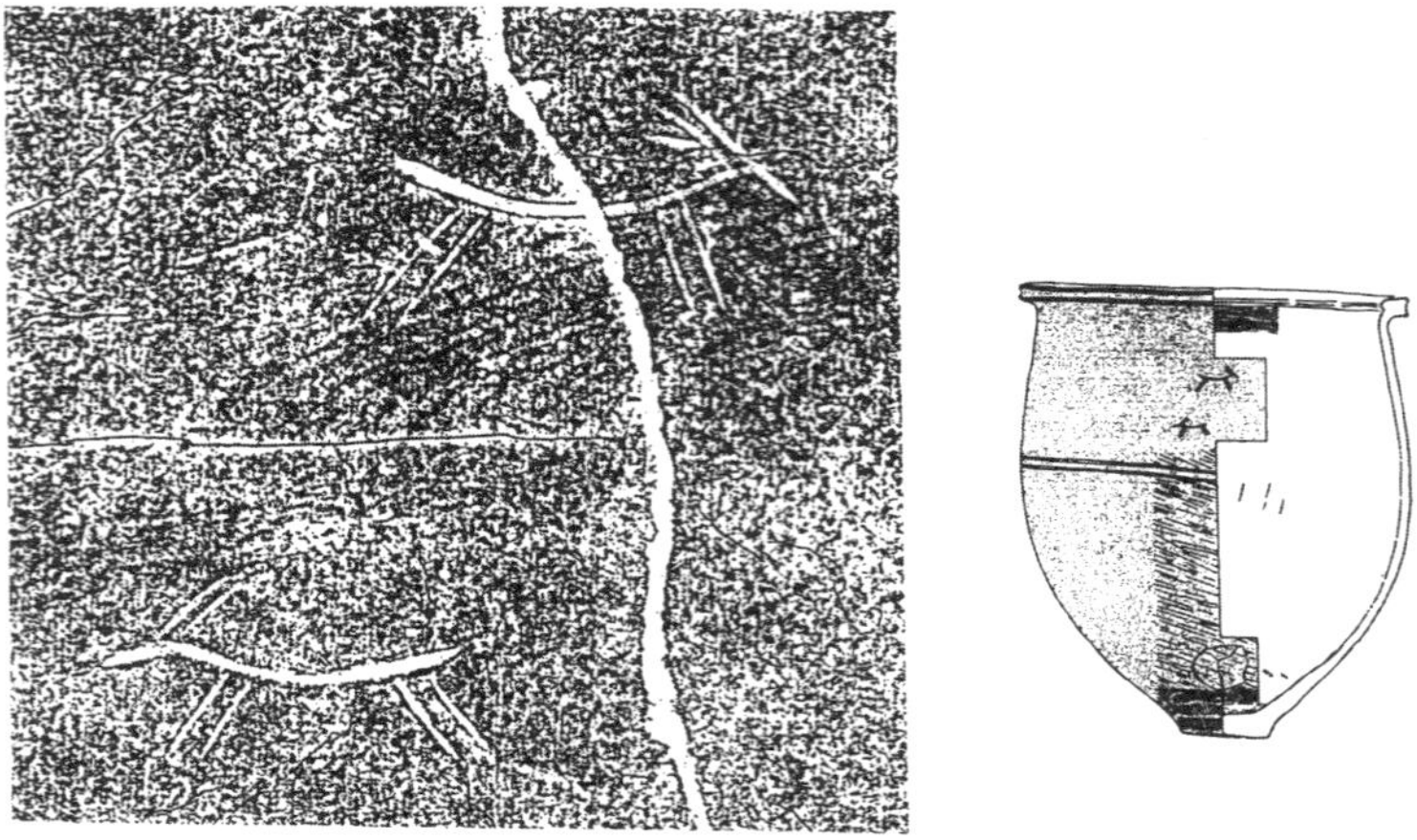

図8　吉武高木遺跡出土シカの描かれた甕棺墓

れた。これは棺の口に対する副葬とみることができ、これも北部九州からの影響が考えられる。ただし、古墳時代に銅鏡は鏡面を遺骸のある方に向けており、弥生時代における棺外の銅鏡はまだ二例に過ぎないが遺骸と逆の方向である。古墳時代の銅鏡については、すでに被葬者を照射するように配置されたとの指摘があり、神仙思想の影響が指摘されている（今尾一九八九）。

棺内では、遺骸、とりわけ頭部付近に銅鏡の副葬が行なわれたが、やはり北部九州からの影響が考えられる。

北部九州でみられた銅鏡などの副葬という行為が、この地域を越えて広がったのは、弥生時代終末期であり南関東にまで及ぶこととなった。

弥生時代終末期には、「纒向形前方後円墳」という共通の形態の墳墓が畿内地域から列島の広範囲に広がり（寺沢一九八八）、一部の銅鏡（画文帯神獣鏡）はこの地域から配布されたとみなされている（岡村一九九〇）。

ここで興味深いのは南関東で、前方後方形の墳墓に銅鏡が伴うのに対し、前方後円形の墳墓、千葉県神門《ごうど》五号墓などに銅鏡が確認されなかったことである。類例が少ないなかでのことではあるが、南関東における銅鏡副葬には、畿内地域からのルートとともに、前方後方形の墳墓が成立した近江、東海からのルートも視野に入れておく必要があるのかもしれない。

いずれにしても、弥生時代終末期を経て、それまでの各地域での葬送儀礼をもとに、前方後円墳での葬送儀礼が畿内地域で創出されたが、その内容には、さまざまな要素が複雑に絡み合っていたことが考えられるのである。前方後円墳でも弥生時代の北部九州に端を発する儀礼が行なわれた。このことから、さまざまな儀礼が行なわれた前方後円墳において、死者の再生を祈念することも行なわれたのではないかと想像している(9)。

五　おわりに

「弥生時代の墓から探る社会」というテーマを与えられたが、弥生時代の葬送儀礼についてしか論じることはできなかった。

現在、弥生時代研究は転換期に差し掛かってきている。国立歴史民俗博物館が示した、弥生時代の開始年代が五〇〇年もさかのぼるという研究成果はその一つで（今村・春成二〇〇四）、そのとおりだとすると土器論や集落論など多くの分野で再検討が求められることになる。

弥生時代後期から終末期の畿内地域への評価についても、新たな考え方が示されている。従来、この地域は弥生時代をとおして先進的で、そうしたことから大和の地域に前方後円墳が出現したとみられていたのだが、実際の発掘調査の成果を踏まえると、畿内地域は必ずしも先進的とは言いきれないという疑問が発せられたのであるが（北條二〇〇〇）、さらに議論を深める必要がある。

本稿では、北部九州の弥生時代中期に端を発した葬送儀礼が、時間の経過と共に新たな思想と儀礼を受け入れ複雑化しつつも、それが終末期には南関東にまでは達し、やがてその一部が前方後円墳での葬送儀礼、前方後円墳祭祀に採用されたと考えた。

弥生時代の墓と前方後円墳を理解する上で、それぞれの葬送儀礼を解明することの意義は大きい。ここで示したことは、前方後円墳で行なわれた葬送儀礼の一部にすぎない。今後はほかの要素をとおして、両者における儀礼の特徴や差異を明らかにできればと考えている[10]。

註

(1) 古墳の定義や古墳時代の開始時期についての議論は多岐に及んでいる。本稿では定型化した前方後円墳を古墳とし、その出現をもって古墳時代とみており、庄内式期は弥生時代終末期で、当該時期の墳丘をもつ墓は墳墓と呼ぶ。また、銅鏡の呼称は、一部を除き基本的に鏡式ではなく、「銅鏡」と呼ぶことにする。

(2) 東小田峯遺跡一〇号甕棺墓の場合、二面の銅鏡が出土しており、【完鏡・複数・棺内頭部型】、【完鏡・複数・棺内頭足型】、【完鏡・複数・棺内足部型】の可能性が考えられる。

(3) 佐賀県増田遺跡では、弥生時代中期の甕棺墓内から破片となった銅鏡(多鈕細文鏡)が出土している。時期的に古く、確実に破砕されたという確証がないとも報告されている。弥生時代後期に出現する破砕鏡と同列に扱っていいのかどうか、検討を要する資料である。

(4) この被葬者、あるいはそれに関係する集団が漁撈と関わりがあったことを否定するものではない。

(5) ただし、弥生時代中期を中心に畿内式打製尖頭器・畿内式磨製尖頭器・柱状片刃石斧などが埋葬施設から出土することはある。

(6) これまであげた墓・墳墓の木棺に粘土が用いられた例は確認できなかったが、大阪府長原遺跡NG〇三―六次調査のSX一五木棺墓では、浅い割竹形木棺の棺内小口、蓋と身の合わせ目に粘土が用いられていた。周辺からは弥生時代終末期の円形周溝墓、方形周溝墓を確認しており、同時期とみられている。木棺に粘土が伴う珍しい例である。

(7) 粘土槨は、密閉性という観点ではまったく隙間のない埋葬施設といえる。

(8) 小山田氏は、「棺外副葬品と一括されていたものは、実は遺骸を安置する甕棺や木棺の隙間を意識して置かれた器物である」と指摘している(小山田一九九五)。

（9）そうした思想の影響を受けていたと考えられるのであれば、いつ、どのような経緯で入っていたのか、大陸とくに朝鮮半島のあり方についても検討を行なう必要がある。

（10）二〇〇六年六月三日に口頭発表した際には、土器の供献や墳墓上で行なわれた破砕行為など、取り上げた内容は多岐に及んだ。その中で本稿は、埋葬施設の構造と副葬品の内容に絞って成文化を図った。紙面の関係で、引用文献・参考文献は論と直接に関わるものを中心に取り上げ、各遺跡の発掘調査報告書については取り上げることができなかった。ご容赦いただきたい。また、文献探索には水ノ江和同氏の協力を得た。感謝いたします。

引用文献・参考文献

今尾文昭　一九八九「鏡」季刊考古学、二八、雄山閣
大形　透　二〇〇〇『魂のありか』角川書店
岡村秀典　一九九〇「卑弥呼の鏡」『邪馬台国の時代』木耳社
今村峯雄・春成秀爾編　二〇〇四『弥生時代の実年代』学生社
黄　暁芬　一九九四「漢墓の変容」史林、七七―五、史学研究会
小山田宏一　一九九二「破砕鏡と鏡背重視の鏡」『弥生文化博物館研究報告』第一集、大阪府立弥生文化博物館
小山田宏一　一九九五「副葬品」季刊考古学、五二、雄山閣
清家　章　二〇〇二「折り曲げ鉄器の副葬とその意義」待兼山論叢、三六、大阪大学大学院文学研究科
田中清美　一九九七「弥生時代の木槨と系譜」『堅田直先生古希記念論文集』堅田直先生古希記念論文集刊行会
寺沢　薫　一九八八「纒向型前方後円墳の築造」『考古学と技術』同志社大学考古学シリーズ刊行会
禰冝田佳男　二〇〇五「弥生時代北部九州における葬送儀礼とその思想的背景」『待兼山考古学論集』大阪大学考古学研究室
肥後弘幸　二〇〇七「近畿北部の弥生墓制」『墓制から弥生社会を考える』六一書房
福永伸哉　一九九五「三角縁神獣鏡の副葬配置とその意義」『日本古代の葬制と社会関係の基礎的研究』大阪大学文学部

福永伸哉　一九九九「古墳の出現と中央政権の儀礼管理」考古学研究、四六―二、考古学研究会
北條芳隆　二〇〇〇「前方後円墳と倭王権」『古墳時代像を見直す』青木書店

古墳時代の墓から見る社会

土生田純之

「古墳は政治的産物である」といわれることがある。確かに畿内を中心に分布する同笵鏡や、畿内の巨大古墳を基準として展開する相似形古墳のあり方など、畿内中心に広がる同盟関係を彷彿とさせるものがある。古墳は共同体の枠を越えた広範囲の政治的関係を示す記念碑であった。しかし、一方で古墳には人が埋葬されていることを忘れてはならない。人の力では回避できない死が今日よりも身近な存在であった原史の人々にとって、墓は忌避すべきものではなかった。

さて、『日本書紀』崇神一〇年条には、倭迹迹日百襲姫命が葬られた箸墓を築くに際して、昼は人が造り、夜は神が造ったとある。それまでの弥生墳丘墓とは比較できない大規模な墳丘を目の当たりにして、人々の心には神が古墳造りを手助けした情景が確かに見えたに違いない。そこには平安時代のような、荷前《のさき》を懈怠《けたい》する貴族の姿を認めることはできない。[1] 人々にとっては、墓（古墳）も時とともに接し方の変わるものであった。もちろん、意識的であれ無意識的であれ、古墳に寄せる人々の心情には、権力者もこれに対応する必要がある。その意味でも、古墳はやはり政治的産物（この場合は主として共同体内部に対する）という側面を有していたに違いない。こうして、古墳は政治的側面を備えている上に、人々の心性面に基づく記念碑でもあった。

古墳時代の数百年は、古墳が有する人々の心性面に基づく側面が徐々に弱くなる一方、政治的側面が突出していく段階を経て、やがて政治的側面が薄れゆく段階に至る。かつて、古墳時代の考古学は遺構や遺物の分析を中心とした文化史的研究に主力が注がれており、当時の政治や社会に対しては大きな関心が払われたとはいえない時代が続いた。その反省の上に立って、近年は古墳を政治的視角から分析する研究が多くなっており、周知のとおり数々の業績を上げている。しかしその一方で、人々の心性面に配慮した研究はほとんど見あたらないのが現状である。以下、小考では上記した論点を踏まえ、古墳の有する多角的性格に留意しながら論題について検討したい。

なおいうまでもないが、古墳には多角的性格が内包されているとはいえ、あくまでも当該時期におけるさまざまな事象・文物の一つにすぎない。小考ではこの厳然たる事実を意識した上で記述を進めるが、時に応じてほかの事象や文物にも留意することにしたい。

一　古墳の成立と弥生共同体の行方

弥生時代も後半になると、各地で盛土や地山削り出しによる明確な墓域を備えた墓制が出現する。早くも前期後半にはそうした傾向が見えるのであるが、後期には盛土による大型の墳丘墓が各地で築造される。中でも岡山県倉敷市楯築墳丘墓(2)の場合、大型円丘部（四〇×三八メートル）の左右に方形の突出部を接続させた形態を示し、全長八〇メートルにも及ぶ。このほか島根県出雲市の西谷三号墓（四隅突出型・主丘部は四〇×三〇メートル）(3)や京都府京丹後市赤坂今井墳丘墓（方形・三九×三六メートルの主丘部周囲に幅五〜六メートルのテラスが全周）(4)など、規模の点において古墳と呼んでも遜色のまったくないものも多く見られる。

それでは、古墳とこれら墳丘墓は何によって区別されるのであろうか。かつては前方後円墳の成立以後を古墳と呼んだ。しかし、兵庫県加古川市西条五二号墓(5)や徳島県萩原墳丘墓(6)など、弥生終末段階の墳丘墓の中には前方後円形を示すものもある。このため、定型化した前方後円墳の成立以後を古墳と呼ぶことを提唱した人もいる。(7)定型化した前方後円墳とは、①鏡の多量副葬指向、②長大な割竹形木棺、③墳丘の前方後円形という定型化（筆者註・弥生墳丘墓で前方後円形を採用したものには前端部が不明瞭であったり、後円部が楕円形であるものなどが多い）とその巨大性、以

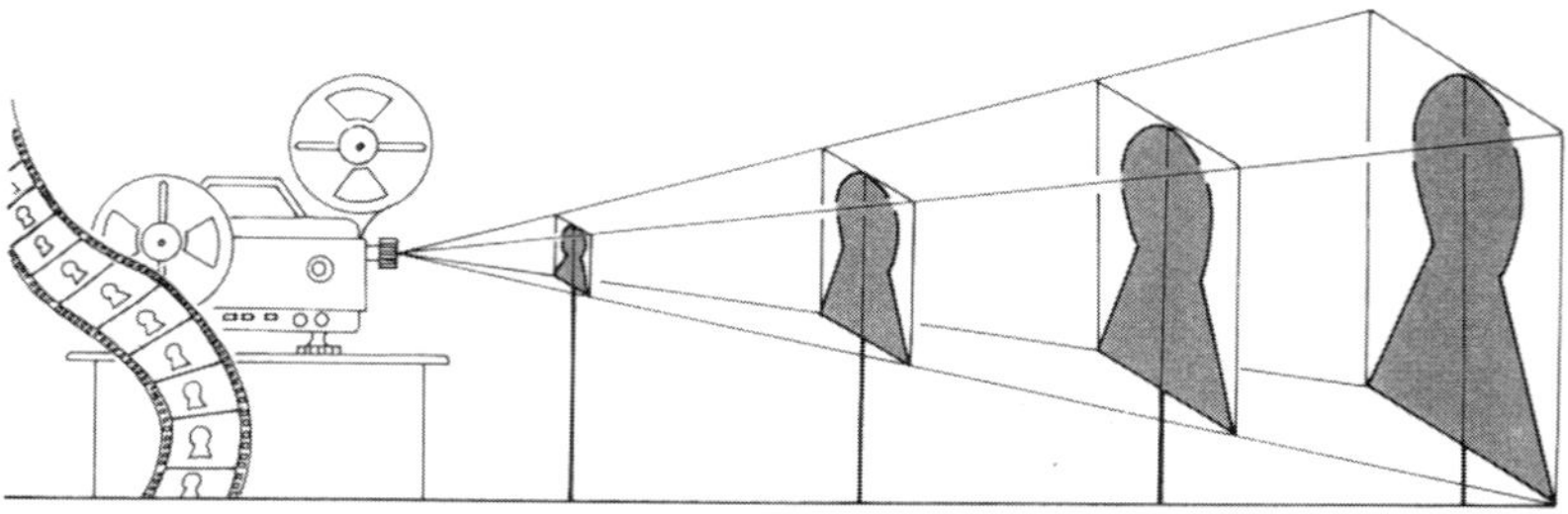

（都出比呂志編1989『古墳時代の王と民衆』古代史復元６，講談社より）

図１　相似形古墳の概念図

上を兼ね備えたものを指す。しかし、多くの発掘調査成果によれば、上の条件をすべて備えた古墳がほとんどない上に、弥生から古墳への変革期は墳墓の構造については従来の予想よりも漸進的に変化するのであり、ドラスティックな変化は認めがたいことが明らかになった。さらに寺沢薫によって提唱された「纒向型前方後円墳」[8]が汎列島的に分布することが明らかなために、問題はより複雑化の方向に向かっている。

さて、筆者は多くの考古学者同様奈良県桜井市箸墓古墳[9]の出現を重視して、本墳の構築をもって古墳の成立と考えている。その理由については、まず相似形古墳[10]の存在があげられる（図１）。「纒向型前方後円墳」も一定の規範をもった墳丘形態を共有するが、相似形古墳の類似度とは根本的に異なる。また箸墓以後についても、各時代における畿内の巨大古墳が基準となってその類型下の古墳が各地で構築された。次に箸墓古墳の規模に見られる隔絶性があげられる。例えば古墳成立に大きな役割を果たしたと見られる吉備の場合、岡山市浦間茶臼山古墳[11]が箸墓の二分の一相似形であることが指摘されている。しかしこれを投下労働力に換算する場合、墳丘の容積を比較する必要がある。さらに周辺の整備などをも考慮すれば、両者の格差は飛躍的に増大するのである。畿内の次に大きな役割を果たし、箸墓の二分の一相似形の古墳を構築し得た吉備にしてそうである。まして他地方はどうであろうか。ここに一々を示すまでもないだろう。

ところで、上述した視点は畿内と他地方との格差や立場の差、いわば政治史的論点を論じるには有効である。しかし、古墳は小考の冒頭において述べたように政治的意義のみを有するものではない。共同体の内部や外部に向けた政治的メッセージを体現するとともに、古墳造りやそこで実施された儀礼に参加した人々の心情に訴える役割をも担っていた。もちろんそうした働き自体が政治的意義を有するものではあるが、原史の政治が文字通り「まつりごと」であった以上、我々もまた合理的解釈のみにとらわれず、古墳造営をめぐる人々の心性面復元に挑むべきであろう。そこで以下では墳墓の場で実施された儀礼について考察しよう。

弥生時代の墓制は地方差が大きく、汎列島的な広がりを見せた前方後円墳のような統一性は見いだしがたい。ここに古墳との相違が顕著に現われており、弥生時代の各地政治主体の独自性が墓制に発露されていた段階から、古墳時代になって畿内政権の主導のもとに汎列島的な連合体制が成立し、その可視的表現としての前方後円墳が創出されたものと考えられる。しかし、墳墓の場において実修された儀礼の変遷については、これまでさほど注意が払われていなかった。弥生墓制の多くが無墳丘ないし低墳丘であったために、多くはすでに削平されてしまっていた。このため、墓上に残された儀礼の痕跡がすでに消失していることが多かったのである。ただし、北部九州では諸氏の研究により、以下のような変遷過程が把握されていた。①個人墓に対する小型壺の副葬、②集団に対する儀礼と用いた儀器（土器）の土坑への廃棄、③特定墓域・個人墓に対する土器による供献。北部九州では中期から後期にかけて個人墓が一般の墓地から突出し、中には大型の墳丘を有する例も見られる。こうした流れと上述の儀礼痕跡の変遷は関連するものと思われる。単純に死者に対する哀惜の念に基づいた飲食物供献の段階から、王などの特定個人に対するかなり画一化・様式化した儀礼への変化が考えられるのである。

以上のような変遷過程は、一部を除いて他地方では明確になっていなかった。しかし弥生後期には大型の墳丘墓が各地で築造されており、これらの墳墓で実修された儀礼の痕跡が検出されている。既述の楯築墳丘墓、西谷三号墓、赤坂今井墳丘墓をはじめ、倉敷市黒宮大塚（二基連接の方形墳丘墓・「後方部」墳丘は三三×二八メートル）(12)、福井市小羽山三〇号墓（四隅突出型、主丘部二六×二二メートル）(13)などでは、主体部上に集中していた礫の直上から多量の土器

（飲食器）が出土した。とくに楯築では、近藤義郎によってこれらの飲食器は亡き王の葬儀に参加した多数の参列者による祖霊との「共飲共食儀礼」の痕跡であると説かれている。[14]多数の参列者の前で亡き王に対する儀礼を行なったという点では北部九州の事例とも通じるものがある。しかし、古墳の成立以後「共飲共食儀礼」は姿を消す。ここに弥生墳丘墓と古墳との顕著な差が生じている。弥生時代における王の葬儀に際しては、その最終段階に至るまで共同体成員の参加を必要としたのに対し、古墳では成員を排除する形で進められた。王権の伸張に伴って、儀礼が秘儀中の秘儀へと化したのであろう。かつて筆者はこのように考えた。しかし、古屋紀之による詳細な比較研究[15]が公表されるに及び、筆者の見解は一部修正する必要が生じた。以下、古屋の研究を簡単に紹介した上でこれに基づく新解釈を述べておこう。

古屋は弥生墓制から前期古墳の葬送儀礼を全国に渡って詳細に比較検討した。その結果、弥生墓制における墳頂部の儀礼には地域差が見られること。それにもかかわらず、土器を墳頂部に配置する傾向が顕著であったのが、古墳時代になると次第に墳頂部上からずれて周辺に移動する。その後墳頂部の形象埴輪配列が発達するとともに主体部上は禁足地として神聖視されるようになった。このため主体部直上に土器を配置することはなくなり、代わりに方形区画の外側に置くようになった。こうした変化は畿内で発生したものであるが、古墳文化が畿内主導であったために他地方の古墳も同様の変化を見せる。ただし、地方色を色濃く残す一部の古墳（山陰系など）については、弥生以来の伝統を長く残存させた。以上が古屋の研究の大要である。

筆者は古墳の成立と墳頂部における「共飲共食儀礼」の衰退が同時に生じ、共同体の規制からある程度自由になった古墳被葬者の姿を想定していた。弥生時代の首長は、一般成員の住まいと一線を画すために、居館の周囲を方形溝施設によって区別しているものの、結局は首長・一般成員の両者ともに同じ環濠集落の中に暮らしている。これに対して古墳時代になると、首長居館は一般成員の集落とはまったく異なる地点に深く広い濠をめぐらせた方形居館を営み、一般集落には周囲に濠などの防御施設は認められないという、武末純一の整理[16]も念頭にあったためである。古墳墳頂部における儀礼はきわめて少人数の近親（臣）者のみで行ない、一般成員は儀礼に参加するどころかその様子すら窺えなかったのではないかと考えた。しかし次章において触れるように、少なくとも五世紀後半までは畿内などの特定地域以外の首長は、未だに共同体の規制から離れられず、完全に自由な存在にまではなっていなかった。こうしたことを重ねて考えるならば、古屋が整理したように、古墳の成立と共に墳頂部における「共飲共食儀礼」は突如姿を消したのではなく、その場を変えながらも根強い儀礼が存続したことを窺うことができるのである。ただし、古墳の成立が墳頂部儀礼衰退の契機となったこと、やがてそうした儀礼が埴輪となって形式化したことには相違ないであろう。

二　古墳の変質

前章で述べたように、弥生墓制から古墳への変化は各地域勢力が畿内を中心とする広域連合へ参加したことの象徴物でもあった。しかし、各共同体の基本構造はさほど変化したと思えず、五世紀後半になってようやく大きく展開したようだ。こうした動向の中、畿内や吉備など一部の地域では古墳の成立当初から次段階への発展が胎動していた。以下では、こうした動向を概観する。その際、畿内と他地方の差異を重視して記述を進める。

古墳から政権の構造や特質を探る方法としては、副葬品の研究、古墳の内部構造や外部施設の分析などがある。前者は小林行雄の三角縁神獣鏡研究[17]が有名であり、後者には上田宏範を嚆矢とする前方後円墳の築造規格（企画）研究[18]などがある。ここでは大型古墳を含む古墳群の構成分析から話を進めよう。古墳群の構成を政権構造の分析と絡めて検討したのは、野上丈助が初めてであった。[19]その後田中晋作によってさらに細かく分析されており、[20]今日の研究に至る基礎が打ち立てられた。その大要は以下のとおりである。

田中は畿内の主要古墳群を構成する古墳を、大・中・小型主墳と陪塚の四種に分けてそれぞれの古墳群を分析した。その結果、前期前半（箸墓、西殿塚）には大型主墳が単独に存在していたが、同後半には大型主墳に陪塚が一～二基伴う段階（柳本古墳群）を経て大型主墳＋中型主墳＋陪塚（佐紀盾列古墳群西群）へと複雑化していく。この傾向は中期になってますます顕著になり、古市、百舌鳥両古墳群では佐紀盾列古墳群西群の構成にさらに小型主墳が加わるほか、陪塚の数も多くなる。以上の古墳群は、いずれも大王墓を核とするものである。このほか、同期の佐紀盾列古墳群東群も規模の差を別にすれば古市、百舌鳥古墳群に近く馬見古墳群も類似した構成となっている。しかし、ほかの古墳群は構成要素に脱落するものがあって厚みを欠くと指摘した。田中の分析は畿内の主要古墳群のみに限られているが、他地方では陪塚をもつものが基本的に存在しないことをはじめ、畿内前期前半の様相が長く続いている。ここに畿内と他地方との大きな相違がある。大王墓を含む畿内主要古墳群の変遷は政権構造の複雑化、職掌分担の成立など、政権の発展を示唆するものであるが、他地方では首長一人にすべての権限が具現化されていたのであろう。しかしこれは、首長がすべての権限を独占していたというのではなく、あくまでもその象徴にすぎない。政権の構造として首長という職能が制度的に全権を掌握したのではなく、個人的魅力・能力が求められ、それによって政権の長としての存在が認められたものと思われる。以上のような推察を導いてくれるのは、五世紀までの「地方」首長墓造営地の移動と五世紀後半以後における固定化現象である。

すでにこれまで繰り返し述べてきたように[21]、五世紀後半までの首長墓はその造営地を数代あるいは代々移動させることが多かった。長野盆地や吉備で指摘されて以来、各地で同様の状況が報告されている。ところが五世紀後半以後になると造営地の固定化が生じ、六世紀中葉までにこうした変化がほぼ終了して多くの首長墓造営地は特定の地区に集中するようになるのである。筆者はこうした現象の背景に、畿内政権との関係があると考えている。つまり、それまで各地独自の原理によって首長権が継承されていたのに対し、こうした原理を否定して畿内政権にとって都合のよい、あるいは畿内と連携した系譜に首長権の継承を固定させたものと考えるのである。実際、当該期以後首長墓造営地の固定化がなされた地区を見ると、その多くが国造の奥津城（実際の国造制は六世紀末ないし七世紀初頭に完成する。したがってこれら古墳の大半は、後世国造に就任する系譜の先祖の墳墓であろう）に比定されている。一例を示すと、五

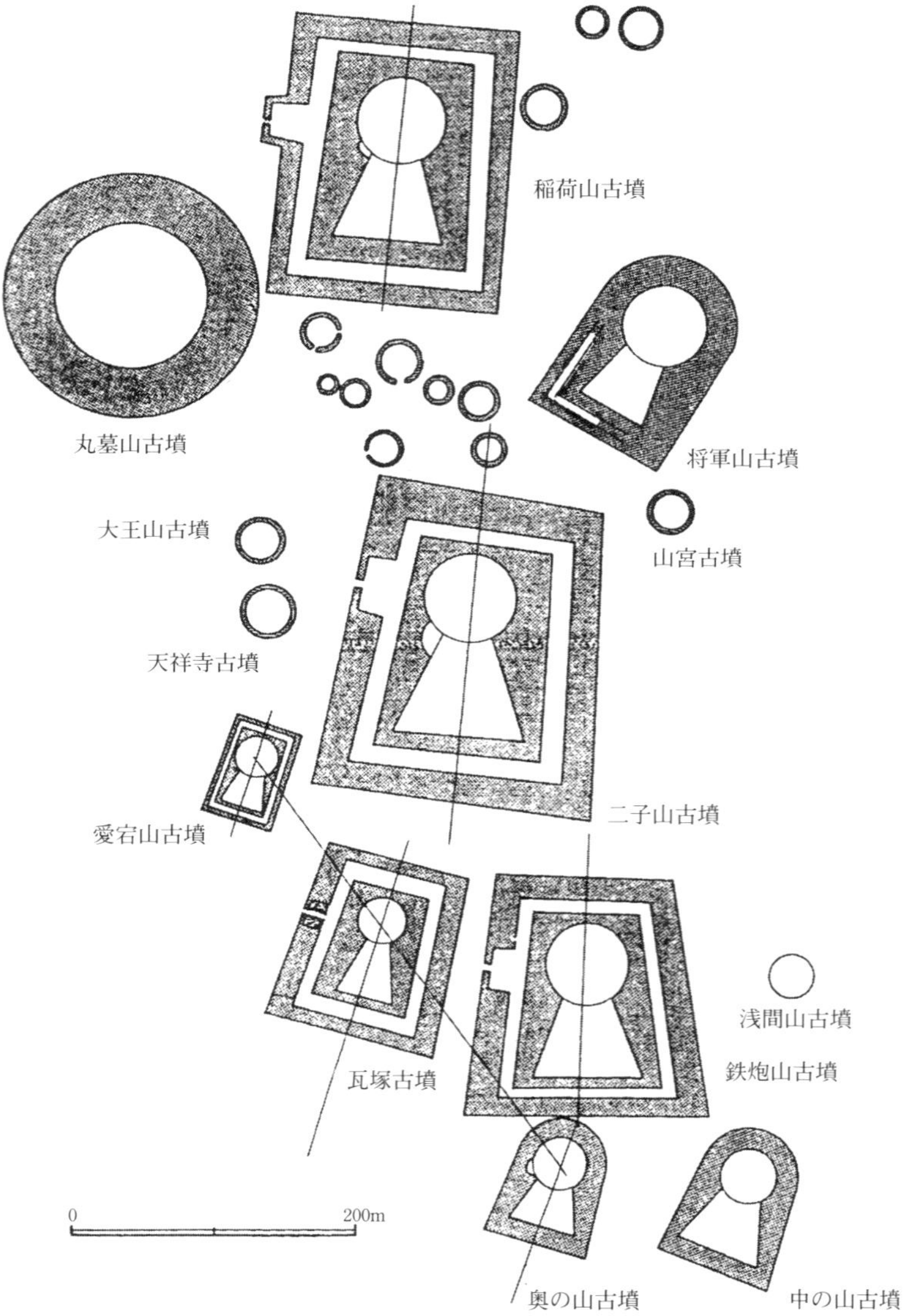

（増田逸朗2002『古代王権と武蔵国の考古学』慶友社より）

図２　首長墓築造地の固定・埼玉古墳群

世紀後半に固定化が始まった埼玉県埼玉古墳群（図2）は旡邪志国造、六世紀前半からの栃木県思川流域の古墳は下毛野国造、千葉県富津古墳群は須恵国造、島根県山代・大庭古墳群は出雲国造、熊本県野津古墳群は火国造、そして六世紀中葉からの千葉県板附古墳群が武社国造に比定されるのである。逆にいえば、首長墓造営地の固定化が生じる前は、未だ各地独自の論理による首長権の継承が行なわれていたということになる。例えば複数系譜による輪番制、政権の交代、同一政権内部における主導権の移動など多くの説が提示されているが、現在まで見解は一致していない。もちろん個々の事例の各々が上記した見解のいずれかに相当して、統一された原因に収斂できるものではないという場合もあろう。しかし、ここでは五世紀後半までの各地政権は、各々独自の論理による首長権の継承が行なわれており、畿内政権が直接介入した状況は認められないということのみを確認しておきたい。

次に六世紀中葉以降、汎列島的規模で爆発的に築造される群集墳の問題がある。全国の古墳総数は二〇万基以上ともいわれるが、大半は後期の群集墳である。これは限られた特定の土地に多くの小型古墳が群集して築造されるもので、時には墳裾を接するほど密集して造営されたものもある。群集墳は、従来共同体内部における首長層以下の階層が自立成長して古墳を造営するようになったとする内的発展説と、同様の階層が畿内政権によって古墳造営を認められた結果であるとする外的契機説の両者がある。[22] 前者は、鉄器制作技術をはじめとする諸技術の発展と普及、およびその結果としての生産力の拡大に原因を求めるものである。そして後者は、畿内政権による各地共同体に対する揺さぶり、すなわち在地における首長層の権威を否定して直接畿内政権が共同体の内部にまで支配権を及ぼそうとした政策の顕現化であると考えるものである。実際は両者が複雑に絡むものであろうが、先に指摘した首長墓造営地の固定化ともあわせ、各地政権の自主性に対して畿内政権が積極的にこれを制限して直接的掌握の方向へと舵を取ったことを示すものである。なお群集墳についても、一部のものはすでに五世紀後半に築造を開始している（初期群集墳）ことに留意しておきたい。

ところで、なぜ畿内がこのように中心的位置を占め、後の律令体制確立に至ったのか明確に指摘することは難しい。

首長墓（大王墓）造営地も、当初の纒向（奈良盆地東南部）から次に北方の柳本へ移動する。しかし次代になると盆地北端の佐紀の地へと移動し、これもやがて生駒山脈をこえて大阪の百舌鳥・古市へと大きく移動するのである。このように、他地方とも現象面においては異ならないのである。しかし、古墳時代の当初から他地方と異なる状況・背景があったことは認めてよいであろう。白石太一郎は、後の畿内地方の場合、初現期の古墳の分布が後の大和、河内、和泉全域において纒向にしか認められないのに対して、淀川流域（山城・摂津）の古墳では小地域ごとに纒向のような大型ではなく小型古墳が点在することに注目した。[23] そして、畿内大王の領域は古墳時代の当初から大和、河内、和泉を包括した広大な領域（大和川水系）であったと推測している。このような古墳時代当初からの差異が畿内＝大和政権の他地方とは根本的に異なる飛躍的な発展につながったものと考えられるのである。

それでは、首長系譜の固定化や群集墳の爆発的築造という現象の政治的・社会的背景には何が考えられるのであろうか。以下、このことについて概観しておきたい。

まず社会的・政治的諸事象の基本となる生産力に注目したい。生産力と一口にいっても農業はじめ多くの分野があり、中には直接には生産物を生まない交易による経済もあるが、古墳時代には日本列島の大半が農業に基盤を置いていたことに相違はない。かつて八賀晋は古代の農耕と土壌について分析した結果、弥生の本格的水田稲作の開始時には常に湛水して排水の要はあっても灌漑の必要がなかった湿田中心に開発していたものが、大規模な灌漑水路を必要とする乾田開発へと進むことを跡付けた。[24] またこの中間には半湿・半乾田の開発があったことを明らかにした。その際、生産力は湿田から乾田に向かうにつれ、飛躍的に上昇するのである。このうち半湿・半乾田の開発は、弥生時代のうちにすでに着手されていたが、地下水位が低く乾燥した土壌を掘削して水路を整備し耕作する（乾田の開発）ためには、優れた鉄器の十分な供給が前提となる。八賀は遺跡の立地などから、乾田の開発が五世紀段階に開始されたものと考えた。

ところで、農具の革新については都出比呂志の研究[25]が参考になる（図３）。都出によれば、五世紀中葉には農具は

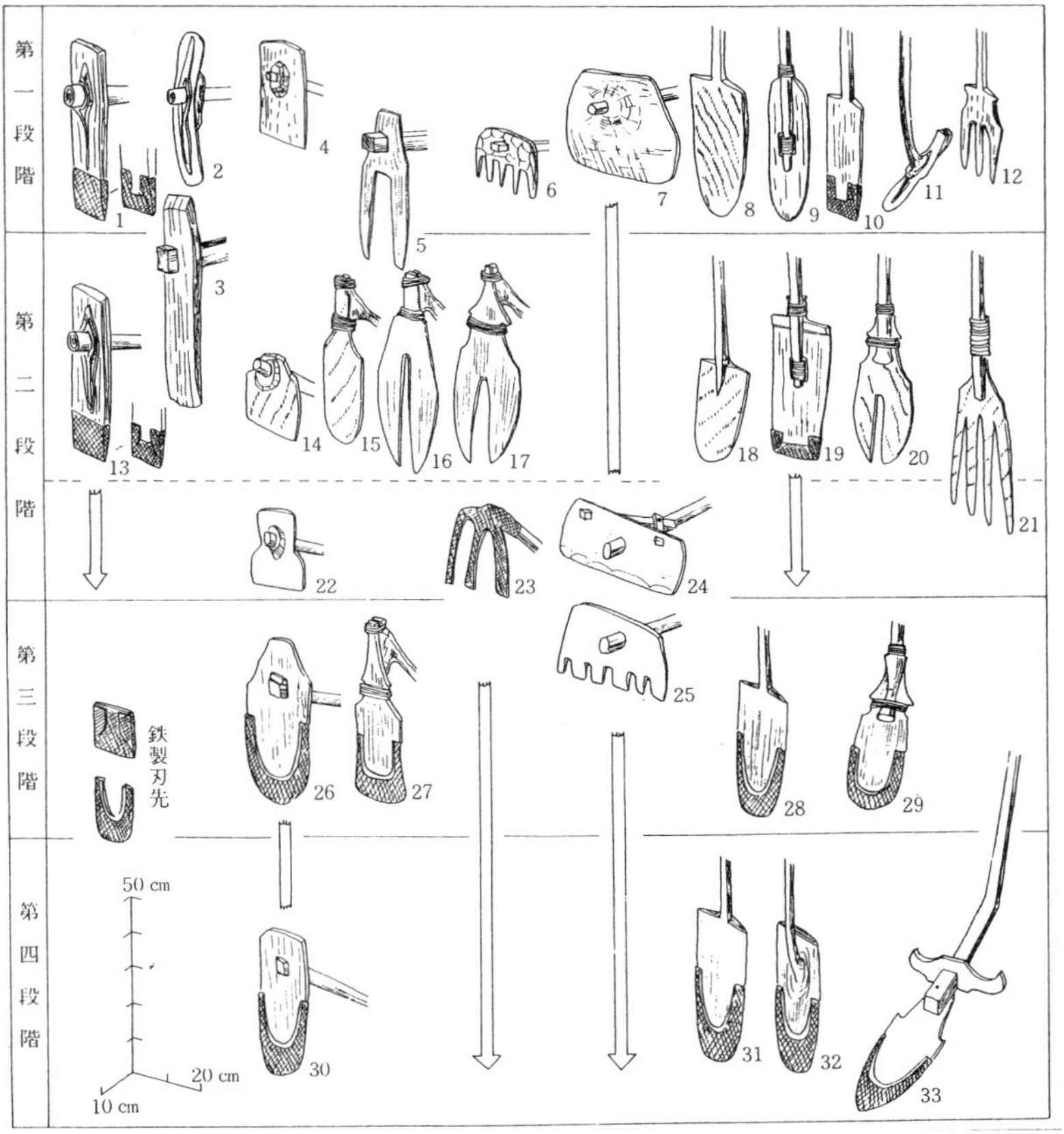

（註25都出1989より）

図３　耕具発達の諸段階

1・10福岡県下稗田、2・7・11奈良県唐古、3・5大分県土生、4大阪府安満、6・9滋賀県大中ノ湖、8・20大阪府池上、12福岡県板付、13長崎県原ノ辻、14兵庫県権現、15・18・24・25奈良県佐紀、16静岡県宮塚、17大分県丹生川、19岡山県上東、21静岡県山木、22奈良県纏向、23大阪府紫金山、26福岡県四箇、27静岡県伊場、28滋賀県服部、29滋賀県針江中、31奈良県平城宮、33奈良県正倉院、30・32絵巻物

第一段階;弥生時代前期～中期後半、第二段階;弥生時代中期後半～古墳時代中期初頭、第三・第四段階;古墳時代中期中葉以降

それまでの「クワ・スキのための方形板刃先に代わってU字形の刃先が出現し、開墾・土木用具のみならず、耕作具にも鉄器化が進んだ」（都出一九八九、二七頁）。これは北野耕平に始まる甲冑研究の進展とも密接に結びつくもので、技術革新とともに、供給量の増大も指摘されている。こうした背景によって五世紀中葉以降生産量は飛躍的に増大した。[26]

そのほか五世紀における鍛冶技術、須恵器・馬匹生産など、諸方面にわたる技術革新と生産力の増大は、当該期をもって古墳時代を前後の二時期に分かつことの妥当性を示すものである。[27]

次に田中良之による古墳被葬者の人骨分析に基づく親族構造の研究をあげなければならない。[28]それによれば、出土人骨から復元された同一古墳における被葬者間の血縁関係には三つのモデルがある。Ⅰは一人ずつに絞り込まれた男女のペア（兄妹・姉弟）で、兄弟原理を基本とする。Ⅱは成人男性とその子供の世代の男女からなる父兄血縁者のみの埋葬。ⅢはⅡのモデルに家長の妻が追加されたものである。各モデルの時間幅は、モデルⅠが弥生終末～五世紀代、Ⅱが五世紀後半～六世紀後半、Ⅲが六世紀中葉以降である。当然ⅠからⅡへの変化が最大の転換である。こうした変化は、豊前地方をはじめとする北部九州にもっとも早く顕現しており、概ね西から東に向けて徐々に遅れる傾向にある。こうしたことから親族構造の変化を促した主な要因として、渡来人の影響が考えられる。そうであれば、先に述べた技術革新やそれに基づく生産力の向上も渡来人の技術力によるところが大きく、古墳時代の研究にとって対外関係の分析が占める位置の重要性を改めて認識する必要があろう。

三　黄泉国思想の受容と横穴式石室

イザナキノミコトが亡きイザナミノミコトを黄泉国まで訪ねる物語は広く一般に知られている。しかし、このような黄泉国思想がいつどこからもたらされたのかという点については未だ十分に解明されたとはいえない。かつてイザナキの黄泉国訪問譚が神話の中に見えることから、これはもっとも古い「神世の世界」の出来事であること、そして

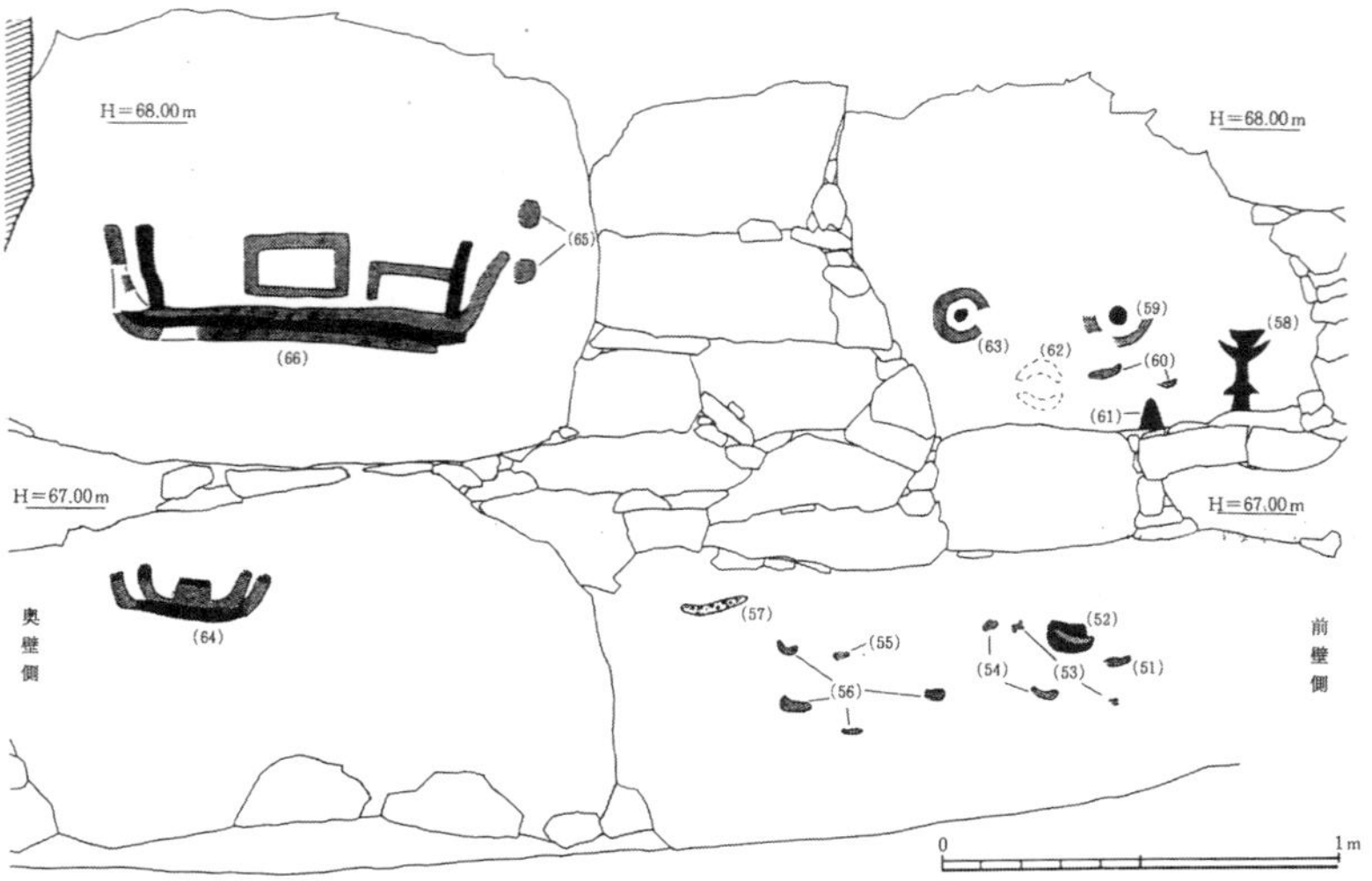

(註31小田富士雄ほか1998より)

図4　五郎山古墳玄室東側壁の壁画

黄泉国の情景が横穴式石室の内部を彷彿とさせることから、横穴式石室は古墳の中ではもっとも古い墓制であると考えられたこともある。しかし、黄泉国神話の成立は六世紀に降ることが喜田貞吉などによって明らかにされて、逆に横穴式石室は古墳時代後期の墓制であることが認識されるようになった。(29)

さて、死して黄泉国の住人となったイザナミは、現世に帰りまた国造りをともに行なおうと誘うイザナキに対し、すでにヨモツヘグイをしてしまったのでもう現世には戻れないという。ヨモツヘグイとは死者の世界で食べ物を口にすることであり、別火の思想に基づく汚れの観念の萌芽が読みとれる(ただし、神道の汚れとは異なり、死体が腐敗していく恐怖を根幹とした単純なもので、畏怖観と呼んでもよい)。そして明確に死者の世界が存在するという死生観が認められるのである。

それでは横穴式石室の受容が黄泉国思想にただちにつながるのかというと、実は複雑な問題が内在する。横穴式石室のうち初期に属するものは、墓室内に須恵器などの日常使用する食器を副葬品として埋納することがない。既述のように死者は石室内でヨモツヘグイをすませた後死の世界の住人となるのであるが、こうした儀礼の重要な装置である飲食器(もちろん食器内には飲食物がもられていた。実際にこうした飲食物が残存していた事例も報告されている)[30]を欠くのである。ただし、石室内の飲食器については、あるいは死の世界へと向かう旅路の食料としての意味があるかもしれない[31](図4・船の上に棺が載せられている。この場合、横穴式石室は死者の国に至る入口となる)。しかし、いずれにしても横穴式石室が死者の住む世界、あるいは死者の世界に向かう入り口として位置づけられていたことに相違なく、明確に死者の世界＝黄泉国思想が存在したことを示すものと見てよいであろう。さて、上述した横穴式石室の有する意義から見て、そうした世界観が十分に理解されていなかったのではないかとも思われる飲食器の石室内埋納が見られない石室は、中・北部九州を中心に構築されたいわゆる九州系諸石室である。ところが六世紀初頭に畿内で畿内型石室が成立するとこれまでとは異なり短期間のうちに列島の各地域に受容された。この畿内型石室は、成立当初から須恵器の墓室内埋納が実施されていた。つまり、畿内型石室は横穴式石室という墓制と黄泉国思想の両者がはじめて一致した事例であると評価できるのである。横穴式石室という新しい墓制を採用してもそれに本来伴う来世観が理解されなければ、単に新奇な墓制としての評価に終わるのである。これに対して墓制とそれを支える思想の両者が一体的に受容された場合は、前者に対してはるかに速やかに伝播・受容されるのである。ここに我々は葬送墓制というものの本質の一面を窺うことができるのである。

四　古墳の終焉と挽歌の成立[32]

『万葉集』の中に挽歌という「部立て」がある。これは死者を悼み哀悼の情をうたうものである。七世紀初頭の聖徳太子作とされるものなどがもっとも古い作品の一つであるが、これらは後世の仮託と思われる。史上に確実な形で哀傷歌が詠まれたのは七世紀中葉における孝徳・斉明の時代を嚆矢とするが、宮廷挽歌としての体裁をもったのは天智天皇に対するものが初見である。しかしこの歌群はすべてが女性の作品であり、古い様相を残すものであるといわれる。その点、持統朝における柿本人麻呂をはじめとする「宮廷歌人」の登場は、それまでの挽歌とはまったく趣を異にするものであったと思われる。彼らは宮廷、あるいはそれに関連する諸行事の場において、宮廷の要求に従った作品を提供する義務があった。したがって彼らの挽歌はその高度な文学性とは別に、政治的な背景をも含むことを見失ってはいけない。

さて「宮廷歌人」以前から、聴衆の前で亡き貴人の功績やそして何よりも後継者の正当性を披露する舞台装置は、殯宮における諸儀礼、とくに奉誄である。中でも天武天皇の奉誄は、二年以上に及ぶ殯庭で実施された諸儀礼の中で二〇種以上が実施されている。壬申の乱を勝ち抜き、古代律令体制の基礎を確立した天武天皇に相応しい一大葬儀であった。しかし、『日本書紀』の記載を見る限り殯《モガリ》（殯と記載する場合は、七世紀になって整備された大王およびその一族の葬儀に限られる。したがってほかのモガリとも思想面での本質には通じるものがあるが、社会的意義には相当な隔たりがある）の儀礼はむしろ衰退期であった。むろん和田萃が早く指摘したように、殯が長期にわたる理由は後継者の選定期間と密接に絡むものであり[33]、特別に殯のみが重視されたわけではない。しかし、そうではあっても後継者選定と密接に絡む重要な舞台装置と認識されていたことに相違ない。この殯が実施された場が亡き大王宮の南庭であることが注目されているが、南庭での殯はむしろ大王の特権である。やや降るが草壁皇子の場合に見られるように、皇太子といえども墓所近傍での殯が通例であった。もちろん死穢の思想（神道のそれとは異なり、死の恐怖を基とした原初的なもの）が背景にあることは疑いない。ところが天武朝以後にも後継者争いは引き続いて見られるが、即位の資格は著しく限定されたものとなり、かつて保持していた殯の意義は急速に喪失ないし変質していった。こうして殯の意義は減退したのである。

ところでかつて殯・モガリの場や墓所が、権力移譲を周知させる絶好の舞台装置であったことは何も一人大王に限ったことではない。各階層の支配層において生じ得たことであり、それゆえ葬送儀礼が盛行したのであり、壮大な古墳が築造されたのである[34]。六世紀後半以後になって大王の殯は、南庭で実施されるようになることが強調されるが、ほかのモガリはやはり墳墓の近傍で実施されたものと思われる。

上記のように考えるならば、持統朝になって「宮廷歌人」による挽歌が奉ぜられたことは、時代の趨勢として頷けるものであろう。挽歌はむろん文学的な表現形式であり、政治性を全面に出した誄とは微妙に性格を異にするものであるからである。さらに挽歌は柿本人麻呂の題詞に見られるように墳墓の地で詠まれたのではなく、生前の居所における遺族・近親者を中心とした儀礼の場での誦詠と考えられている。[35]先に指摘したように、殯（前身としてのモガリを含む）の場は大王のような例外を除いて墳墓の地を遠く隔たることがなかった。しかし七世紀後半になると殯の意義は減退し、故人の資質や美徳を追想する方向へと向かうのである。こうして墳墓のもつ政治的・社会的意義の衰退が決定的となるのである。

ところで、以上のように考えるならば、古墳規模の変遷や終焉についてもより理解が深まるのである。従来は、仏教思想の浸透やそれに基づく寺院の建立および火葬への転換などが指摘されてきた。しかし、仏教寺院の建立や火葬の普及に古墳の終焉との関係を認めることができても、詳細に見ると両者間には相当の時期差が存する。したがって仏教受容関連のみで古墳の終焉を説明することは難しく思われる。そもそも古墳は五世紀前半～中葉に最大規模に達し、同後半以後縮小傾向にあった。そして西日本では六世紀後半、東日本では七世紀前半に首長墓としての前方後円墳の築造が停止して、方（円）墳に取って代わる。しかし最終段階の前方後円墳と六世紀後半～七世紀前半頃の方（円）墳とを比較すると、墳丘規模や構築に要する土木作業量にはさほどの差異がないのである。むしろ七世紀中葉を最後に大型古墳は姿を消し、後半になると急速に小型化するのである。

このように見るならば、七世紀後半における墳丘の著しい縮小が注目されるとともに、その原因を考究する必要が生じる。その要因の一つとして、挽歌の成立に象徴される墳墓のもつ政治的・社会的意義の衰退が考えられるのである。この頃になると、墳墓やその近隣に設けられた殯においてかつて行なわれていた壮大な儀礼はもはや実施されなくなるのである。この点、柿本人麻呂による挽歌のうち、草壁皇子に捧げられたそれは単に殯宮での作歌とあり、実際は生前の居所での作歌が多くを占めるとの指摘があるにもかかわらず、未だ墳墓の地における儀礼との密接な関係が容易に想定される。これに対して、時代が下降する高市皇子の場合は城上殯宮とあって、直接墳墓の地で実施された葬送儀礼とは別個に行なわれた故人ゆかりの地における「偲ぶ会」的場面での作歌が想定されている。まさに墳墓やその近傍における殯が有した重要な意義の衰退が、秀逸な一人の歌人によって象徴的に示されているといっても過言ではないであろう。

なお、以上は畿内の天皇（大王）とその周辺権力を中心に分析した結果であるが、地方においても七世紀後半以降墳丘が急速に小型化する。もちろん上述のような畿内における墳墓の役割の変化が波及したことがあげられるが、とくに地方においては七世紀後半になって仏教寺院の建立が盛んになることも忘れてはならない。もちろん同期には律令体制が本格的に整い、地方豪族がこれまで保持してきた在地の伝統的構造に基づいた権力が、中央権力の裏付けに基づいた権威に取って代わったことをも銘記しておくことが肝要である。

五　死という意識の変転

古墳時代前期、共同体の構成員から抜け出てそれまで以上に大きな権威をもつに至った古墳被葬者およびその後継者は、弥生時代以来巨大化しつつあった墳墓をさらに凌駕する奥津城を築いて権威の象徴ともした。これには墳墓の形や規模によって各王勢力のおよその目安を示すという意義もあった。しかし死者を葬る墓という点にとくに注目すると、巨大な墳墓は記憶の装置としての重要な記念物でもあった。すなわち、古墳被葬者は死を迎えてもなお残された人々の記憶の中に存在する、社会的生命を維持し続けたのである。このことは後期に営まれた群集墳の中に、構築時期が百年以上も遡上する前期や中期の大型古墳を俯瞰する位置に立地するものがあることによって窺える。かつて白石太一郎によって指摘されたように[36]群集墳の被葬者達は、「偉大な祖先の墳墓」と信じる古墳の傍らに埋葬されることによって、彼らの社会的紐帯を盤石なものにしたのであろう。この場合、「偉大な祖先」は社会的な生を営み続けているのである。

ところが六世紀になって黄泉国思想が受容されると、死後の世界は明確に人々の前に現われる。政治的・社会的存在意義はなお一定の役割を有するものの、かつてのように人々の心を揺さぶるような役割を担うことは徐々に難しくなっていく。つまり、遺骸処理の場としての存在以上の意義＝社会的存在としての意義が薄れ、個人的なものに変質していくのである。もちろんこうした変化は一朝にして生起したわけではない。長い変遷の過程が必要であったことはいうまでもない。それにしても古墳の存在意義に変化が生じ、以後徐々に規模は縮小に向かうのである。こうした傾向に拍車がかかるのが七世紀であった。まず政治的な存在価値の面では、律令体制の整備へと舵が切られ古墳のような可視的な存在によるパフォーマンスは必要としなくなっていく。しかし亡き王の偉大さを示す指標としての存在意義にはなお捨て去りがたいものがあり、それなりの規模を維持し続ける必要があった。しかし墳墓における儀礼はやがて場所を移し、墳墓は壮大な装置を必要としなくなる。このように葬送儀礼における最大の見せ場が変転する時（七世紀後半）、これを追うようにして仏教の普及に伴った火葬の展開（概ね七世紀末頃から火葬墓が増加する）もあって、墳墓は単なる遺骸処理の場へと急速に変わっていくのである。以上は畿内政権中枢の出来事ではあるが、やがて列島の各地域に広がった。すでに世は律令時代に入っており、新来文化や畿内文化の伝播も以前に比して格段に早かったに相違ない。

八世紀を経て九世紀にはいると、諸天皇は極端な薄葬を志向する。淳和天皇に至っては、荼毘に付した遺骨を砕いて風とともに散じるように違詔している。実際、京都西山の山頂からこれを実行したのである。もはや墳墓の社会的存在意義は地に落ちた。しかし、体制が変われば墳墓の政治的意義が蘇る、あるいはそうした意義を利用しようとする勢力が台頭するのである。また、自らは死しても人々の記憶に残りたいという願望はいつの世にもあろう。こうしたことから、その後も壮大な墳墓あるいは霊屋は、復活しては衰退するという繰り返しが認められるのである。

以上、古墳の存在意義を考える際には、政治的視点のみならずそれをも含めた多角的視点からの考察が要求されることを確認して小考を閉じることとしたい。

註

（1）律令制下で諸国から上納される調庸の初荷を荷前《のさき》というが、このうち神事・山陵などの供献用に前もって抜き取ったものを荷前物という。また、一二月における諸陵への荷前物奉献を「荷前」という。この「荷前」の正確な起源は不明であるが、平安時代初期にはすでに存在していた。しかし、平安中期になると、死穢を忌み嫌うことから、荷前使を忌避する例が常態となり、「荷前」は形骸化していった。（次の文献は荷前そのものを扱ったわけではないが、平安貴族の死穢観がよく示されている。中村一郎　一九五二「国忌の廃置について」書陵部紀要、二）

（2）近藤義郎ほか　一九九二『楯築弥生墳丘墓の研究』楯築刊行会

（3）渡辺貞幸ほか　一九九二「西谷墳墓群の調査（Ⅰ）」『山陰地方における弥生墳丘墓の研究』島根大学

（4）岡林峰夫・石崎善久　二〇〇一『赤坂今井墳丘墓第3次発掘調査概要報告』峰山町教育委員会・京都府埋蔵文化財調査研究センター

（5）加古川市　一九九六『加古川市史4』

近藤義郎　二〇〇一『前方後円墳に学ぶ』山川出版社

（6）菅原康夫編　一九八三『萩原墳墓群』徳島県教育委員会

（7）近藤義郎　一九八三『前方後円墳の時代』岩波書店

（8）寺沢　薫　一九八八「纒向型前方後円墳の築造」『考古学と技術』同志社大学考古学シリーズ

（9）土生田純之ほか　一九八八「大市墓の墳丘調査」書陵部紀要、四〇、宮内庁書陵部

寺沢　薫　一九八一「箸墓古墳」『磯城・磐余地域の前方後円墳』奈良県教育委員会

（10）和田晴吾　一九八一「向日市五塚原古墳の測量調査より」小野山節編『王陵の比較研究』京都大学文学部考古学研究室

北條芳隆　一九八六「墳丘に表示された前方後円墳の定式とその評価—成立当初の畿内と吉備の対比から—」考古学研究、通巻一二八

(11) 近藤義郎・新納　泉ほか　一九九一『浦間茶臼山古墳』浦間茶臼山古墳発掘調査団
(12) 間壁忠彦・間壁葭子・藤田憲司　一九七七「岡山県真備町黒宮大塚古墳」倉敷考古館研究集報、一三号
(13) 古川　登　一九九三「北陸地方の四隅突出型墳丘墓について」島根考古学会誌、一〇、同一九七七「北陸南西部における弥生時代首長墓の認識―北加賀・越前北部地域の事例から―」考古学研究、通巻一七二
(14) 近藤義郎　一九九五『前方後円墳と弥生墳丘墓』青木書店
(15) 古屋紀之　二〇〇七『古墳の成立と葬送祭祀』雄山閣
(16) 武末純一　一九九八「弥生環濠集落と都市」『古代史の論点3　都市と工業と流通』小学館
(17) 小林行雄　一九六一『古墳時代の研究』青木書店
(18) 上田宏範　一九六九『前方後円墳』学生社　なお、東北・関東前方後円墳研究会によって築造企画（規格）に関する諸説の比較・検討が実施されている。東北・関東前方後円墳研究会　一九九九『前方後円墳の築造企画』
(19) 野上丈助　一九七〇「摂河泉における古墳群の形成とその特質（1）（2）」考古学研究、通巻六二・六四
(20) 田中晋作　一九八二、一九八三「古墳群の構造変遷からみた古墳被葬者の性格（上）（下）」古代学研究、九八・九九
(21) 土生田純之　二〇〇四「首長墓造営地の移動と固定―畿内中心主義の克服に向けて―」『福岡大学考古学論集―小田富士雄先生退職記念―』ほか
(22) 土生田純之　一九九五「群集墳」『日本古代史研究事典』東京堂出版
(23) 白石太一郎　二〇〇七「〝やまと〟と東アジアを結ぶ道―大和川と原竹ノ内街道の役割を中心に―」『近畿の古墳と古代史』学生社
(24) 八賀　晋　一九七一「古代の農耕と土壌」『古代の日本2　風土と生活』角川書店
(25) 都出比呂志　一九八九「農具鉄器化の諸段階」『日本農耕社会の成立過程』岩波書店
(26) 北野耕平　一九六三「中期古墳の副葬品とその技術史的意義―鉄製甲冑における新技術の出現―」『近畿古文化論攷』

吉川弘文館、同一九六九「五世紀における甲冑出土古墳の諸問題」考古学雑誌、五四―四、北野以降の研究史は、次の文献を参照。藤田和尊　二〇〇六『古墳時代の王権と軍事』学生社

(27)　菱田哲朗　二〇〇七『古代日本国家形成の考古学』京都大学学術出版会

(28)　田中良之　一九九五『古墳時代親族構造の研究―人骨が語る古代社会―』柏書房

(29)　小林行雄　一九七一「解説」『論集 日本文化の起源1　考古学』平凡社

(30)　木村幾多郎　一九九〇「古墳出土の動物遺存体（上）―食物供献―」九州文化史研究所紀要、三五、九州大学九州文化史研究施設

(31)　装飾古墳の壁画には、福岡県筑紫野市五郎山古墳のように、舟に棺を乗せて死者の世界へ運ぶ様子が描かれたものもある。中には熊本県山鹿市弁慶が穴古墳のように、棺を運ぶ舟の上に鳥がとまった図像もある。この場合、鳥は死者の世界へと導く水先案内であろう。小田富士雄ほか　一九九八『五郎山古墳―保存整備事業に伴う発掘調査―』筑紫野市教育委員会、原口長之　一九八四「弁慶が穴古墳」『熊本県文化財調査報告』第六八集

(32)　上野　誠　一九九七『古代日本の文芸空間―万葉挽歌と葬送儀礼―』雄山閣出版

(33)　和田　萃　一九七三「殯の基礎的研究」『論集 終末期古墳』塙書房

(34)　殯をはじめ、あらゆる機会を権力の誇示と維持に利用するために、壮大な儀礼を行なう社会が歴史上に散見される。こうした動向は、まず「中央」に起こるが、「地方」もこれを模倣することによっていくばくかの権威を得る。そもそも巨大古墳築造の意義についても、このような側面からの分析が必要であり、殯についても同様の視点から分析を行なう必要性を痛感している。クリフォード・ギアツ、小泉潤二訳　一九九〇『ヌガラ 19世紀バリの劇場国家』みすず書房、桃木至朗　一九九六『歴史世界としての東南アジア』山川出版社（図5）

(35)　身崎は、天皇を除けば皇太子（草壁皇子）といえども死穢の観念から居所において殯宮を設営することが許されず、遠く離れた墓所の地、あるいはその近接地に営まれたものと考えられている。そして、殯宮の場において実施される公的・

政治的性格の強い儀礼に対して、やや身内的色彩を帯びた遺族・近親者を中心とした儀礼が生前の居所で実施されたと見る。これは天武に捧げられた殯宮挽歌に対し、著しく政治的意義の弱いものであるといわざるをえず、こうしたこともあって殯宮挽歌自体は短い生命を終えるに至ったと見るのである。身﨑　壽　一九九四『宮廷挽歌の世界—古代王権と万葉和歌—』塙書房、なお、身﨑の考察に対する批評は次の文献参照。上野　誠「付節　身﨑壽の挽歌史論をめぐって」註（32）文献所収。

（36）白石太一郎　一九七三「大型古墳と群集墳」考古学論攷、二、橿原考古学研究所

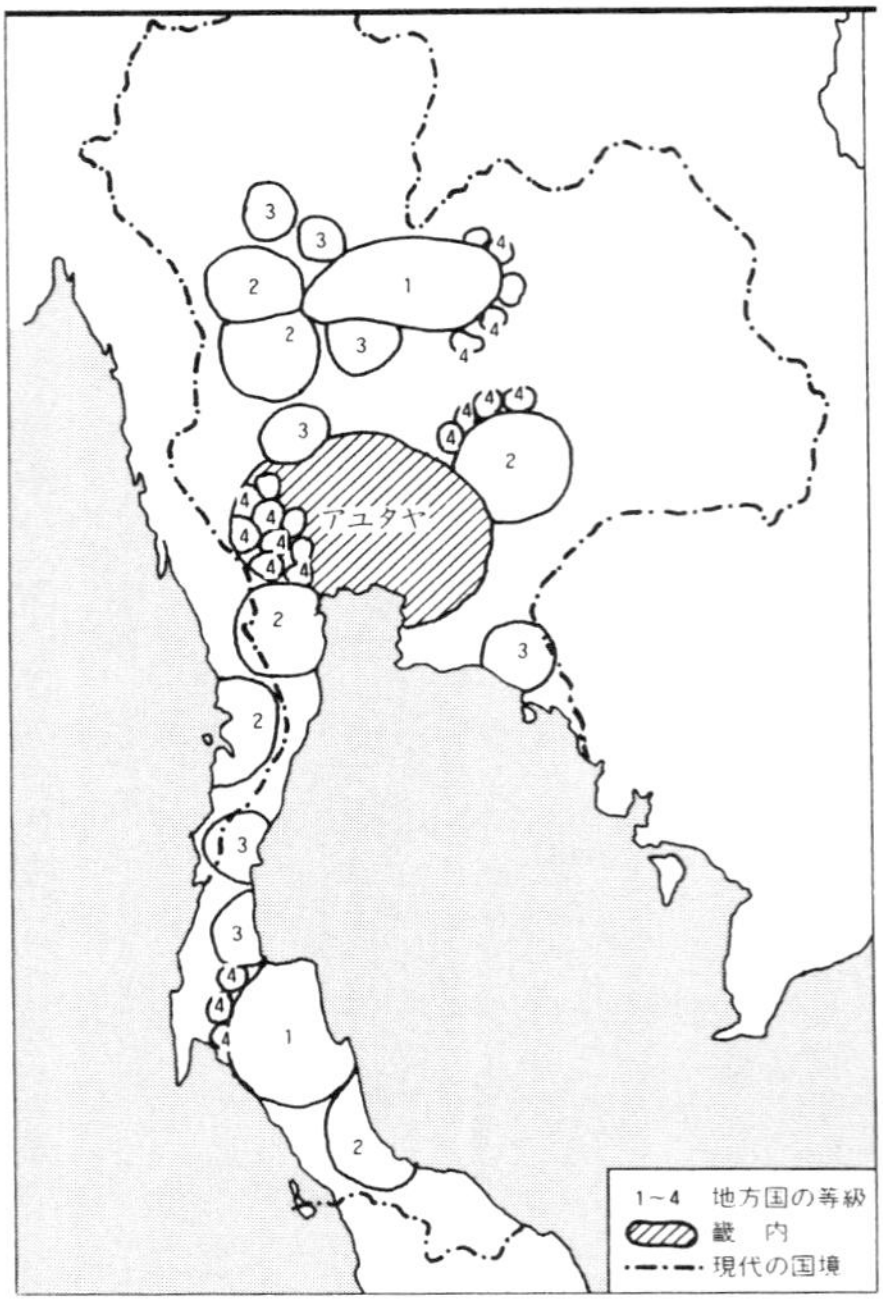

（註34桃木1996より）

図５　17世紀アユタヤの地方支配体制

中心（アユタヤ）の回りに複数の地方国・朝貢国があり、合体と分裂を繰り返す。また中心の儀礼を模倣することによって権威・威信を確保している。

葬送儀礼と墳墓の社会的変容

嶋根　克己

わたしたち人間は、いつかは必ず迎えなければならない死を運命づけられているという点において、完全に平等な存在である。しかしその一方で、本書のテーマである古墳や墳墓によって、ある人物の存在の痕跡が――それがどのような人であったかは定かでないことも多いが――長い時間を隔てて後世にまで伝えられる場合と、その同時代に生きていたであろうが現在にその形跡をまったく残していない無数の人々との違いに思いをはせるときには、人間の存在は決して平等ではないことを感じざるを得ない。

乱暴にまとめてしまえば、死によって時間が限定されているという点において、生物的な存在としての人間は平等である。しかし社会的に見れば、死した後に生の痕跡をどの程度残すことができるのかという点において、その不平等性を見てとることもできる。

本稿では人間の生の痕跡としての「墳墓」（日常用語としての「墓」のこと。古墳やピラミッドなど人間の遺体を収めた人工的構築物全般を含むものとする）とはなにか、を考察してみたい。そのために筆者が調査したモンゴルと北米大陸の事例などを紹介しながら議論を進めていく。

筆者の基本的な問題意識は次のとおりである。人類が文化・文明をもち始めて以来、いつの時代にもどんな社会にも死者を埋葬する習慣があったといわれる。それは葬送儀礼や墳墓として表現されてきた。そうした習慣はそれぞれの民族文化の根底にある霊魂観や死生観と深いかかわりをもつものであるから、簡単には変化しないものであると一般的には考えられている。しかしその社会がおかれた社会的、経済的、政治的な条件いかんによってはそうした習慣の形態もいとも簡単に変化してしまうことがある。現在、さまざまな社会で急速に進行する近代化や都市化は、葬儀や墳墓の形式を大きく変えてきた。そうした形態変化を追いながらその背後にある葬儀や墳墓の本質を考察してみたい。

これまで筆者が主たる研究対象として扱ってきたのは、現代社会において急速に変化する葬送儀礼であった。葬送儀礼は人間によって営まれる「社会的行為」であり、墳墓はそうした社会的行為の結果、対象化された「事物」である。したがって、広義に葬送儀礼を設定するならば墳墓を形成するという行為も包含されることになる。したがって本稿では、葬送儀礼の延長に墳墓を位置づけながら、考察を進めていくことになる。

一　葬送儀礼と墳墓の定義と機能

以上において墳墓は葬送儀礼の結果として形成されるもの、と暫定的に述べておいた。まずは葬送儀礼（＝葬儀）とは何かについて、簡単に規定しておきたい。『福祉社会事典』には、「葬儀とは、人の死に伴って行なわれる儀式のことであり、より一般的には死体の処理に伴う儀礼・儀式の体系である」（庄司ほか一九九九）と定義しておいた。「葬儀」という語の日常的な用法によれば、最小の範囲はいわゆる「お葬式」と称される短期間の儀式・儀礼の体系のことであるが、その前後には準備段階から実施、そして数年から数十年間繰り返される周年忌に至るまで時間的な幅が認められる。

「死に伴う社会的行為」としての葬儀をより広く解釈すれば、人の身体を有機体から無機物に変化させるときに生じる人間のさまざまな行為、として理解することも可能である。そこには遺体の変形過程（湯灌、死化粧、エンバーミング、焼骨、埋葬、散骨など）から、行政手続、遺産相続、賠償請求などの制度的な手続き、また社葬や国家的首長の葬儀に見られるような地位や身分の継承の問題、さらには祖先の供養、死者の追悼、事故・災害・戦争犠牲者の記念式典なども射程に入ってくる。以下しばらく、以前に書いた論考（嶋根二〇〇五b）の内容を再録しておく。

広義の解釈をした場合、葬儀には四つの機能があり、それらの要素は相互に依存しながら葬儀の実質的内容を構成していると、さしあたっては考えておきたい。すなわち葬儀の機能とは①死体処理（埋葬）、②社会・経済的継承、③社会関係の修復・維持、④記憶の共有化、として集約される。

葬儀のもっとも実質的な機能とは死体の処理、すなわち埋葬過程である。養老孟司の主張を要約すれば、埋葬とは、とどのつまり死体を無機物に還元し、人間を含む地球的な規模の循環過程に戻す際に行なわれる、人為的な行為ということになる（養老ほか一九九二）。風葬、水葬、鳥葬、土葬、火葬などのさまざまな民族の多様な埋葬法は、葬儀のもっとも実質的なプロセスであり、その社会の風土、宗教、伝統的慣習などに大きく影響されている。死に関わらない葬儀はないという意味で、死体処理（埋葬）は葬儀の最少の要件を構成しているといえよう。

第二に、葬儀には社会・経済的な継承という機能がある。日本の葬儀では少しずつその重要性が減少しつつあるように思われるが、誰が喪主として葬儀を取り仕切るかは、イエ社会においては重要な意味があった。社葬などより儀礼色の強い葬儀においては、権力的な問題がより先鋭化して現われる傾向もある。また前近代的な社会や国家における首長の葬儀では、葬儀執行は継承権の正当性を内外に公示する装置であった。また狭義の葬儀には含まれないことが多いが、経済的な事物の継承問題も実質的には重要な意味をもっている。死者の残した具体的な事物を誰がどのように受け継ぐのか、さまざまな紛争のもとになる問題でもある。

第三に、葬儀には当事者の死によって生じた社会関係のほころびを修復・維持するという機能がある。人間は社会的ネットワークの結節点をなしている。人と人との関係は、ある人物の媒介によって可能になっていることが多い。人間関係を媒介している人物の死は、ネットワークの結び目に空隙を作り出してしまう。葬儀をめぐる社会的儀礼、とくに会食などの儀礼は、社会関係の修復およびその再生産を潜在的には意図していると考えられる（嶋根一九九二）。

第四に、葬儀には記憶の共有化という機能があると考えられる。これは葬儀におけるもっとも微妙な部分である。死者の追悼、慰霊、弔い、供養、祭祀など死や死者をめぐる生者の社会的行為の本質は何かと考えれば、それは誰かの死を悲しみ、記憶あるいは想起するということに収斂するであろう。葬儀の社会・心理的に本質的な部分のひとつは死者の記憶を悲しみつつ共有するという部分にあると考えられる。そして時間的に狭い範囲での葬儀（いわゆる「お葬式」）から広い範囲にわたる葬送儀礼（年回忌、追悼式典など）においては、死者の記憶を社会的・集団的に確認し、構築し、想起することが行なわれている。かつて筆者は死者についての集合的記憶の形成過程を「死者の神話化作用」（嶋根一九九二）と呼んだ。

このように葬送儀礼の社会的機能を四つに区分して考察したのだが、墳墓が社会的行為としての葬送儀礼の結果として形成されるのであれば、墳墓にも同じような機能が認められるのではないだろうか。本稿ではそのうちの三つの機能に着目して議論を進めてみたい。それは①死体処理（埋葬）、②記憶の伝達と継承、③社会・経済的継承、である。

墳墓の第一義的な機能として、死体処理（埋葬）があげられることは明白であろう。日常的な語法として、死者を追悼する人工建造物でも、死体を内部に含まないものは、「墓」とは言わず、慰霊碑とかモニュメントと呼称される。もちろん例外はあり、日本の両墓制において「埋め墓」だけでなく「参り墓」をも「墓」と呼び習わし、そこで死者を拝礼するなど、死体を内部に含まない「墓」は存在したとされている。しかし原則的には、墓は死体を埋葬する場であり、死者が葬られた空間であると定義しておこう。そして後述するように、これは肉体を自然に還元するための装置でもある。

第二の機能として、墳墓は死者の記憶を後世に伝えるための記憶の継承装置であるといえよう。人間の身体は、数十年という時間的な制約の中でしか存在しえない。しかし彼／彼女がこの世に存在したという記憶を、人々は保存し続けようとする（嶋根二〇〇五b）。そのための物質的なシンボルが、墳墓なのである。墳墓は死者についての何らかの記憶や情報を、後世に伝えようとするが、どの程度の持続力のある記憶伝達装置を形成できるか否かは、死者やその後継者たちの意思による。墳墓を毀損する行為が社会的な制裁の対象となるのは、死者の記憶を共有する人々の

「集合的な感情を傷つける」からである（Durkheim 一九七八）。

死者は自らを埋葬することはできない。埋葬という行為は、他者によってのみ可能である。そして墳墓は記憶を共有化するためのシンボルともなる。したがって葬送儀礼を主催したり、墳墓を構築したり保持したりすることは、死者が有していた社会的な地位や経済的な事物を継承する正当な後継者であることを内外に呈示することになる。とくに近代日本の場合、大衆レベルにおいても墳墓の継承が「イエ」の継承の象徴として認識されていた時代が長く続いてきた。これが第三の機能としてあげた、社会・経済的な継承の機能である。

以下では、現在急激な近代化の波に洗われているモンゴル社会と葬祭業の市場経済化がもっとも進んでいるアメリカ合衆国の事例をとりながら、現代における墳墓の機能とその形態変容について考察したい。

二　モンゴルの風葬

モンゴル族は、ユーラシア大陸の東北部、とくにモンゴル国、中国、ロシアなどに広く分布して居住している。社会変動によって葬送儀礼が大きな変化を被った事例としてここで紹介するのはモンゴル国の、とくに首都ウランバートルに居住する人々の葬儀と墳墓の変化についてである。

モンゴル族の伝統的葬送儀礼として、「風葬」が知られている。下の写真1はSharavが描いたといわれている「モンゴルの一日」という絵画の一部である。そこには太鼓と笛で祈りを捧げるラマ僧、放置された成人の遺体、狼に食われる幼児

（ボグドハーン宮殿博物館蔵／2003年筆者撮影）

写真1　「モンゴルの一日」（模写・部分）

の遺体、鳥についばまれる遺体などが描かれており、伝統的な風葬の様子を現在に伝えている。

Narantuyaによれば、同図における「風葬」(Exposed corpse) は次のように解説されている。「シャーマニズムの時代から仏教の全盛期に至るまで、モンゴル人は死者を屋外に横たえておく習慣があった。／この絵(「モンゴルの一日」)には、白い布で巻かれ聖なる布(ハダック)で縛られた遺体は放置され、犬や猛禽類は新しい遺体をついばんで「饗宴」を行ない、ゾドチ・ラマ僧は遺体に祈りを捧げている。／仏教的な慣習に従えば、犬や鳥に食い散らされて三〜七日で食べつくされてしまうのは、幸運の印とみなされるべきである。鳥は死者の肉体とともに魂を確かに天に運び、彼の転生を促すからであると、説明されている。ゾドチ・ラマ僧は死者が正しい方法でこの世に転生するように、夜昼をついで祈りを捧げるために、小さなテントに残って儀式を行なう。／こうした時代には、死者を棺に入れ地中に埋葬することは、死体が腐敗し蛆虫に転生するとされて忌み嫌われた。」(Narantuya 2002)

またモンゴルの民俗学者は次のように伝統的な風葬を記述している。「人が亡くなると、ゲル(筆者註・フェルトで覆われたモンゴル式の移動住宅)の内部のものをすべて屋外に出し、男性は右側、女性は左側に安置する。遺体は横向きに寝かせられ、左手は体の下に置かれ親指は鼻の穴に当てる。右の手はそのまま伸ばした姿勢をとらせる。この姿勢は寝ているライオンの姿を意味している。……風葬が行なわれる場所には、……家畜の骨が置かれて遺体の大きさにマーキングされている。遺体はその場所まで運ばれて横たえられ、白い石が枕代わりに置かれる。また腰骨の下にはフェルトなどの敷物が敷かれる。また遺体の四隅四箇所に小さな木を立てておく。または布団を被せておく場合もある。……以上の事柄が終わると、僧侶たちは読経を始める。持参した食物などを天と地に捧げる。葬送のための儀式が終了すると、参列者は振り向かないでゲルに帰らなくてはならない。」(Nyambuu & Aryasuren 1991)

このように死体は草原に置き去りにされ、その肉体は鳥や獣に食べつくされることが、死者の転生に望ましいことであると考えられてきた。そして重要なことは、こうした葬送儀礼の結果として彼らは墳墓をもたなかったという点である。鳥や獣によって自然に還された肉体は、もはやそれを還元する装置としての墳墓を必要としなかったのであり、移動を常とする遊牧民にとっては、記憶の継承装置としての墳墓をもつ必要がなかったのかもしれない。

筆者は人類学や民族学の専門家ではないので確かな根拠をあげることはできないが、モンゴル族はきわめて長い期間――おそらくは何百年以上にもわたって――風葬という形で埋葬を行なってきた。風葬は、棺の材料や燃料となりうる樹木の育たない草原で、遊牧を唯一の生業としなければならないモンゴル族にとって、もっともシンプルな形で死体を生態系に還す葬法だったのではないだろうか。そしてまた移動を伴う遊牧民にとって、特定の場所に固着する墳墓はたいして意味のない存在だったのかもしれない。

先に墳墓は葬送儀礼という人間の行為の結果として外在化されたものであると述べたが、モンゴル族の伝統的な葬儀を見てみると、墳墓を作ることが葬送儀礼の必要条件であるとは限らないことがわかる。近年になってようやく日本でも散骨という葬法が認知され、墳墓を形成しない葬儀が徐々に広まってきたが、肉体を自然に還すために、あるいは故人の記憶を保存するために、必ずしも墳墓が必要であったわけではないことが理解できよう。

三　墳墓の誕生

ユーラシア大陸を席巻した大モンゴル帝国を築いたモンゴル民族であるが、一七世紀以降は満州族率いる清朝の支配下に置かれることになった。モンゴル族の政治的自立性は失われたが、風葬という伝統的な葬送儀礼は維持されていた。中国からの政治的自立は、近世モンゴル族の悲願であり、二〇世紀初頭の中国での辛亥革命、ロシアでの社会主義革命はモンゴル民族にとって絶好の機会であるように思われた。外モンゴル部は一九二一年にソビエト連邦に続き、世界で二番目の社会主義国＝モンゴル人民共和国として中国からの自立を果たす。この結果、モンゴル国の独立が成就されたが、以後ソビエト連邦の政治経済的・文化的影響下に入ることになる。

この八〇年ほどのあいだにモンゴル社会には大変動があった。こうした変化はつい最近まで遊牧生活を送っていた人々の生活を、そして生活の一部である葬儀や埋葬のあり方を大きく変えてしまったのである。具体的に言えばロシア文化の影響によって土葬が一般化したことと墓地が誕生したことである。現在ではほとんどのモンゴル人が土葬によって埋葬されている。

モンゴル族は風葬によって死体を処理してしまうので、墓地をもつ必要がなく、また広大な草原においては、埋葬地の選択の自由度は高かった。しかし人口一〇〇万人の近代的な都市形態をもっている現在のウランバートル市では、埋葬することのできる墓地域はあらかじめ確定されており、政府によって管理されている。当然のことながら埋葬(土葬)できる墓地域は狭く限定的なものでしかない。

また土葬のための棺はまったく新しく出現した事態である。鳥獣に死体を食べさせる風葬において棺は不要のものであり、遺体は白い布にまかれて運ばれた後に、裸で草原に放置された。しかし現在では遺体を収納する棺は不可欠の葬具である。棺は木製の構造物に布を張ることで装飾してある。外装は黒と赤を組み合わせたもの、内装はモンゴルの大地と蒼天を象徴した配色である。その様式にはロシア＝西欧的世界観とモンゴル的世界観が交錯している。

遺体の搬送も大きく変化した部分であろう。伝統的な風葬では葬地へ行くのは数人の男性だけであったと識者は語っていた。しかし現在では写真、花輪、勲章やメダルを捧げての行列があると記されている。これもロシアからの影響に違いない。

つまり土葬と墳墓の建立が、これまでの伝統的な風葬と根本的に異なる点である。モンゴル人は「(恵みをもたらす草原の)土地を掘ってはならない。掘ると龍神、地神の怒りにふれる」と言い伝え、緑の大地を傷つけることを嫌ってきた。また「地中に埋葬されることは蛆虫に転生する」と土葬を忌んできた。ロシア文化の輸入と、都市への人口集中は風葬という葬法を完全に消し去ってしまった。そして土葬の開始は、死後に何も残さなかったモンゴル人に、墳墓を作るという新たな慣習を生み出したのである。このことはモンゴルの死の文化にとっては画期的な変化であった。

四　火葬と新しい儀礼

民主化改革が進んだ一九九〇年代以降、ウランバートル市の人口は顕著に増加している。市の中心地域は高層、中層アパートが立ち並ぶ近代都市の体面を保っているが、都市への急速な人口の集中はインフラの整備をはるかに上回っている。その結果、職を求めて、あるいは親類縁者を頼ってウランバートルに集まってきた住民の一部は、上下水道や電気の設備のない地域でゲルに住み続けなければならない。このような地域はゲル地区と呼ばれ、かつては市の郊外だった地域に現在も拡大を続けている。

風葬の時代からモンゴル人は人があまり足を踏み入れないような自然の多い場所に、死者を葬ることを常としてきた。都市部で土葬が導入されても墓地は住宅地から離れた場所に作られてきた。しかし人口増加に伴う都市域の拡大は、とうとう墓地の近くにまで住民を住まわせることになってきたのである（写真2）。

墓地域の拡大と都市化の進展は実際どのような状況をもたらしているのだろうか。郊外の墓地の山裾には流水による自然溝が形成されており、この下には伏流水がある。より下流には住民が利用する井戸があり、雨が降れば墓地域を通った水も必然的に井戸に流入することになる。今のところ衛生問題は顕在化していないが、いつなんどき社会問題化するかわからない（写真3）。

墓地域内は荒涼とした風景が広がっている。基本的にモンゴル人は墓地をあまり省みないようである。その一つの理由は、伝統的に風葬を主たる埋葬手段とし

写真2　山の斜面の墓地の近くに点在する住宅（ウランバートル市郊外）

写真3　ウランバートル市の墓地

（2点とも2003年筆者撮影）

てきたモンゴル民族に「墓参り」なるものは存在しなかったということにあろう。さらに、現在でも親が亡くなった場合には三年間はその墓地を訪れてはならないという禁忌があるということも関係しているかもしれない。

一般人にはあまり知られていないところで、土葬の危険性が問題視され、着々と火葬場の建設計画は進行していた。二〇〇四年七月にはモンゴル国で初めて、常設の近代的な火葬場が設置された。これは風葬から土葬への転換に続く、モンゴル近代葬儀史上の画期的な出来事である（写真4）。

当時の新聞には「このセンターはウランバートルから二五キロ離れた、西部地域の国道沿いにある。そこには火葬場、および告別用のホール、寺院そして遺骨を保存する仏塔がある。現在火葬場では二つの火葬炉が稼動しており、炉内は一二〇〇〇度まで上昇する。」と紹介されている。ここは寺院、葬祭ホール、火葬場、合葬墓を備えた総合葬祭センターなのである。

そこで見学した「納骨式」は次のようなものであった。まず寺院棟内で屋内の儀式が行なわれた。正面に二枚の仏画が掲げられ祭壇が設えられた部屋の右手側に司祭である僧侶が一人で坐り、対面して遺族が腰掛けていた。導師の祈りが一七分ほど続き、読経が終わると遺族は祭壇前に並び、僧侶の読経の中、祭壇に置かれた骨壺を順番に拝礼する。この間約五分弱である。室内の儀礼が終わると導師を先頭にして、骨壺を捧げた遺族が、本堂から少し離れたところにある白亜の仏塔まで列を組んで歩く。仏塔は多数の遺骨を収蔵するための合葬墓になっている。納骨後、再度読経があり儀式は終了した（写真5）。

（2点とも2004年筆者撮影）

写真4　火葬センター・寺院棟正面

写真5　僧侶を先頭に納骨堂までの葬列

納骨のための簡単な宗教儀式であったが、確かなことがひとつある。それはこうした儀礼は、ごく最近になって「発明」されたものであるということである。遺体を草原に置き去りにする風葬はもちろんのこと、遺体を土葬する場合にも「納骨式」は存在しえなかったはずである。一般人のための合葬墓や壁面墓への「納骨式」は、この火葬センターの設立と同時に「発明」されたと考えるほかはない。

火葬センターは、日本やアメリカなどで見られる葬儀センターとほぼ同一の機能を備えた近代的な複合設備である。風葬という伝統的な葬儀を行なう限りはこのように複雑な設備は不要であった。しかし社会の近代化は彼らの葬儀を風葬から土葬、そして火葬へと急激に変化させてきた。このことは同時にその儀礼のあり方も大きく変化してきたということにほかならない。

一九世紀後半から二〇世紀にかけて日本社会が驚くべきスピードで変貌を遂げたように、モンゴル社会も現在大きく変化し続けている。その速度は日本以上かもしれない。家族の関係、労働の形態、地域社会関係、貨幣経済や物質文明の浸透、こうした社会生活の全般的な変化は、人間の根源的な慣習のひとつである葬送儀礼のあり方にも多大な影響を及ぼさざるをえない。モンゴル社会がこの八〇年間——実際には都市の発展が進んだ五〇年程度に過ぎないと思われるが——に被った社会の変化は、死の儀礼の形態を根底的に変えると同時に、彼らの意識や世界観をも変化させてきたはずである。

五　ニューオーリンズの地上埋葬墓

二〇〇五年八月のハリケーン・カトリーナによるニューオーリンズの被災の記憶はまだ生々しい。実はこの街の歴史は洪水との戦いであり、そしてまたそのことが北米では珍しい形態の墓地を発達させることになった。ニューオーリンズは、北米大陸有数の大河ミシシッピ川の下流域に形成された港町である。市内には現在でも水面下に位置する街区が残っており、この町が形成された一八世紀には、度重なる大河の氾濫に住民たちは悩まされ続けたとされる。

彼らにとっての大きな問題のひとつは、死者の埋葬場所であった。

植民初期の頃には、死者は川辺の堤防に穴を掘って埋葬されていた。しかし川が氾濫すると、柩はミシシッピの流れにのって下流にある野生のスワンプ（沼沢地帯）へと押し流されていってしまったのである（Florence 1996）。

この結果ニューオーリンズの墓地は、ほかの北米地域にはないいくつかの特徴を備えることになった。そのきわだった特徴のひとつが、地上埋葬（above-ground burial）と呼ばれる埋葬方式である。地上埋葬とは、地上に人工的な構造物を形成し、その内側に遺体を収納するものであり、地下土葬の多い北米地域においてはきわめてユニークな形式である。こうした独特の埋葬形式は、ニューオーリンズの地理的、歴史的そして社会的な要因によって形成されてきた。

（2001年筆者撮影）

写真6　初期の階段墓

ニューオーリンズはミシシッピ川が運んできた土砂の上に形成された町である。地盤は弱く、地下を掘ればすぐに水が出るような土地柄であった。またたびたび町を襲う洪水は、地中に埋めた柩をたやすく剥き出しにし、街路に柩が溢れ出すというようなことさえあったとされる。そこで考案されたのが階段墓（step tomb）である（写真6）。

階段墓とは、敷き詰めたレンガの上に柩を置き、それを取り囲むようにレンガを漆喰で固めていって、最後はピラミッドのように階段状に積み重ねていく。その形状から階段墓と呼ばれるもので、セントルイス墓地の中でももっとも古い様式である。地盤の弱いニューオーリンズでは重量配分と安定性を考えて基礎を固めておかないと、積み上げられたレンガは自重で地中に埋没していってしまう。この町の市民は、地下にではなく地上に構造物を作り、その中に遺体を安置することによって、河川氾濫時の死体の流出という事態に対処したのである。

ニューオーリンズの埋葬形式には、先に述べた地上埋葬に加えて、もうひとつの特色がある。それは多重埋葬墓

(multiple tomb) であるということ、つまり同一のスペースを複数の人間が繰り返し使用するという習慣である。これは周囲を湿原に囲まれた狭隘な土地において、埋葬地に乏しかったこの街の地理的条件から生み出された慣習である。

以下に説明する壁面墓 (wall vault) は、個人の所有物ではなく、管理者が使用者に対して貸与しているだけなのであり、同一のスペースを血族、親族関係にはない他人同士が、繰り返し共有して使用するものである。壁面墓地は外壁に沿って形成された遺体収納場所であり、縦に三段、横には数十列が並ぶ。この墓所の特徴は、一ヵ所が一定の期間だけ各個人に貸し出されるという形式をとっているということである。つまり使用者は永代使用権があるわけでなく、一定期間が過ぎると次から次へと使用者が交代する。しかし使用者が交代するといっても、借用期限が過ぎて新しい使用者ができると、内部の古い柩は取り出されて処分されるが、前使用者の残存物(遺骨など)は、脇か奥へ押しのけられるだけである。人骨の焼却処分は行なわれない。そこに新しい柩がさらに押し込まれるだけである。したがってここには同一の場所に、何の関係ももたない何人もの人が場所を共有しながら眠っているわけである(写真7)。

(2001年筆者撮影)

写真7　セントルイスNo.1墓地の壁面墓

最下段が埋没していることから当時のニューオーリンズの地盤がいかに軟弱だったかが想像できる。

壁面墓が不特定多数の人によって繰り返し使用されるのに対して、日本の家墓のように同一の家族が占有して使用する墓もある。家族の墳墓としての機能をより明白に示しているのが、家族墓 (family tomb) である。この形式の墓は賃貸ではなく、墓地の一区画を購入し、その上にオーダーメイドで地上構築物が形成されたものである。この墓所は不動産と同じように遺産相続されていく(写真8)。

埋葬の方法は、上段の納骨室が先に用いられ、次の柩が入れられるときに柩は下段へと移されていく。下段が満杯になると、そこの残存物は地面のくぼみに移されて、やがて土に帰っていく。
　フローレンスによれば、家族墓は過去のニューオーリンズの反照である。一九世紀を通じて、ひとつの家屋がひとつの拡大家族によって使用されつづけながら家族の歴史が刻まれたように、家族墓もひとつの家族によって継承されることによって家族の歴史を作ってきた。つまり家と墓は、多くの家族成員がそこで生活し安息するための避難場所であるという点において、両者は相似しているというのである。家墓の外見においてもこのことは象徴的に表現されている。フローレンスは家墓を、生者の住む家屋を反映した窓のない小宇宙、と呼んでいる。ニューオーリンズの墓地は、「死者の街」（City of the Dead）なのである。（Florence 1996）
　一方で、高価な土地と家墓を所有することができない多くの人が存在していた。彼らはいずれ他人にその場所を明け渡さなければならない壁面墓では満足できず、安住の場所を希求していた。こうした人々は、墓地に関わる膨大なコストを共に負担するために、友愛団体（Benevolent Association）を結成することになる。友愛団体は、同業者組合、宗教団体、退役軍人、そして各国からの移民などによって形成されていた。これらの団体は、相互扶助的なサービスも行なっていたが、その第一の目的は死後の墓所への備えであった。つまり永遠の安息場所を確保するために、彼らは任意団体を結成し、共同墓を作り出していったのである。これを集団墓（society tomb）と呼ぶ（写真９）。
　セントルイス№１墓地にもっとも多い集団墓は、移民集団のそれである。一九世紀を通じてニューオーリンズは、ニューヨークに次ぐ移民の受け入れ口であり続けた。その結果として、この町には多くの移民が住みつき、そして死んでいった。そうした社会状況を反映して、ポルトガル、スペイン、イタリア、フランスそして中国などの移民によ

（2001年筆者撮影）
写真８　ラファイエットNo.1墓地の家族墓

る集団墓が作り出されてきた。その意味でも墓地は、確実にニューオーリンズという都市の過去を映し出しているのである。

フローレンスがいみじくも指摘したように、墓地は「死者の町」である。死者は生前を引きずりながら墓に入っていく。そこに関わってくるものは家族であり、民族であり、生前の社会関係でもある。貧富の差も例外ではない。

ニューオーリンズでは、貧しい人々は賃貸式の壁面墓に入るほかはなく、やがて次の人が入ってくるとその痕跡は跡形もなく失われてしまった。それは彼らが生前に小さな間貸し部屋しか借りられず、彼らが去ればその痕跡が失われるのと同様である。

裕福な家族は、一戸建ての注文住宅を所有するように、自分たちの家族墓を所有することができた。そして同一の邸宅に何世代にもわたってひとつの家系が住み続けたように、彼らにとって家墓は彼らの家系にとっての永遠の安息所であると信じることができたのである。

家墓をもてるほど裕福ではないが、どこかに安住の場所を求めた人々は、死の共同住宅を建てたと言ってもよい。こうした事例は、個人主義的志向の強いアメリカ合衆国においてはきわめて例外的なケースであると思われる。しかしそれもまた、地盤が弱く土地が狭いという地理的要因、フランス、スペイン、アメリカの統治を受けたという歴史的要因、黒人奴隷に加えて海外からの移民が多く貧富の差が大きかったという社会的要因、こうした要因が複雑に絡み合ってニューオーリンズの個性的な埋葬習慣が形成され維持されてきたのだと考えられる。

（2001年筆者撮影）

写真９　消防士集団墓（ラファイエットNo.1墓地）
レリーフにポンプ車が刻まれている。

ニューオーリンズの地上埋葬墓の事例はアメリカ合衆国全体の埋葬の歴史からすればきわめて例外的であり、これをもって一般化することはできない。しかし近代化の過程で、埋葬様式が平準化していく中にあって、地理的社会的条件の中で別様の形式が存在しえたというひとつの証左にはなるだろう。地上埋葬墓は、通常の土葬が不可能な地理的条件の中で、火葬を回避しながら、人工的な環境下においていかにして遺体を分解していくのか、という歴史的な試みであったように思われる。そして下層階級の人々は、死者の記憶の伝承よりも、死体の処理という最低限の実質的な機能だけを優先せざるをえなかったのである。

六　現代アメリカにおける葬儀と埋葬

先にも述べたように、ニューオーリンズの地上埋葬墓は、地理的・社会的条件から生成した特殊な埋葬形式であった。現在では地上埋葬墓は歴史的文化財となってしまい、そこへの埋葬は行なわれていないといわれている。大規模な灌漑設備の整備による土地問題の解決は、北米において一般的な土葬への転換をもたらしたのである。

さて一九七〇年代の文化人類学者の著作によれば、「アメリカの死の習慣は一様」となってしまい、それは葬儀業者の営利主義の所産であると批判されている（Huntington & Metcalf 1979）。おそらくはそうした批判の矢面に立たされるであろう、全米最大の葬儀業者であるＳＣＩ（Service Corporation International、本社テキサス州ヒューストン市）での訪問調査と資料によって、現在のアメリカにおける標準的と思われる葬儀について紹介しておこう。以下の知見は、二〇〇一年にヒューストン市で行なわれた事例に多くを拠っている（嶋根二〇〇五ａ）。

現在の葬儀においては、遺体はエンバーミングという防腐処理を施され、あたかも眠っているかのような姿で綺麗に飾られた棺に納められる。棺は、木製のほか銅などの金属製のものもあり、クッションの効いたビロードなどで内装が施されている。ある人は「まるで宝石箱だ」という感想さえ述べた。この状態で、遺族や弔問客が死者と対面する（ビューイング）のは葬儀式と並んで重要な葬送儀礼の一部である（写真10）。

我々が訪問したブルックサイド・フューネラル・ホームは、ビューイング・ルーム、チャペル（葬儀式場）、墓地、エンバーミング施設、火葬場などを備えた、総合葬儀式場である。チャペルではカトリック、プロテスタントなどの宗派に関わらず葬儀式が可能である。

ブルックサイド・フューネラル・ホームの併設墓地は、広大な敷地をもち、そこに芝生墓が点在している。写真に見えるように、それぞれの墓は花立てと金属製のプレート以外には地表に露出するものはなく、相互の間隔は十分に取られている。現在の土葬では柩は直接土中に埋められるのではない。「ボールト」と呼ばれるコンクリート製の柩保護コンテナに収められている。埋葬は、クレーンで柩をボールト内に下ろし、厳重に蓋を閉じ、その上に土を被せるという手順になる。

（2001年筆者撮影）

写真10　退役軍人のビューイング
退役軍人であったことを示す星条旗に覆われている。

つまり防腐処理された遺体は、高価な柩に収められ、さらにそれをコンクリートのコンテナが厳重に保護をする。一人一人が距離をとって埋葬されており、それはあたかも土中に埋められた永遠のタイムカプセルのようでもある（写真11）。

こうした埋葬は、死後の復活と最後の審判を教義の根底に置くキリスト教的な死後のイメージを現実化したものといえよう。しかしそれは肉体を自然に還元させるという意味での死体の処理を拒絶していることになる。

ＳＣＩは葬儀のブランド化を狙って、いくつかの先進的な取り組みもしている。ここではインターネット上に構築された死者のメモリアル・サイトを紹介しておこう。

ＭＥＭ（Making Everlasting Memories; http://www.mem.com/）は、顧

（2001年筆者撮影）

写真11　埋葬されたばかりの墓所
芝生が養生されると表面に見えるのは花立てとプレートだけとなる。

客の要望に応じて作られる故人のためのウェブサイトである。そこには故人の写真、氏名、生没年月日にとどまらず故人の詳細な履歴、墓の所在地、家族や関係者メッセージ欄（インターネット上から書き込みができ、内容は公開されている）、家族関係、生育歴、結婚、職業などの記録や写真集（最近では音声付の動画も加えられている）が、訪問者によって閲覧できるようになっている。つまりメモリアル・ホームページが死者に関する詳細な情報ストックになって蓄積しているのである。

さらにウェブ上から、現実の墓前への花や供え物を購入したり、チャリティのための募金、さらにはアフターケア・プランまでもがインターネット上で購入できるようになっている。アメリカ的な商魂のたくましさを批判することがここでの目的ではないが、消費社会における商業主義と差異化の欲望が、このような「商品」を生み出していることは否定できない。

こうした現象は、墳墓の機能を考えるにあたっての示唆を与えてくれる。インターネット上のメモリアル・ホームページはもちろん墳墓ではない。しかし死者に関する記憶の伝承と共有化という墳墓の機能の延長上にあり、それが肥大化させられたものであることが理解できよう。

後世に残る墳墓の多くは岩石でできており耐久性に富むが、そこに刻むことのできる情報量はたかが知れている。作家の司馬遼太郎は「死者の事歴を語るひとがそこにいる場合、墓石は死者の人生の凝縮されたものと言えなくはない。もしそう言えるとすれば、墓を文学として感ずる場合もありうる」（司馬一九八八）と記している。しかしより正確にいうならば、墓石（あるいは墳墓そのもの）は、直接には接触することのできない過去の人物についての何事かを、我々に伝えてくれる「メディア」なのだということもできる（写真12）。

今後、私たちが「生きた」という記憶は、墳墓という特定の場所《トポス》をもたずとも、サイバー空間の中で半永久的に存在する時代が来るのかもしれない。防腐処理とコンテナのカプセルの中での永遠の生の希求が、我々にとって奇異に思えるのと同様に、サイバー空間の中での実体のない永遠性は、やはり奇妙な感覚がつきまとう。

七　おわりに

これまで、モンゴルの葬送儀礼の変化とアメリカ合衆国の歴史的墓地の事例と現在の変容について駆け足で紹介してきた。そこから引き出されうる墓と葬儀に関する暫定的なまとめを述べておきたい。

（2008年筆者撮影）

写真12　トルコ・パムッカレのネクロポリスにあるローマ時代の墓
ローマ時代の人々の氏名や没年のみならず、その事跡や職業が明らかになっているものもある。

モンゴル民族の遊牧生活は自然環境の微妙なバランスの上にかろうじて成り立ってきた。そうした条件が、牧草地を守るために土葬を嫌い、燃料の乏しさから火葬を難しくしてきたのであろう。その結果として維持されてきたのが風葬という葬法であったといえる。しかし社会の変化が葬法や葬儀のあり方を大きく変えてきたことは、これまでに述べてきたとおりである。

またニューオーリンズの墓地も、湿地に囲まれた狭隘な土地という自然条件と、大きな貧富の差や異文化の混交という社会的条件の中で生まれてきたユニークな埋葬形態である。人工的で安全な環境が整い、アメリカ合衆国の他地域との差がなくなれば、特別な形式の墓地は使用される必要はなくなってしまった。現代アメリカの葬送の儀礼と埋葬は、死後の永遠性、不滅性を強く希求しているようにも思える。

モンゴル民族、アメリカ合衆国を事例としながら、埋葬形態が社会の変動とともに大きく変化することを見てきた。いずれの場合にも遺体の処理＝埋葬という基本的な機能を抜きにして墳墓は成立しえないことが確認できたといえよう。ただし、風葬や鳥葬あるいは水葬のように、死体を直接に自然に還元してしまう場合には、必ずしも墳墓を必要としない社会があったことには留意しておきたい。死体を自然に還元する装置としての葬送儀礼については後ほど考えてみたい。

先に墳墓は故人についての何らかの情報を伝達するメディアでもあると表現した。このことはある特定の死者を、そのほかの死者から弁別する記号でもありうることを意味している。一般的にいって、墳墓に埋葬する、あるいは安置する、ということは「生きていた人」を死者の世界に送り込むことである。墓場や「死者の街」に埋葬し、墳墓を建てることは、その人が死者の仲間入りをしたことを確認する作業である。ここにおいて墳墓は故人が死者の世界に「同一化するための記号」となっている。

しかし同時に、墳墓はほかの死者との「差異を示す記号」でもある。墳墓に名前を刻み、特別な装飾を施し、供え物をすることにより、その人が、「死者一般」ではなく、生者にとって「特別な意味をもった人」である（あった）こ

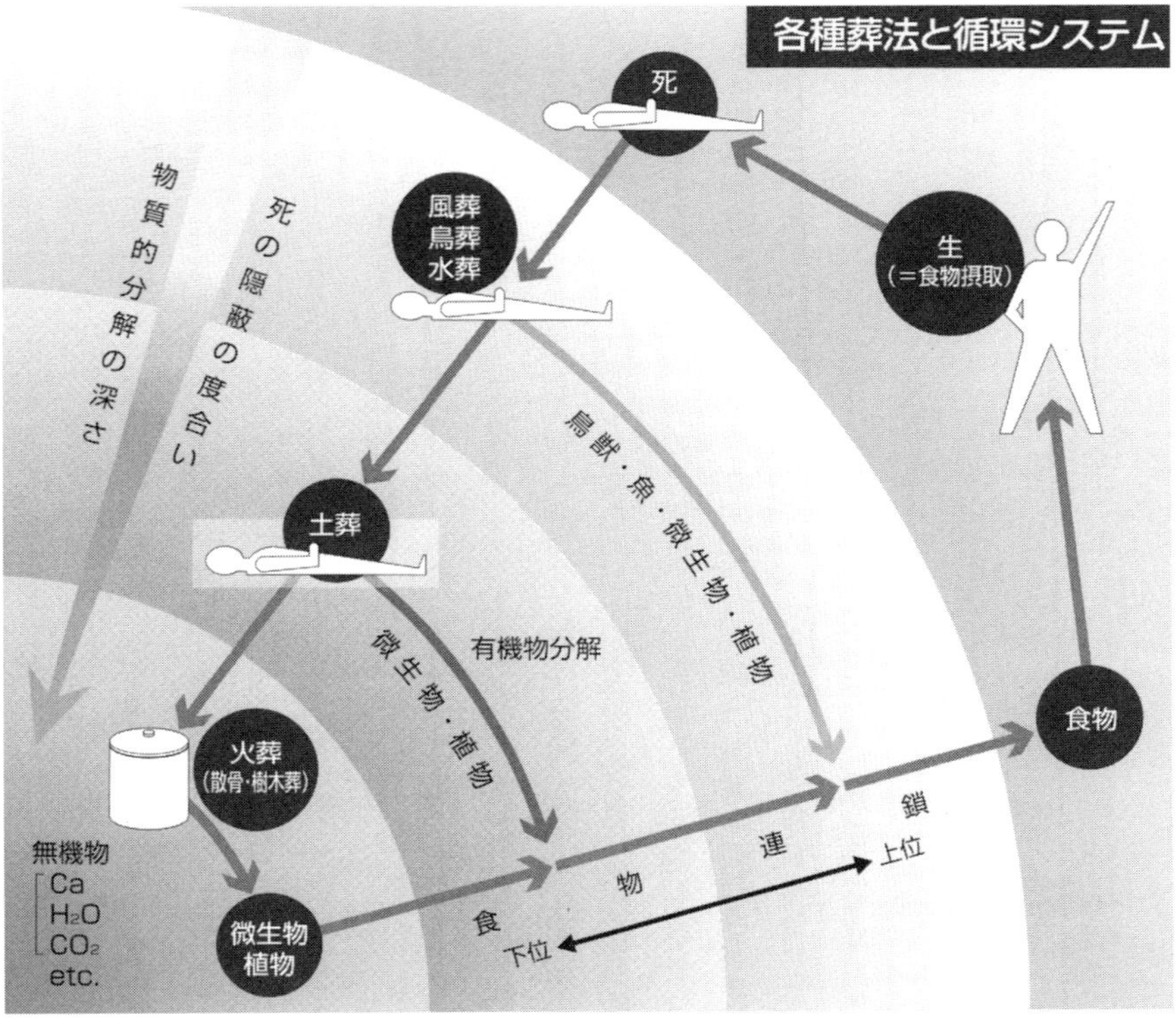

（嶋根2005ｃより）

図１　各種葬法と生態系循環システム

とを明示する。その時に象徴的な差異の記号となるのが墳墓である。とくに、地位や家系あるいは貧富の差異を顕示する「記号」として墳墓は機能する。具体的にはニューオーリンズの事例で見たとおりであるが、世界のさまざまな社会集団においても同様な事態は確認できる。おそらくサイバー空間という情報のみにその存在が特化した空間においても、差異化の機能は失われることはないだろう（故人が死者一般に統合される志向と個別的な存在として扱われる事例分析については、嶋根二〇〇六を参照されたい）。

社会学的視点からの墳墓（と葬送儀礼）の機能の分析は以上のとおりであるが、社会学的な想像力をたくましくして、もう一歩埋葬や墳墓の本質について考察を深めてみたい。

「遺体の処理」という意味での埋葬は、とどのつまり有機物としての死体を自然の循環の中に戻してやる人間の営みにほかならないということはこれまでの議論でも確認してきた。風葬、鳥葬、水葬、土葬、火葬などのいかなる形にせよ、私たちの肉体は地球的な規模における循環システムの中に還っていくほかはないのである。

風葬や鳥葬あるいは水葬などは、有機物である死体を、鳥獣や魚類および微生物に食物として与えることで自然の循環に還してやることである。土葬においては、昆虫や微生物などが死体を分解し、いずれは植物や動物に吸収されていくだろう。火葬は自然への回帰とはもっとも遠いところにあるように思えるが、二酸化炭素やガス化された元素は大気へと還元されるし、遺骨や遺灰もいつかは土に還っていき、ほかの動植物に同化されていく（図1）。

遺体への人為的介入の度合いは、人間の死体さらには「死」そのものの隠蔽の度合いと並行している。養老孟司は、「文明化された人間」にとってもっとも忌まわしいものは、自らの自然性を暴露してしまう死体であると述べ、それを社会から遠ざけるために人間は埋葬を行なってきたのだと主張している（養老ほか一九九二）。であるとするならば、死体が鳥獣によって食い散らかされたり、腐敗の進行を目の当たりにしたりすることは、人間が自然の一部であることを露呈してしまう葬法であるということになる。土中に埋葬すれば自然への還元過程は隠蔽される。火葬によって死体を無機物にまで一挙に還元してしまう方法は、分解の過程を人為的にカモフラージュしているのだと考えられる。つまり死体が自然に回帰するプロセスへの人為的な介入は、我々から死の匂いを遠ざけているのである。

それでは死体を自然に還元しようとしない人間の試みはどうか。古くはミイラがあり、現在では政治的指導者などの遺体の人工的保存がある。北米では、遺体に入念な防腐処理を施し、それを腐敗しにくい高価な柩に収め、さらにそれを取り巻くコンクリート製のコンテナに入れて土中に埋めている。筆者はこれらもまた、人間が内部に含んでいる自然性を否定しようとする、死の隠蔽の形であると考えている。いずれにせよ、N．エリアスが言うように、現代は「ヒトの死体がかくも無臭のままに、これほどの技術的な完璧さをもって臨終の部屋から墓地へと運送された例はない」（Elias 一九九〇）時代なのである。

このように、葬送儀礼や墳墓形成という死に関わる儀礼の分析を通して、わたしたちの社会とは何かを問い直すことができよう。

引用・参考文献

Durkheim, E., : *Les régles de la méthode sociologique*, 1895, 宮島　喬訳　一九七八『社会学的方法の基準』岩波文庫

Elias,N. 中居　実訳　一九九〇『死にゆく者の孤独』法政大学出版局

Florence, *R., City of the Dead: A Journey Through St. Louis Cemetery #1 New Orleans, Louisiana*, The Center for Louisianna Studies University of Southwestern Louisiana, 1996.

Florence, R., *New Orleans Cemeteries; Life in the Cities of the Dead*, Batture Press 1997.

Habenstein,R., Lamers,W., *Funeral Customs: The World Over*, The National Fuineral Directors Association of United States, 4th ed. 1994.

Huntington, R., Metcalf,P., *Celebration of Death ; The Anthropology of Mortuary Ritual*, Cambridge University Press, 1979, 池上良正・川村邦光訳　一九八五『死の儀礼』未来社

Kellar, W.I. & O'Kane, E., *Service Corporation International: The Creation of the Modern Death Care Industry*, 1999.

小長谷有紀　一九九六『モンゴル草原の生活世界』朝日新聞社

森　謙二　一九九三『墓と葬送の社会史』講談社

Narantuya, Ts. *"One Day of Mongolia"* 2002

Nyambuu & Aryasuren *"Mongol yos zanshliin ih tailbar toil"*（**Нямбуу,Арьясурэн** *"**Монгол ёс заншлын их тайлбар толь**"*1991, **Улаанбаатар**、『モンゴル慣習大事典』、Delgermaa 試訳）

司馬遼太郎　一九八八『神戸・横浜散歩、芸備の道』朝日新聞社

嶋根克己　一九九二「現代における死の受容の形式」専修人文論集、五〇、専修大学学会

嶋根克己　二〇〇五ａ『近代化にともなう葬送儀礼の変化に関する国際比較研究』科学研究費補助金成果報告書

嶋根克己　二〇〇五b「社会的行為としての死者の追悼」法社会学、六二、日本法社会学会
嶋根克己　二〇〇五c「火葬センターの設立と火葬による葬送儀礼の『発明』」『SOGI』通巻八八、表現文化社
嶋根克己　二〇〇六「葬儀における被葬者の普遍性と個別性――フランスにおける二つの葬儀から――」参加と批評、創刊号、副田研究室
庄司洋子ほか編　一九九九『福祉社会事典』弘文堂
養老孟司、齋藤磐根　一九九二『脳と墓I――ヒトはなぜ埋葬するのか』弘文堂

＊本稿は平成一九年度専修大学研究助成「アジアの葬祭業の発展と変化についての実証的比較研究」による研究成果の一部である。

墓の民俗学

新谷　尚紀

一　墓の歴史

民俗学とは　柳田國男の創始した日本の民俗学は欧米のフォークロアとは異なる学問である。エスノロジーともカルチュラル・アンソロポロジーとも異なる。もちろん、近年流行のカルチュラルスタディーズの亜流でもなければ、風俗や流行の研究でも社会世相論でもない。その誤解を解くだけでもすでに困難な状況へと至ってしまっている。そのような学史を自ら刻んでしまったのが残念ながら日本民俗学の現状である(1)。実際にいくつもの民俗学が自由に存在してそれはそれでよい。しかし、日本の民俗学は広義の歴史学である、という柳田の構想した民俗学もしっかりと継承される必要がある。その柳田のめざした民間伝承の学、日本民俗学は、同じく広義の歴史学であるとはいっても文献史学や考古学とは異なる視点と方法に立つ。資料とするのは記録や物質ももちろんであるが、それ以上に民俗と呼ぶ伝承資料を主として、方法は比較論的研究法を基本とする。そして、時間的・歴史的な変遷論と空間的・地理的な伝播論とを重視する。具体的な民俗の地域的な相違が地域の自然的かつ人文的な環境の影響によるものであるのか、歴史的な文化伝播の時間差によるものであるのか、またその両者の混合した力学関係によるのか、それらをも重要な分析課題とする。

日本の墓の問題についても、歴史的な変遷史と地理的な相違の諸相に注目する視点に立つ。もう二〇年以上も前のことであるが、通史的に日本列島に展開した墓の歴史について疎漏ながらも情報を整理してみたことがある[2]ので、まずはそのときの要点を整理しておくことにする。

（一）畏怖され祭祀される遺体と霊魂

考古学の発掘情報より　現在ではさらに膨大な情報が蓄積されていることであろうが、私が整理してみた一九八〇年代までの当時の考古学の研究成果においても、縄文、弥生、古墳の各時代の墓の発掘例として、膨大な情報が提示されていた。縄文時代の事例では、①貝塚に大量の人骨が埋蔵される事例群、例えば愛知県吉胡《よしご》貝塚（三三七体）[3]、岡山県津雲《つくも》貝塚[4]（約一七〇体）などが知られていた。そのほかには、②竪穴住居に、a．幼児骨を甕に納める例（千葉県松戸市殿平賀《とのひらが》貝塚をはじめ中部山岳地方から関東地方西部にかけての縄文中期遺跡でみられる）[5]や、b．成人人骨を埋葬した例（千葉市矢作《やはぎ》貝塚をはじめ関東地方の縄文中期遺跡でみられる）[6]などがみられた。その後、③集落の

三内丸山遺跡で昭和51年に発掘された整然と２列に並んだ土壙墓群
縄文時代中期中頃　２列の墓の間が窪んでいて、道であったことが追認できる。

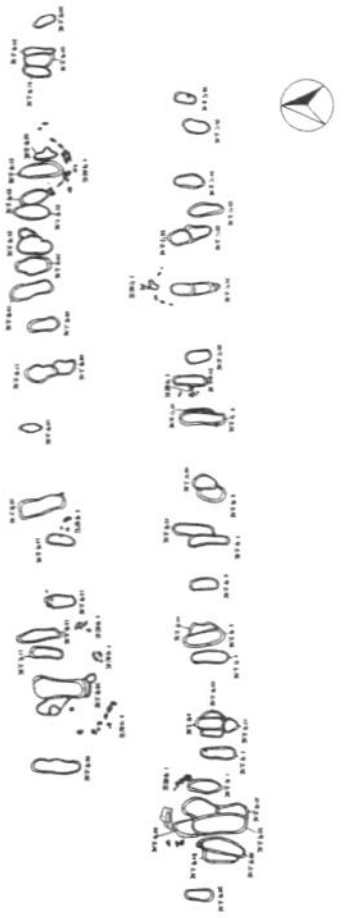

昭和51年に発掘された土壙墓群
２列をなすだけでなく、墓のまとまりもみられ、重複もあって、墓地を限定するような規制があったとみられる。小牧野型と呼ぶ縦横に川原石を組んだ配石の残骸が認められ、配石の大きいものは径４ｍ程度に復元されるものもある。

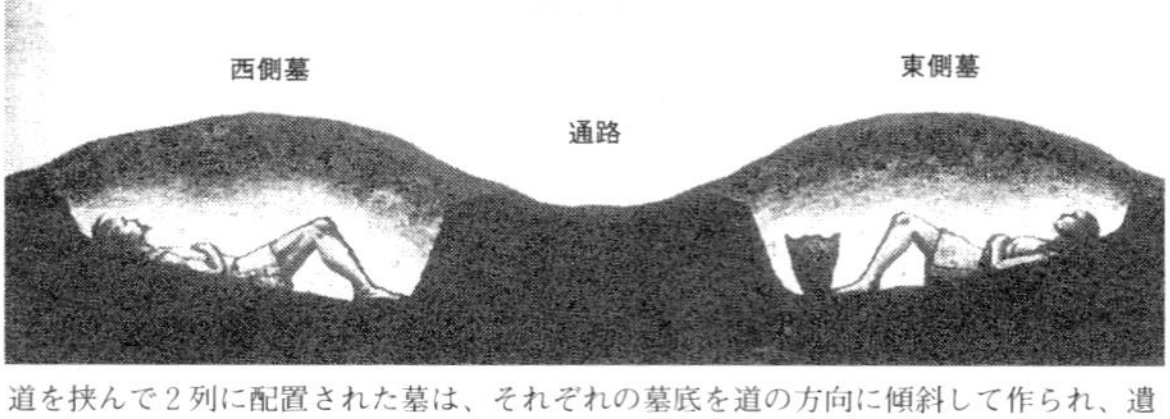

道を挟んで２列に配置された墓は、それぞれの墓底を道の方向に傾斜して作られ、遺体が足を向け合うように埋葬したとみられる。

（『縄文文化の扉を開く』国立歴史民俗博物館2001より）

図１　縄文時代の墓地の事例（青森県三内丸山遺跡）

内部や入口に埋葬墓地を設営している例（図1・青森県三内丸山遺跡など[7]）が注目された。弥生時代の事例では、①集落と墓地を隔てる溝の存在が、大阪府池上遺跡、岡山市南方《みなみかた》遺跡、福岡市宝台《たからだい》遺跡などで知られており[8]、②集落と隔たりながら対応している例として、横浜市大塚遺跡と歳勝土《さいかちど》遺跡の対応[9]（図2）、また福岡市曰佐原《おさばる》遺跡などが注目されていた。

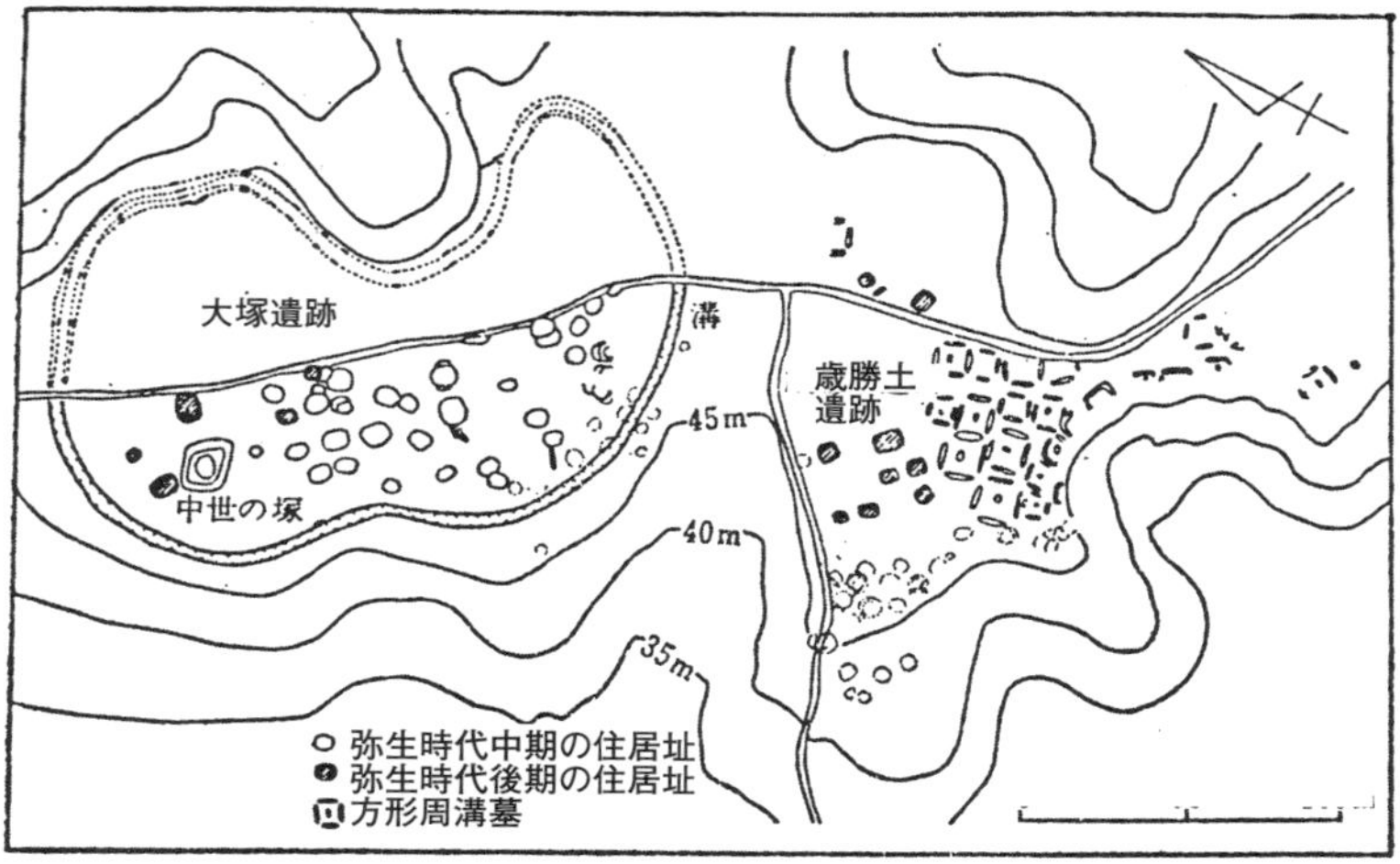

（『考古学研究82』より）

図2　弥生時代の墓地の事例（神奈川県大塚遺跡と歳勝土遺跡）

古墳時代は、文字通り巨大な墳丘墓が首長の権威を表象していた時代とされていた。特徴的な墳墓型式としては前方後円墳が主要であり、無数の埴輪群が設置されて首長の遺体は竪穴式石室に埋納されていた。古墳時代の後期に盛行する群集墳と呼ばれる小円墳群は、横穴式石室へ遺体を安置する追葬可能な家族墓もしくは氏族墓と考えられていた[10]。

律令制下の墓制　文献資料の上で注目されたのは、七世紀半ばのいわゆる大化の薄葬令（甲申詔）、八世紀の「喪葬令」の規定などであった。国家による礼節統制の一環として墓の造営の上での規格化が進められていた。そして、六国史の八世紀から九世紀前半の記事で注目されたのは、古来の殯、殉死、誄などの旧俗が廃絶していくとともに、火葬（イ．縄文・弥生の火葬例[11]、ロ．六世紀後半から七世紀初頭のカマド塚の火葬例[12]、ハ．それとは別の八世紀の火葬の流行）や散骨、墓碑や墓誌など、大陸文化の影響による新たな葬送文化の流行がみられたことである。そして、殯の廃絶によって喪屋で遺体の側に仕えることができなく

表1　天武天皇の喪送記事（表3の一条天皇の例と比較すればその間の大きな変化が注目される）

朱鳥1（六八六）	9・9正宮に崩ず 11はじめて発哭。殯宮を南庭に起つ 24南庭に殯す。発哀 27僧尼、殯宮に発哭。はじめて奠進。誄 28僧尼、殯宮に哭。誄 29僧尼、発哀。誄 30僧尼、発哀、誄。種々の歌舞を奏す 12・19天皇のために大官大寺をはじめ、五寺に無遮大会を設く
持統1（六八七）	1・1皇太子、公卿・百寮人を率いて殯宮に慟哭、誄。衆庶発哀、梵衆発哀、奉膳紀朝臣真人ら奠を奉る。膳部・采女ら発哀、楽官奏楽 5皇太子、公卿・百寮人を率いて殯宮に慟哭。梵衆発哀 3・20花縵を殯宮に進る（これを御蔭という）。誄 5・22皇太子、公卿・百寮人を率いて殯宮に慟哭、誄 8・5殯宮に嘗をする。これを御青飯という 6京の耆老男女、皆、橋の西に臨み慟哭 23三百人の高僧を飛鳥寺に請集し、天武天皇の御服で縫い作った袈裟を施す 9・9国忌の斎を京師の諸寺に設く 10殯宮に設斎 23新羅の金霜林ら大宰府から東に向いて三拜。三発哭 10・22皇太子、公卿・百寮人并諸国司、国造及百姓男女を率いてはじめて大内陵を築く
持統2（六八八）	1・1皇太子、公卿・百寮人を率いて殯宮に慟哭 2梵衆、殯宮に発哀 8無遮大会を薬師寺に設く 23新羅の金霜林ら三度発哭 2・16詔して、今後国忌の日ごとに斎をすることを命ず 3・21花縵を殯宮に進る。誄 8・10殯宮に嘗をする。慟哭。誄 11（伊勢王に命じて葬儀を宣わしむ） 11・4皇太子、公卿・百寮人・諸蕃の賓客を率いて殯宮に慟哭。奉奠。楯節舞を奏す。誄 5蝦夷一九〇人調賦を負荷して誄 11誄。当麻真人智徳、皇祖等の騰極の次第を誄奉る（これは礼であり古くは日嗣といった）大内陵に葬る

なった代わりに、天皇の場合には山陵監護や陵墓祭祀の記事が、氏族の場合には氏々祖墓や墓側結廬などの記事が目立つようになる。神護景雲二年（七六八）二月二五日条から貞観八年(八六六)九月二二日条にかけてはそれらを褒賞する記事が頻出するが、当時の儒教的な忠孝貞節を賛美する礼節思想に基づくものと考えられる。

また、『日本後紀』延暦一六年（七九七）一月二五日条には、平安京遷都にあたって山城国愛宕郡葛野郡の住人たちはそれまで死者あるごとに家の側に埋葬する慣習が定着していたが、京師に接近することとなったので今後は凶穢を避けるべし、との意向でその風習は禁断されていったという記事がみえる。人口の密集する大都市の場合には必然的に死者数も膨大となり、大規模な集合墓地が形成されてくることとなった。『類聚三代格』に載せる貞観一三年（八七一）八月二八日条の太政官符によれば、

太政官符　定葬送并放牧地事
山城国葛野郡一処　在五條荒木西里 六條久受原里
四至　東限西京極大路　西南限大河 北限上件両里北畔
紀伊郡一処　在十條下石原西外里十一條 下佐比里十二條上佐比里
四至　東限路并古河流末　西南並限大河 北限京南大路西末并悲田院南沼

右被右大臣宣偁　奉勅件河原是百姓葬送之地　放牧之処也（以下略）

つまり、九世紀後半の平安京では河原を利用した大規模墓地が設営されていたことがわかる。

継続した墳墓祭祀　縄文、弥生、古墳、そして律令国家の段階でも共通していたのは、支配層の人物たちの遺体と霊魂つまりその安置されている墳墓が一定の霊力をもつものとみなされて畏怖と祭祀の対象とされていたということで

表2　薄葬の詔と旧俗の廃絶・仏教の関与

天皇	薄葬の詔	挙哀	誄	方相	作路司	山陵鎮祭監護	近陵の諸寺に設斎	設斎	誦経	殺生禁断	放生	大祓	出典
持統	◎	×	○					○	○				『続日本紀』
文武		○	○					○					〃
元明	◎												〃
元正		○				○			○	○			〃
聖武		○		○		○		○	○	○			〃
称徳		○			○	○		○	○				〃
光仁		○	○	○	○			○	○			○	〃
桓武		○	○	○	○	○		○	○			○	『続日本後紀』『類聚国史』
平城			○										『類聚国史』
淳和	◎	○	○		○				○		○		『続日本後紀』
嵯峨	◎	×									○		〃
仁明	◎	○		×	○		○	○	○			○	『続日本後紀』『文徳実録』
文徳		○		○	○	○	○	○	○			○	『文徳実録』『三代実録』
清和	◎	×						○	○				『三代実録』
光孝		○					○	○	○			○	『日本紀略』
醍醐								○				○	〃
宇多	◎							○				○	〃
村上								○	○				〃

表3　一条天皇の葬送記事

寛弘八（一〇一一）年	
5・25	発病、病状悪化
6・13	一条天皇譲位。三条天皇即位
6・21	辞世の歌
6・22	臨終の念仏、魔障を払う加持、祇候している諸卿ら下殿。絶命
6・25	陰陽師による葬儀次第の日時勘申、葬儀次第の決定
	棺の作製、沐浴、入棺
7・8	葬送、荼毘。御骨は円成寺へ安置
7・20	円成寺内に作った小堂に納骨
8・2	中殿にて七々日の法事
8・11	院にて七々日の正日の法事
寛弘九（一〇一二）年	
5・27	円教寺にて一周忌の法事
6・22	院にて一周忌の法事

ある。それは、九世紀にいたっても同様であった。歴代の天皇や皇后の墳墓は山陵や御墓《ごぼ》と呼ばれ、陵戸やそれに代わる墓守や守戸がおかれた。毎年一二月には荷前使《のさきのつかい》と呼ばれる使者が派遣されて陵墓への奉幣が行なわれた。藤原良房は天安二年（八五八）にいわゆる十陵四墓の制〈十陵＝天智・施基皇子・光仁・高野新笠・桓武・藤原乙牟漏・早良親王・平城・仁明・文徳、四墓＝藤原鎌足・冬嗣（良房の父）・美都子（良房の母）・源潔姫（良房の妻）〉を定め、その良房没後の貞観一四年（八七二）には、あらためて十陵五墓の制〈高野新笠を除いて明子（良房の娘で清和の母）、四墓に良房〉が定められた。

（二）忌避される死穢と抽出安置される遺骨

荒涼たる墓地　しかし、一〇世紀を画期として、平安貴族の社会では異常なほどの触穢思想の高揚がみられるようになった。墓地は死穢の充満する場所として徹底的に忌避され、すべて洛外に設営された。藤原良房（八〇四〜八七二）からみれば、五代後の孫である藤原道長（九六六〜一〇二七）の時代には、藤原氏累代の墓所である宇治の木幡の墓地は、荒れ果てて参り寄る人もなく、古い塚が累々と重なる寂漠たる不気味な場所となっていた(13)。

火葬と寺堂納骨　一〇世紀の画期といえば、浄土教信仰の高揚と火葬の一般化も注目すべき現象であった。『空也誄』にみえる「曠野古原□有委骸堆之一処、灌油而焼留阿弥陀仏名焉」の記事は有名であるが、『栄花物語』によれば、当時の貴族たちにとって「例の作法」といえば火葬であった。貴族層における死穢忌避と火葬による遺骨抽出はよく対応する葬法として採用され、彼らの遺骨は寺堂へと納骨され供養の対象とされた。例えば寛弘八年（一〇一一）六月二二日に三二歳の若さで没した一条天皇の火葬骨は、円成寺に納められ七々日の法事は院の御所で行なわれ、三年の後に現在の円融寺北陵へと納められた[14]。高野山への納骨の早い例は仁平三年（一一五三）の覚法法親王の例[15]であるが、とくに有名なのは永暦元年（一一六〇）の美福門院の例[16]である。

（三）武士の所領と墓所

貴族と武士　まつりごと（神祭りと政治）のために、清浄性を必須とした貴族にとっては、墓地は死穢の場所として忌避されるものであったが、戦闘能力を必須とし殺戮行為を必然的な営みとする武士にとっては、親族の墓所はまた別の意味をもった。「一所懸命」、「手負注文」などの言葉からもわかるように、討死には犬死にではなく、所領という恩賞の源泉でもあった。『源平盛衰記』などには、そのような武士の考え方をよく表わす記事をみることができる。源頼朝の挙兵に際して八九歳の老軀をその本拠衣笠城とともにささげて討死にした三浦義明は、「君に力を付け奉りて一味同心に平家を滅ぼし、日本の大将軍になしまいらせて親祖父が墓所なりとて骸所をも知行してわが孝養にえさせよ」といったという。河原太郎と藤田行安の討死にに対しては、「勲功のとき河原太郎と藤田行安が子どもに生田荘を給ふ。その墓所のためなり。今の世までも彼社の鳥居の前に堂塔を造立して菩提を弔ふとかや」と記されている。また、伊予国の新居氏の氏寺である観念寺の康永三年（一三四四）「越智兼信等置文」（観念寺文書）には、「このてら（寺）はそんあ（尊阿＝新居盛氏の後家）そうりう（造立）のてら（寺）なり。ならひにせんそ（先祖）もりうじ（盛氏）の御はかところ（墓所）也。さんほう（三宝）おあんち（安置）してやうこう（永劫）たんせつ（断絶）あるへからさる物也」とある。武

写真１　中世墓地の遺構（静岡県見附一の谷墓地）

士にとって父祖の墓所は菩提寺とともに大切な家と所領の象徴でもあった。

（四）　近世庶民の葬送習俗

三つの特徴　農民や町人の生活の自営化と自立化の進んだ近世社会における葬送と営墓の特徴としては、三つがあげられる。第一は、村落社会における相互扶助慣行の形成と檀家制度の整備による葬儀と営墓の画一化である。富裕層も一般農民もさらには貧困層も、村落内に居住が認められた成員であれば一定の葬送と営墓が可能となった。「家（村）・寺・墓」の三位一体の葬送供養の仕組み、一連のマニュアルが形成されたのである。第二は、戦乱の収束と平和社会の到来により物資の大量輸送の時代が訪れて、江戸や大坂などの大都市や地方の城下町が発達し、それら人口の集住する都市では大規模墓地が形成されたことである。俗に「大坂七墓」〈長柄（葭原）・梅田・南浜・蒲生（野江）・小橋（おばせ）・千日・飛田〉とか、「江戸五三昧」〈小塚原・千駄ヶ谷・桐ヶ谷・渋谷・焙烙新田〉と呼ばれたそれである。それらはいずれも大都市の大規模墓地であり、そこでは遺体処理の便利性から火葬の採用も進んだ。第三は、墓地に石塔が建てられはじめたことである。個人のための石造墓塔の最初の例は、一〇世紀末の天台座主良源の墓塔で、[17] 比叡山横川にそれは現存するが、文献の上では『兵範記』仁安二年（一一六七）七月二七日条の藤原基実の五輪塔の記事が早い例である。院政期から鎌倉時代にかけては、一部の貴族や武士の間で五輪塔や宝篋印塔が墓塔として建立されるようになり、室町時代にはそれが公家や武家の間に普

石塔造立数の変遷

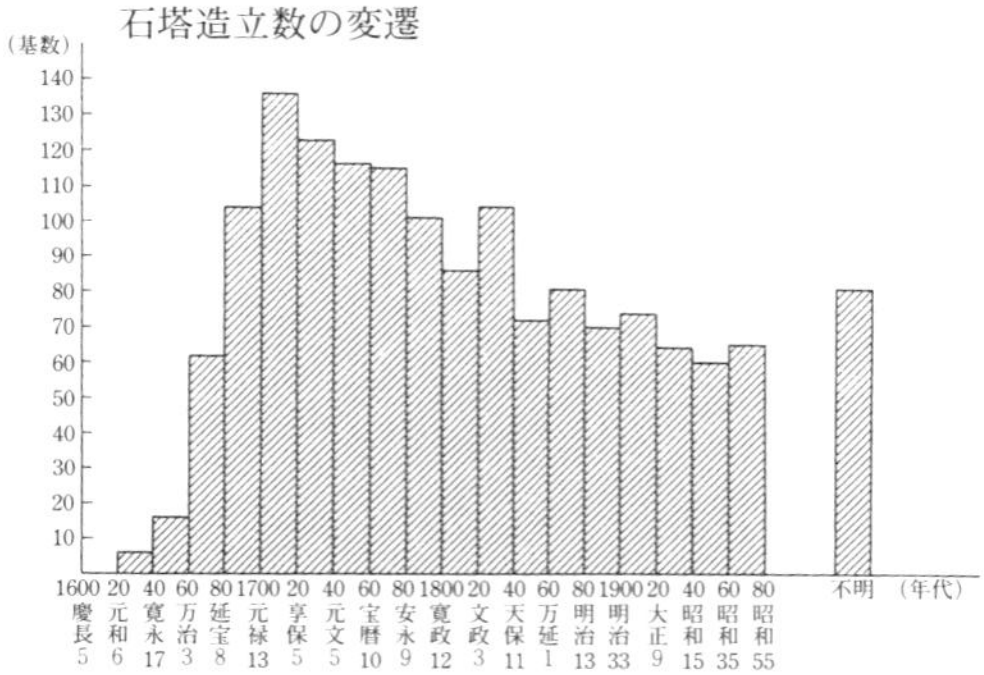

石塔の型式および造立趣旨の主流の変遷

時期	型式	造立趣旨		
寛永期	五輪塔・宝篋印塔	菩提	種子	単記
元禄期	仏像碑・板碑型			二名連記
宝暦期	箱　型	霊位		
天保期	角柱型		家紋	
明治30年代				先祖代々

図３　近世以降の石塔の造立（埼玉県新座市普光明寺墓地）

及した[18]。また、東国武士など関東地方では板碑類の建立が盛行した[19]。近世になると一変して板碑は消滅し、一般庶民層にまで石塔建立の風が定着してくる。

石塔の変遷　事例研究として、埼玉県新座市大和田の普光明寺の石塔墓地の調査を試みたことがある[20](図3・写真2)が、その墓地では石塔建立の流れに次のような五つの画期がみられた。それは、①寛永期(一六二四〜一六四四)―石塔建立開始、型式は五輪塔や宝篋印塔が中心で、造立趣旨は菩提のため。②元禄期(一六八八〜一七〇四)―石塔建立普及、型式は地蔵や如意輪観音(女人救済思想・血盆経)など仏像碑が多い。③宝暦期(一七五一〜一七六四)―仏像碑の類から単純な箱型(櫛型)へ、造立趣旨が菩提から霊位へ。④天保期(一八三〇〜一八四四)―角柱型が増加し、碑面から仏種子が消えて家紋が刻まれるようになる。⑤明治三〇年代以降(一九〇〇年代)―先祖代々の角柱型で大型の石塔へ、という変化であった。そしてまさに現在、⑥先祖代々の大型の角柱型が消失へと向かい、新しい核家族に対応する石塔へ、という新しい段階が訪れている。

写真2　埼玉県新座市大和田の両墓制の事例
(上が石塔墓地、下が埋葬墓地)

（五）近代の墓地

明治の墓地条例　明治政府の近代化政策の一つとして知られるのが、衛生観念の普及である。その一環として、墓地を集落から離れた場所へと設営するようにとの太政官布達が発せられている。その一つ明治一七年（一八八四）一〇月四日付の太政官布達第二五号では、墓地および火葬場は管轄庁の許可した区域に限ることとし、所轄の警察署の取締りを受けるべきことと規定された。そして、民家から一定の距離を置いて設営するようにとの指導をうけて、従来家ごとに屋敷近くに設けていた墓地とは別に、新たに集落単位で共同墓地を設営した例も少なくなかった。例えば、静岡県下では明治期にはそれが徹底されることはなかったが、大正期になって警察署の指導により集落から離れた新しい共同墓地が設けられた。昭和四〇年代にはまだそのことを記憶している古老から具体的な話を聞くことができた。[21]そのころの民俗調査の旅の途中でも景観的にそれとすぐにわかったのは、家ごとに屋敷近くに旧墓とか古墓と呼ぶ墓をもちながら、それとは別に集落単位の共同墓地が村はずれに造られていたからであった。

都市型公園墓地　もう一つ明治の近代の墓地政策と関係深いのが、西欧風の都市型公園墓地の設営である。例えば現在では都心部に位置する青山墓地というのは、美濃国郡上藩（現在の岐阜県郡上市）の藩主だった青山家の下屋敷跡に明治五年（一八七二）に開設された墓地である。それが、明治七年（一八七四）から東京の市民のための公共墓地となった。明治末期には青山墓地、谷中墓地、染井墓地、雑司が谷墓地などが造られていたが、その後の人口増加と市街地の拡大により新しい郊外型の墓地の造営が必要となって造営されたのが、欧米風をまねた公園墓地で大正一二年（一九二三）開園の多磨霊園であった。

二　墓の民俗

現在、日本各地で営まれている墓は、それぞれ一定の共通性をもちながらも地域的に東西南北で大きな多様性をみせている。そして、それらはいずれも各地の墓の長い歴史の結果としての現在である。

（一）　墓地の立地と利用者規模

屋敷墓　墓地の立地と利用者規模の上での振幅についてみるに、ミニマム—最小規模でいえば、家の屋敷地にそれぞれ家ごとに墓を設けている例であり、マキシマム—最大規模でいえば、鎌倉郊外や富士山麓など、戦後になって造営された大規模分譲型集合墓地である。その振幅の中間に、親族や同族単位の墓地、近隣の家同士の墓地、村落単位の墓地、寺院境内の檀家集団の墓地、など多様な形態がみられる。概していえば、居住形態と墓地の設営や規模は対応関係にあり、散村や散居村の場合には、墓地も家ごとに屋敷近くに設営されている屋敷墓の例が多く、集村や都市部では集合墓地が多い。家ごとに屋敷地に墓を設けている例は、例えば岡山県、島根県、広島県をはじめ各地の農村地帯にみられる。島根県の出雲空港を降りて出雲平野を歩くと、みごとな築地松に囲まれた屋敷の隅に家ごとに墓が設けられている光景を目にすることができる。また、筆者が昭和四〇年代後半の民俗調査の過程でかつて驚いた例として、静岡県内陸部や福井県若狭地方の墓がある。家ごとの墓地もあり、集落ごとの墓地もあるのだが、それらよりももっと古い時代の墓地として、村人たちが記憶して供養し続けている墓が集落内の田畑や野原に点々と散在していたのである。それは江戸期にさかのぼる先祖たちの墓だといい、当時は本人の希望する場所に個々別々に埋葬していたのだという。多くはその理由が不明であったが、中には静岡県の天竜川上流地方の村落のように、墓をつくるとその畑地が免租になるからだという言い伝えも聞かれた。

大規模集合墓地　奈良盆地では近現代の分譲型墓地とは異なる古くからの大規模集合墓地がみられる。それは郷墓《ごうばか》とか惣墓《そうばか》と呼ばれる墓地である。奈良盆地一帯では集落の単位を大字《だいじ》と呼ぶが、小規模なものでも四、五ヵ大字、大規模なものでは二二ヵ大字にものぼる多数の集落が共同利用するきわめて大規模な共同墓地である。その数は盆地の北から南まで数えてみると約一一三例にものぼる。その郷墓の起源はその墓域内に建てられている五輪塔や十三重層塔などの石造遺物によって、平安時代末期から鎌倉時代にさかのぼり、それが三昧聖《さんまいひじり》の定着に伴う一般庶民をも含む大規模な葬送地として成立してくるのはおよそ一五世紀末から一六世紀半ばのことと考えられている。

写真３　屋敷墓（岡山県山間部）

写真４　集落を見おろす丘に作られている共同墓地
（高知県馬路村）

　そして、その成立理由については奈良盆地一帯に顕著な水郷、宮郷、墓郷を一連のものととらえて、中世後期の衆徒、国民が勢力圏とした郷村の遺構であろうという理解が有力である。(22)しかし、郷墓といえば、近世以降も東大寺大勧進龍松院の配下にあって郷墓での埋葬や墓地管理にあたった三昧聖の存在が注目される。その視点からすれば、各大字の生活現場から離れた場所に墓地を設けようとした力が累積した結果としての大規模墓地の形成であり、専門職能者たる三昧聖への死の委託処理の慣行の成立とみることもできる。そして、このような郷墓設営と三昧聖への死の委託処理の慣行は、あくまでも近畿地方特有の天皇を頂点とした公武政権と顕密体制のもとで形成された触穢思想にもとづく貴賤対応構造の歴史的な展開の結果の一つであると考えられる。つまり、この郷墓設営という民俗事象を、広く人類共通の死への嫌悪感、死穢忌避の観念の表現形式として一般化してしまってはならないであろう。(23)民俗とはそれぞれの伝承地域の過去の歴史からの重層的かつ選択的な投影であり、現在だけのその場所だけの現象ではないからである。

（二）　墓参習俗の地域差

なぜ両墓制は近畿地方に多いのか　埋葬墓地と石塔墓地とを別々に設ける墓制を、民俗学では両墓制と呼んで長く研究の対象としてきた。しかし、一九七〇、八〇年代以降の急速な火葬の普及によりその多くは消失していった。土葬による埋葬墓地の設営に伴う習俗であったからである。その両墓制の特徴の一つは、近畿地方に濃密な分布を見せるという点にあった。その理由については長い間大きな疑問とされてきたのであるが、最近になってそれを近畿地方の村落社会で顕著に見出される宮座祭祀との関係で解読する研究が一定の結論を導き出してきたようである。[24]宮座祭

写真５　極楽寺郷墓（奈良県）
（上は上空からの空撮写真。下は寺の内墓から外墓を見た景観。）

写真6　両墓制の埋葬墓地と墓上装置。埋葬地点に魔除け・獣物除けとして尖った竹垣（イガキ）が施されている（京都府田辺町）

写真7　埋葬地点に魔除け・獣物除けとして三叉竹を編み、鎌を吊している（福井県若狭地方）

祀において厳しく求められる清浄性確保と死穢忌避とは、近畿地方の村落社会では春日社をはじめ多くの神社への村人たちの奉仕の場においても長く求められてきており、そのような歴史が埋葬墓地を集落から遠く離れた場所に設営する慣行となって伝えられ、墓参の対象とされる石塔墓地はそれとは別に設けられたのだという解釈である。前述の触穢思想の影響という観点からも妥当な解釈といってよかろう。

墓参の地域差　地域社会に伝承される民俗をその地域社会の歴史の投影であるとする見方からしても、そのような近畿地方の埋葬墓地に対する人々の態度には独特な傾向があることがわかる。一般的に墓参といえば、夏の盆行事があり春秋の彼岸があるが、お盆の季節に近畿地方の農村部で墓地を訪れてみるとよい。ふつうは多くの墓参の人たちで賑わっている。しかし、奈良県と三重県の県境地帯をはじめとして、お盆でもいっさい墓参りはしないという村が、淡路島の南部や若狭地方の一部など点々と近畿地方の周辺部に同心円状に広がっているのである。(25) お盆というのに草ぼうぼうで参り寄る人などまったくいない埋葬墓地が、目の前にある。それこそ近畿地方の歴史が刻んだ独特な死穢忌避の観念と習俗である。

一方、それに対して東北地方や九州地方のお盆の墓地を訪れてみればよい。そこには大勢の人たちが墓参に訪れているだけでなく、先祖のみたまの供養と交流のための宴がくりひろげられ、墓地で盛んに飲食が行なわれているのである。列島の中央部と東西の辺境部とでこれほどの大きな差異が、墓地と墓参をめぐって今も伝えられている。

民俗学から墓地を見るということとは、このような地域差の歴史的背景を知ろうということである。歴史的視点と地理的視点に立ちながら、事例研究と比較研究というその両方の視界から生と死の民俗を観察し分析する必要がある。この狭い小さな日本列島でさえ歴史的に地域的に実に多様な墓の営みがあるのでありそれぞれに理由があるはずである。それを解明することこそ文献史学と考古学とともに広義の歴史学たる民俗学のしごとの一つであろう。

写真８　大勢の人が墓参して酒宴が開かれる
（青森県の盆の墓地）

写真９　死穢を忌避して誰も墓参などしない
（奈良県東山中の盆の墓地）

註

(1) 新谷尚紀　二〇〇六「柳田民俗学の継承」本郷、六五、吉川弘文館
新谷尚紀　二〇〇九「いくつもの民俗学の中で、いまあらためて柳田國男の民俗学に学ぶ意義、その実践」『歴史としての人類学・民族学・民俗学』成城大学大学院文学研究科・民俗学研究所
新谷尚紀　二〇〇九「日本民俗学のフランス調査―ブルターニュのパルドンとトロメニー―」史境、五八、筑波大学歴史人類学会
(2) 新谷尚紀　一九八六「Ⅳ墓の歴史」『生と死の民俗史』木耳社
(3) 清野謙次　一九二五『日本原人の研究』東京、岡書院
文化財保護委員会　一九五二『吉胡貝塚』埋蔵文化財発掘報告書
吉田　格　一九五九「漁撈文化の展開」『世界考古学大系一』平凡社
(4) 三宅宗悦　一九四〇「日本石器時代の埋葬」『人類学・先史学講座一五』雄山閣
(5) 白石太一郎　一九七五「考古学より見た日本の墓地」『墓地』社会思想社
(6) 武田宗久　一九三八「下総国矢作貝塚発掘概報」考古学、九―八
武田宗久　一九五一「千葉県千葉市蕨立貝塚」『日本考古学年報』四
(7) 国立歴史民俗博物館　二〇〇一『縄文文化の扉を開く』（展示図録）
(8) 出宮徳尚・伊藤　晃　一九七二『南方遺跡発掘調査概報』岡山市教育委員会
(9) 岡本　勇・小宮恒雄　一九七四「神奈川県歳勝土遺跡」『日本考古学年報』二五
(10) 前掲註（5）に同じ
(11) 石川日出志　一九八八「縄文・弥生時代の焼人骨」駿台史学、七四
(12) 森　浩一　一九六一「大阪府泉北郡陶器千塚」『日本考古学年報』九

森　浩一　一九六四「大阪府和泉市聖神社カマド塚」『日本考古学年報』一二

(13) 大江匡房「浄妙寺願文」『本朝文粋』巻一三所収

(14) 一条天皇の臨終から葬送については、藤原道長『御堂関白記』、藤原行成『権記』、藤原実資『小右記』に克明に記されている。

(15)『兵範記』仁平三年（一一五三）一二月八日条

(16)『山槐記』永暦元年（一一六〇）一二月六日条

(17)「慈恵大僧正御遺告」『群書類従』第二四輯、群書類従刊行会

(18) 南北朝期の明法官人として知られる中原師守の日記『師守記』には、その中原家の死者葬送、先祖供養、石塔建立などの記事が豊富に見出せる。

(19) 服部清道　一九三二『板碑概説』

千々石実　一九七二「板碑研究の課題」日本歴史、二九一、同　一九七二「板碑源流考⑴・⑵」日本歴史、二八四・二八五

(20) 新谷尚紀　一九九一「近世墓塔の定着と両墓制の成立・展開・他界観」『両墓制と他界観』吉川弘文館。なお最近では、科学研究費による調査や地方自治体史の編纂の中で精密な石塔調査の成果が蓄積されてきている。たとえば、白石太一郎・村木二郎編　二〇〇四『国立歴史民俗博物館研究報告』一一一や、大阪狭山市史編さん委員会・大阪狭山市立郷土資料館編　二〇〇六『大阪狭山市史』第七巻（別巻　石造物編）など。

(21) 新谷尚紀　一九九三「両墓制の分布についての覚書」国立歴史民俗博物館研究報告、四九

(22) 野崎清孝　一九七三「奈良盆地における歴史的地域に関する一問題」人文地理、二五―一

(23) 新谷尚紀　二〇〇五「民俗は歴史の投影である」『柳田民俗学の継承と発展』吉川弘文館

(24) 関沢まゆみ　二〇〇五「宮座と両墓制」『宮座と墓制の歴史民俗』吉川弘文館

同二〇〇七「宮座祭祀と死穢忌避」『排除する社会　受容する社会』吉川弘文館

(25) 新谷尚紀　一九九一「両墓制と墓参習俗」『両墓制と他界観』吉川弘文館

南関東の弥生から古墳の墓の編年

浜田　晋介

弥生時代の墓と古墳時代の墓（古墳）にどのような違いがあるのか。こうした問題を考えていく場合、もっとも基礎となるのは、墓が時間を追ってどのように変化したのか、その変遷をとらえることである。この変遷をとらえることによって、どの段階に大きな変化が存在するのか、あるいは何が変化しないのかが明確になり、造墓の背景である社会動向を探ることが可能となる。そのためには、それぞれの墓がいつ築造されたのかを確定する必要がある。また、この時代には、朝鮮半島や中国大陸との交渉が盛んであったことが、文献や金石文の文字情報や出土資料によって理解されている。したがって汎東アジア的な視点からも、弥生時代・古墳時代の造墓や社会を考える必要があり、同時代性を確認するためには、暦年代を知ることが重要となる。しかし、出土遺物から暦年代（実年代）を推定できる事例は非常に限られているのが現状である。

この編年問題に対してはまず、一定の地域で弥生時代・古墳時代の墓の構造や、出土品どうしを比較しその新旧の変遷段階を想定する作業によって相対年代を決める。相対年代はあくまでも事物の前後の関係を表わすのであり、数値で示されるわけではない。そのため、こうして得られた相対年代に、暦年代が推定できる資料が、どの段階に存在しているのかをあてはめ、編年を組み立てるという手順をとる。暦年代が推定できる資料が存在していない地域の場合、その地域（B地域）から、暦年代の編年が組まれた別の地域（A地域）の資料が出土し、かつその逆のケースであるA地域からもB地域の資料が出土した事例があれば、A・B両地域の相対年代の同時性が検証されたことになる。

この交差年代を考えることにより、暦年代資料をもたない地域でも、暦年代を推定することが可能となる。さらに交差年代の概念を広げ、暦年代の推定できるA地域の資料が出土しないC地域でも、C地域とB地域の交差年代が認められれば、C地域とA地域の同時性をとらえることが可能となる。一方、交差年代の事例に恵まれないD地域の場合は、ある特定の資料に対して共通の基準をいくつか設定し、その有無や変化によって、A地域との相対年代の各段階の同時性を検証していく方法がある。理論的にはこのような方法で暦年代の比定を行なうが、これらの方法がさまざまに組み合わせられながら、広域的な編年設定が行なわれているのが現状である。

今回のシンポジウムでは、基調報告としてこの問題に論及しなかったため、この章では弥生時代と古墳時代の年代、とくに弥生時代から古墳時代の初めが、どのような根拠によって位置づけられているのかを先学の研究を紹介し[1]、南関東（神奈川県・東京都・埼玉県・千葉県）地域を対象に、具体的な事例によって弥生時代や古墳時代の墓が、どのような推測過程を経て編年されるのかに対する、一つの仮説事例を紹介しておく。

一　これまでの年代推定方法

(一)　弥生時代

弥生時代の年代は弥生土器の相対年代の研究の成果（土器編年）に、中国大陸から舶載された銅鏡・銅剣・銅貨などの金属製品、前漢書や後漢書などの中国の正史、および自然科学的な年代測定法を加味して、暦年代を導きだしてきた。しかし、中国の正史から導く年代は、前漢書や後漢書が後の三国志『魏志倭人伝』の記載を参考に書かれ[2]、そのオリジナリティーに対する信憑性の問題もあり、現在では疑問視する[3]。

土器の時間的な変遷、すなわち土器の編年作業の基本的な原理については、小坂延仁氏の本書コラム①「土器による年代推定」をご参照願いたいが、土器の形態・文様による分類（型式）を基準に、どの型式の土器が一緒に出土しているか、つまり廃絶時の土器群の共時性を検証し、土器群どうしの古い要素・新しい要素を検討しながら、弥生時代を前期・中期・後期の三時期に区分しているのが現状である。三つの時期は、さらに複数の土器型式に細分化がなされ、この土器型式による時間的な変遷が、細かな時間の物差しとなっている。しかし、土器編年だけでは暦年代を決定することはできない。こうした相対編年に実年代を与える作業は、土器に共伴する製作年代を推測できる資料によって行なうこととなる。九州北部に展開する甕棺に副葬される中国製・朝鮮製金属器が、その典型的な事例である。

前期・中期・後期の各時期を、朝鮮の初期金属文化の編年に照らしたとき、日本の前期末の土器に伴う銅剣が紀元前三二〇～紀元前二二〇年以降と考えられること[4]、中期初頭の北九州の遺跡から出土する細形銅剣・多紐細文鏡の組み合わせの時期を、紀元前二二〇～紀元前一五〇年ほどに想定していることなどから、前期の終わりを紀元前二〇〇年頃と推定する。

中期中頃は、北九州での立岩式の甕棺に副葬される中国鏡が、中国の洛陽焼溝漢墓の編年に照らして第Ⅱ期の鏡と認められ、それがまとまって出土することから、副葬される鏡の年代をほぼこの時期の年代と推定して、紀元前一世紀。これに続く中期後半の桜馬場式も、同様に第Ⅲ期後半の方格規矩鏡などから、一世紀代の年代と推定する。

後期の年代については、具体的な資料として後漢鏡と貨泉の出土がある。後漢鏡自体は墓や集落遺跡から弥生時代後期の土器と共伴する事例がある。しかし、古墳から出土することもあり、古墳時代前期の項で触れる伝世鏡の風習がこの段階から開始されたことを物語っている。そのため、後漢鏡からの年代推定は難しい。貨泉は前漢滅亡後の新から後漢代の、紀元一世紀（紀元一四～紀元四〇年）のごく短い間に作られ、流通した銭貨であり、これが西日本の中期終末から後期初頭の土器に伴うことから、弥生時代後期の始まりの年代を紀元一世紀中頃と考えることが可能である。ただし、貨泉自体は青銅器の材料として、それ以降に持ち込まれた可能性も考えられ、弥生時代後期の上限年代として考えるほうがよい。弥生時代後期の終わりの年代について、具体的な年代を示す資料はない。むしろ後述する次の古墳時代の開始期と重なるため、その年代を弥生時代後期の終わりの年代に代表させることが一般的になっている。こうしたことから、弥生時代後期の年代は紀元一世紀から三世紀のある時期で終わる、と推定されている。

これまで示してきた年代は、九州北部地域を対象に組み立てられた編年である。近畿地域では小地域ごとに弥生土器の変化が中期になると顕著になるが、そのうち前漢書の「分為百余国」の状態を中期前半、後漢書の「使譯通於漢者三〇許国」の状態を中期後半、後漢書、三国志『魏志倭人伝』の「倭国大乱」「倭国乱」の状態を中期末葉と推定した。これから近畿地方弥生時代中期中葉の年代を紀元百年前後、中期末葉を紀元一八〇年前後に措定した。[5] これらの年代観は九州北部地域の年代との比較で、中期の年代が約一世紀遅れると考えられてきた。しかし、前述したようにその年代の取り方は問題があり、現在では近畿地域での土器の再検討、中・四国地域の土器を介在させて九州北部と近畿の交差年代研究が進展し、こうした問題が解消されつつある。これは年輪年代測定法による大阪府池上曽根遺跡の中期後半の大型建物の柱の測定値が、紀元前五二年伐採であることも一つの基準となっていることは否めない。[6]しかし、年輪年代測定法を含めた自然科学の手法による測定値を、考古資料に適用する場合、まだ克服すべき課題は多く、この問題については古墳時代の年代問題とともにまとめて後述する。

(二) 古墳時代

明治以降、戦前までの研究では、古墳に新古の区別があり、埋葬施設の別によって前期・竪穴式石室と後期・横穴式石室にわけることが可能であることが理解されていた。[7] それを発展させて、古墳の外形・内部の石室石棺の構造・副葬品の比較から、現在の前期・中期・後期に通底する区別法が考えられ、[8] 古式のものには鏡・玉・刀剣・各種の石製品が多く、その次の段階には馬具、金銅製の装飾品が加わり、刀剣も装飾のあるものが増える。横穴式石室の段階では土器や陶器（須恵器）が増え、鏡の類いがほとんど見られない、というおおまかな変遷ができあがっていった。その暦年代について梅原末治氏は、日本書紀や中国正史などの古典を基準としながら、前期にあたる古墳から出土した鏡から、古式古墳の年代を中国六朝初期（三世紀前半頃を想定か）、それに続く古墳を古典から、五世紀の応神天皇陵・仁徳天皇陵に位置づける案を考えだされていた。古式古墳については、鏡の型式が六朝であることから、出土する鏡が古墳の年代の下限（その年代より以前）を示す、という想定に基づいたものであった。しかし、こうした方法で年代推定をすると、古式古墳から前漢や後漢の鏡が出土した事例では、築造時期が紀元前三世紀や紀元一、二世紀を示すこととなる。これでは古墳の築造としては、古すぎることとなる。そのため梅原氏はその後、鏡は入手後、数世代に受け継がれるという伝世の現象を参考に、「古墳に鏡が副葬される習慣は三国時代の鏡が大量に輸入された時期におこり、その結果として、それまで伝世していた前漢や後漢の鏡が一緒に副葬されるようになった」と考えた。そして、その考えが「製作年代を異にする資料が共伴した場合、その最新の年代が古墳の上限（その年代よりも以降）を示す」という戦後の小林行雄氏による合理的な理解のもととなった。[9]さらに、三国時代の紀年銘をもつ鏡も徐々に知られるようになり、実年代を推定する具体的な資料として戦後の研究に受け継がれていく。

戦後の年代研究は戦前の研究を発展させながら、資料が増えつつあった紀年銘のある鏡が一つの基準となった。前期古墳には鏡が多量に副葬されている事例が多いが、その種類は方格規矩鏡や内行花文鏡、画文帯神獣鏡のほか、一括して多量の鏡が副葬される代表的な三角縁神獣鏡がある。これらの鏡に鋳出された紀年銘には、現在まで以下のものが発見されている。

京都府大田南五号墳・大阪府高槻市安満宮山古墳の青龍三年（二三五）、山梨県鳥居原古墳の赤烏元年（二三八）、大阪府黄金塚古墳・島根県神原神社古墳の景初三年（二三九）、山口県竹島古墳・兵庫県森尾古墳・群馬県柴崎古墳の正始元年（二四〇）、京都府広峰十五号墳の景初四年（二四〇—ただし実存しない年号）、兵庫県安倉古墳の赤烏七年（二四四）である。

こうした中国三国時代の魏や呉の紀年銘のある鏡は、西暦二三五年から西暦二四四年に集中しているが、このことは三世紀の中頃には、日本（倭）に鏡が舶載されていたと考えることが可能であり、古墳への埋葬年代もほぼその頃と推測することが可能である。しかし、小林氏は、[10]この三国時代の鏡が倭にもたらされた時期はほぼ三世紀の中頃であるとしながら、前漢や後漢鏡と同様に、古墳に副葬品として納めるまでに、畿内の首長の伝世を経たものであることを想定し、三世紀末から四世紀になって、服属の証として地域の首長に配布したと考えた。すなわち、古墳時代前期の始まりを、この時期に想定した。小林氏は、鏡の舶載時期と配布時期に半世紀以上の時間差を想定した理由を、明確には言及していない。しかし、その前提の一つになったのは、『魏志倭人伝』であったことは間違いない。小林氏は各地の小国の代表者が、一人の女王を共立した段階から進んで、大和の最高支配者が、各地の首長の地位を公認した時期が、各地に古墳が発生した時期であるとする。[11]鏡が伝世されるというのは、その鏡を神宝として、共立した王が司祭者として管理していたのであるが、最高権力者の登場によって、鏡の管理よりも最高権力者からの地位の承認が重要となり、古墳への鏡の副葬が行なわれたことも想定する。[12]したがって『魏志倭人伝』の記載に見る、共立された女王が、魏朝から銅鏡百枚を下賜された景初三年という段階は、小林氏のいう古墳時代とは認めなかった、と考えられる。また、鏡の配布が完了する段階を前期の終わりとして、日本書紀や中国正史に記載のある、応神天皇・仁徳天皇の治世時代がほぼ史実を表わしているという前提から、この天皇の陵墓に比定される中期の古墳は、五世紀初頭の年代が示されるのであり、これからすると前期の終わりは四世紀後半が推定できるとした。小林氏はこうした手続きから古墳時代前期の実年代を、三世紀末から四世紀後半に想定したのである。

その後、白石太一郎氏によって、漢後期までに製作された鏡の伝世という現象は認めながらも、三角縁神獣鏡の場合は、その出土が後漢の鏡を交えながらも、比較的三角縁神獣鏡だけで出土する事例が多いことから、半世紀の間、伝世したという現象を想定するのは不自然であると指摘された。そして、奈良県新山古墳から出土した、三世紀末から四世紀前半に中国大陸で製作されたことがわかる金銅製帯金具を採り上げ、これが伝世する性格の資料ではないことを参考に、古墳の発生段階は、三世紀後半までさかのぼることが提唱された。[13]そしてその年代は、三世紀中葉まで引き上げられている。[14]

古墳時代中期以降は須恵器が一つの目安になる。須恵器は窯焼成される特性から、窯出土の一括資料によって同時期性、窯内部からの層位事例に、型式論的な検討を加え時間差をとらえることが可能で、しかも同一窯の製品が比較的広範囲に流通するという特徴があり、交差年代を考える場合に重要な資料となる。とくに大阪府陶邑の調査成果から、須恵器編年が確立され、その基準とすることが多い。しかし、このままでは暦年代はわからない。その須恵器の暦年代問題に対して、一つの定点になるのは、埼玉県稲荷山古墳から出土した、「辛亥年」「獲加多支鹵大王」と象眼される鉄剣である。「辛亥」の年は六〇年周期で登場するが、その中で「獲加多支鹵大王」をワカタケル大王＝大泊《おおはつ》瀬幼武尊《せわかたけるのみこと》・諡《おくりな》雄略天皇（没年四七九あるいは四八九年）と想定するならば、四七一年の辛亥年が年代の第一候補とされている。この礫槨からは辛亥銘鉄剣とともに三鈴付杏葉を代表とする馬具が出土している。この特徴的な馬具に伴う須恵器は、ほかの古墳出土事例を参考にすれば、陶器山一五型式（MT一五）と呼ばれるものである。礫槨に副葬されるのが、雄略天皇の没後であると仮定し、MT一五を五世紀末から六世紀初頭と推定する。また、この礫槨はもう一つの埋葬施設である粘土槨とともに後円部の中心を外れた位置にあり、礫槨よりも古い未発見の埋葬施設が存在すると予想されている。これは、稲荷山古墳の築造が礫槨よりも古くさかのぼることを意味しており、それに符合するように、須恵器の相対年代で、MT一五の前に存在する高蔵四七型式（TK四七）が、稲荷山古墳の墳丘括れ部から出土する。したがって、TK四七を未発見の埋葬施設に伴うものと考え、五世紀後半とする。また、飛鳥寺創建前の土層中より出土した須恵器破片が、高蔵四三型式（TK四三）であることから、TK四三の年代は、飛鳥寺創建（五八七年）直前か、少し前の六世紀後半であると推測する。このようなことを根拠に、須恵器の編年が組まれる。さらに

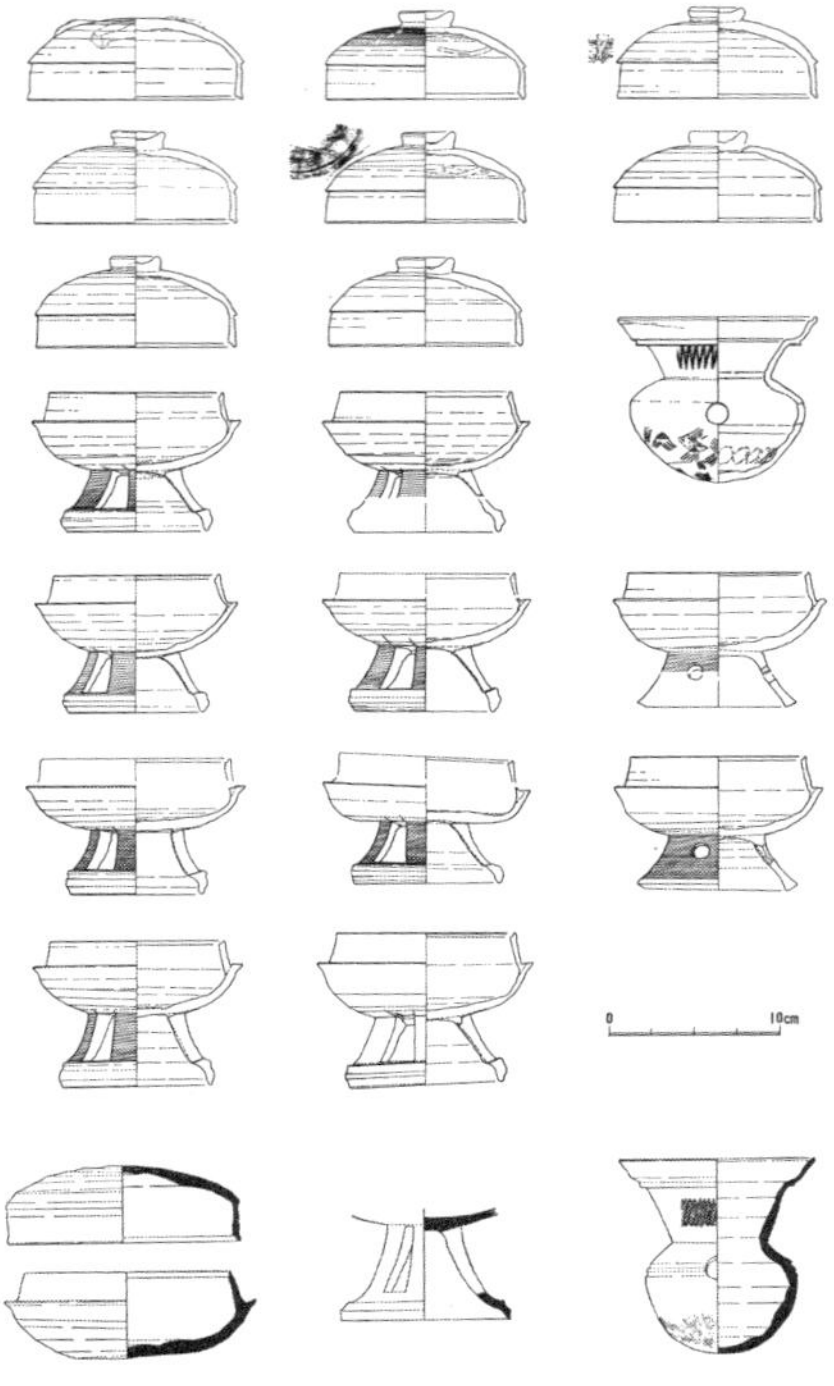

図1　稲荷山古墳出土の須恵器

こうした須恵器の編年と古墳編年をもとに、埴輪の編年が作られていくこととなった。[15]これまで述べたようなことを根拠に、弥生時代から古墳時代前期までの編年の基準と、実年代が推測されてきた。しかし、こうした年代は確定したわけではなく、新しい資料や分析方法の登場によって常に議論され、改定されていく場合も多い。推定年代が確定しないのはいわば編年研究の宿命といえる。次に述べる、AMS(加速器質量分析)法による放射性炭素年代測定によって、これまでの暦年代の大幅な変更を促す考えは、その一つの事例である。[16]

(三) 自然科学的な年代推定方法

国立歴史民俗博物館の行なったAMS法による年代測定によって、弥生時代の開始年代が、従来の紀元前五世紀から紀元前一〇世紀に、中期の開始年代が紀元前一世紀から紀元前三世紀に、古く修正されるという研究発表があったのは、平成一五年のことであった。また、名古屋大学による古墳時代の開始年代の測定についても、従来の三世紀中葉から二世紀代に約百年さかのぼる報告が出された。[17]こうした新しい暦年代に対しては、測定方法の原理の問題、試料のサンプリングの問題、較正曲線をめぐる問題、併行関係にある大陸資料との年代的整合性などについて検討され、こうした年代は古すぎる年代値だとして、現在も論争が行なわれ、落ち着いた結論が導かれていない。[18]したがって、AMS法による測定値については、まだ確信をもてる段階にはない。しかし、そうした年代の提示によって、これまでの考古資料を考古学的手法で再検討する中から、従来の年代は新しく考えすぎていて、弥生時代の開始は、二〇〇から三〇〇年ほどは古くなる、という見解が提出されている。また、年輪年代法による暦年代は、その特性から年輪が形成された年が判明しても、それがそのまま資料の年代にはすぐに結びつかない場合がある。例えば、伐採の年は、もっとも外側の樹皮(外皮)が残っていなければ、確定することはできない。建築用の木材が外皮を取り除き利用することは、害虫の被害を予防する観点からすれば、一般的に考えられることであり、実際遺物の中で、樹皮が残り年代が測定できる事例は多くない。もし樹皮が残っていなければ、測定したもっとも外側の年輪年代に数年の数値をプラスしなければならないが、その数値の具体的な指標を設定するのは難しいであろう。また、伐採から時間を経た木

表1　弥生時代年代表諸説の推移

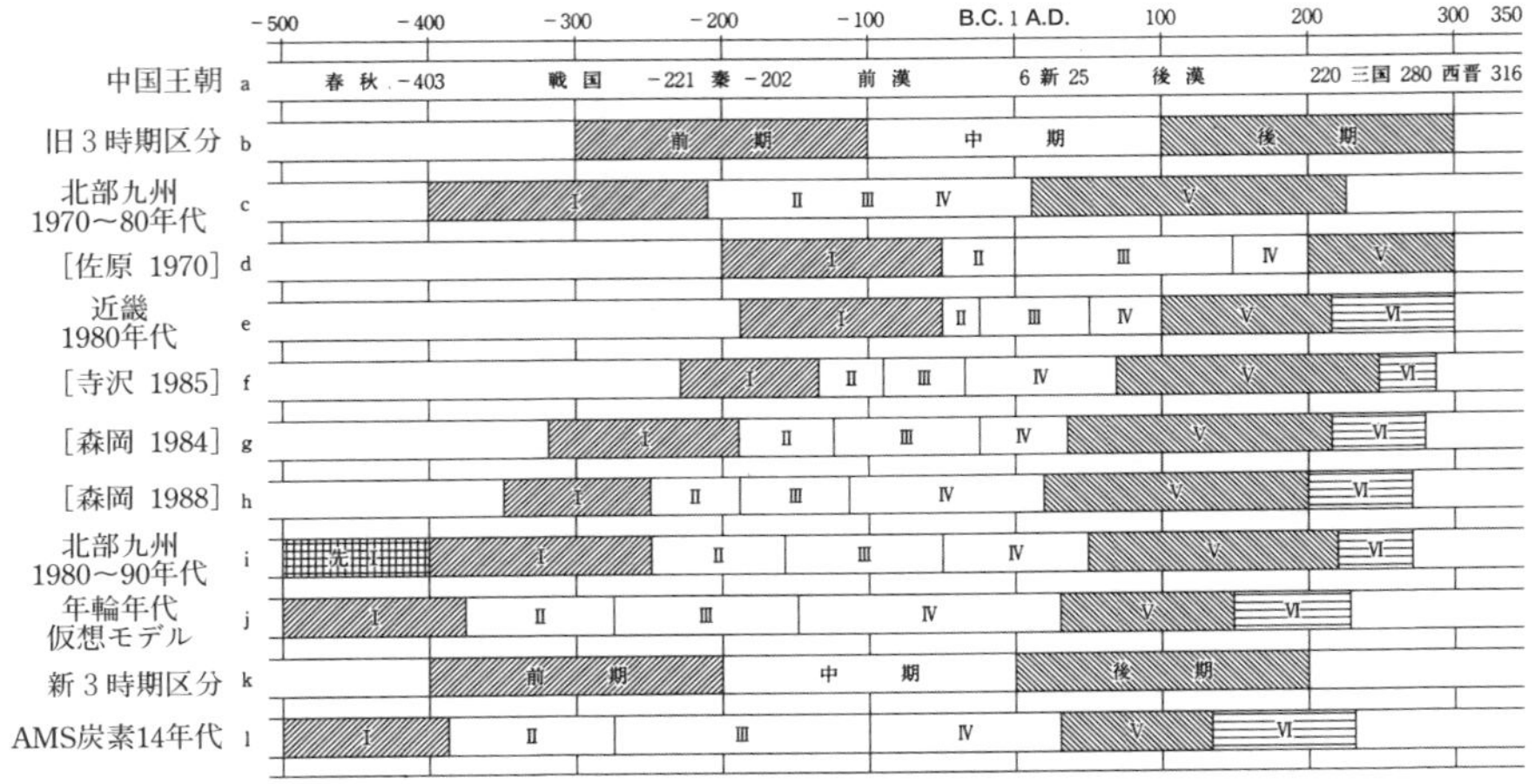

（森岡秀人 2004「研究史と展望」『弥生時代の実年代』学生社より）

材、例えば建物の建て替えに以前の柱を再利用した、新しい建物の場合は、古い建物の年代と推定されることとなる。武末純一氏が述べるように(19)、年輪年代を盲信するのは危険である。年輪年代法での暦年代標準パターンの作成には、多くの労力と時間が必要であることは十分理解できる。しかし、年輪年代の方法の検証を行なうためには、少なくとも異なった複数の機関が、同じ方法で測定し、結果をつき合わせる必要がある。年輪年代による暦年代の測定は、非常に魅力的であるが、方法の検証を行なうことによって、その信頼度は飛躍的に高まると考える。その意味からも、考古学的な方法での暦年代を追求することを、なくすべきではないだろう。

考古学的・自然科学的、どちらの手法で暦年代を採用し、数値としての暦年で出土資料が特定できたとしても、それで考古資料の年代問題が確定するわけではない。それは資料が製作されてから、廃棄あるいは副葬されるまでの間に、数年から数十年の時間の経過が想定されるのが常であり、古墳から発見される複数の副葬品の中には、個々に年代差をもっているものが多い。つまり、出土品は埋納時の同時性は認められるものの、製作時の同時性は表わされないという、特性が存在するのである。さらに同一墓に間をおいて祭祀する習慣や、時間をおいて埋葬する（追葬）風習の存在を前提にすれば、埋納時の同時性さえも保証されないこととなる。したがって、墓の年代については、単体の副葬品だけによって判断するのは危険であり、時間差をもつ複数の資料から編年を組み立て、年代を絞り込むこととなり、おのずから時間的な幅をもって位置づけられることとなる。墓の編年の問題の大枠はこのような経過と考えで作られているが、次に南関東の弥生時代・古墳時代の墓が、今どのような基準によって編年されているか、二、三の例によって説明していこう。

二　南関東地方の実例

（一）土器編年の前提

南関東地方（以下、南関東）の弥生時代から古墳時代を通して、実年代を示す資料は、すでに述べた埼玉県稲荷山古墳の鉄剣以外は、存在していない。そのため、実年代は他地域からのデータを参考することとなる。しかし、弥生時代から古墳時代前期までは、直接対比できる資料は少なく、土器による分析と編年が一般的に行なわれる。

南関東で土器を編年の基準とする場合、近畿地方（以下、近畿）の土器と直接、あるいは東海地方（以下、東海）を媒介としての交差年代によって、その編年的位置づけを行なうことがもっとも理解しやすい方法である。しかし、交差年代が真価を発揮する、二つの地域の土器がそれぞれの地域から出土し検証できる事例は少なく、実際にはどちらか一方の地域でしか確認できない事例を基準として使わざるを得ない場合が多い。それを補う方法として別に型式論的な指標を定め、その指標を基準に同じ段階か否か、という編年を組む方法を適用することが多くなされている。小型器台・小型丸底坩・小型有段鉢・S字甕など、特定の形態の土器の存在とその土器の変化を媒介に、複数の地域の同時性を推し量る方法である。S字甕第一段階を指標とする土器が存在するのは、南関東では○○式、東海では□□式後半、近畿では△△一式に編年されるので、三者は同時期と見なす、ということである。ただし、この方法ではS字甕ではこの関係が成り立っても、小型器台では成立しないこともあり、どちらの事例を優先するのか、を決定することは難しい。また土器は変容しやすく数値化した指標ではないため、基準となる土器と同じものであるかの認定が、研究者の裁量によって大きく変化する。そして、基準となる土器の変化は地域がかわっても必ず同じ変化（同一形）をするという証明をすることが難しい、という根本的な問題がある。[20] これは交差年代を行なう際にも認められることで、南関東の墓から南関東の土器に混じって出土した、東海・近畿に似た土器を、東海・近畿のどの段階の土器にあてはめるか、厳密には決め難いことも実は多いのである。東海・近畿のどの段階の土器にあてはめるかによって、出土した墓の時間的な位置づけは古くも新しくもなる。また、土器の出土した状態が、その墓が築造された時のものであるのか、追葬されたのかの判断によっても、その時間的な位置づけは大きく変わることとなる。さらに、弥生時代の土器から古墳時代の土器は、急激な変化を示さず、指標となる特徴を見出し難い。そのため段階を区別する明確な基準が求めにくく、同じ地域でもさまざまな基準による編年が試案されている。こうしたことは近畿の古墳を規範とした定型化した古墳が南関東に築造されて以後は、近畿の古墳の内部主体構造・副葬品と直接比較検討できる材料が多いのに比べ、土器のみを用いた交差年代は推定する位置づけにズレが生じやすくなる。須恵器のように特定の場所で大量に一括生産され、広域に流通する土器であれば、こうした問題はある程度解消できる。しかし、変容の大きい離れた地域の出土土器どうしの比較では、どうしても個体ごとや地域ごとの変化が大きくなり、同時期と認定する幅が狭くもなり広くもなるのである。

こうした問題を内包しているが、土器は墓に限らず集落遺跡でも多量に出土し、比較検討する研究材料としては、優位な面ももっている。その普遍的に出土する土器を、タイムスケールとして活用するためには、土器による年代推定の限界を知る必要がある。次にこうした問題点を考慮しながら、実例をみていこう。

（二） 弥生時代から古墳時代

南関東でもっとも古い段階の古墳と考えられているのは、高部三〇号墳、高部三二号墳、神門三号墳、神門四号墳、神門五号墳、秋葉山第三号墳である。

高部三〇号墳は全長三三メートル、三二号墳は三二メートルの前方後方墳で、両者とも木棺直葬の内部主体から、鏡と鉄剣が出土している。三〇号墳は内区の一部を欠損するもののほぼ完鏡で、三二号墳の鏡は破鏡である。岡村秀典氏によればどちらも後漢鏡であり、原鏡の時期は二世紀後半である(21)。これまでの編年研究で見てきたように、後漢鏡をもってこれをそのまま弥生時代後期から古墳時代前期の墓の築造年代とするには問題がある。鏡の年代はあくまで上限として押さえるべきである。これ以外で年代を知る上で材料になるのは、三〇号墳の内部主体の直上から出土した、底部穿孔の手焙形土器である。手焙形土器は、北関東から九州まで出土しており(22)、弥生時代後期後半から古墳時代前期前半の短い時期に生まれ、消えていった土器である。口縁部が受口状と断面く字状の二つに大別でき、前者は近江地域あるいは山城地域の在地の土器を祖形にもつ(23)。高部三〇号墳の資料も受口を呈するので、この系統の変遷上で理解することが可能である。高部三〇号墳の土器は、覆いとなる部分の開口部の縁が平らな面をなし、ここに文様が施されている。小竹森直子氏・中島皆夫氏の研究によれば、この形態の手焙形土器は、後半に登場する。具体的には近畿編年の庄内式の段階に出現し、布留式段階まで残ることがわかる。一方、高部三二号墳の周溝内のA土壙と命名された遺構から同じ系統の手焙形土器が出土していて、この土器が三〇号墳と同じ段階にあると考えれば、両古墳はほぼ同じ時期に築造されたことが推定される。しかし、同じ三二号墳の内部主体の直上からは、六個の高坏が出土している。そのうち脚部（台座）の裾が直線のものと、末広がりになる形態のものが、それぞれ三個あり、形態的には二分されるが、脚部の付根に横線を巡らせる文様をもつことでは共通する。こうした文様構成は、南関東の伝統の中では存在しない、東海由来の文様構成である。北島大輔氏の編年試案に照らせば、東海の弥生時代後期後半の山中式から廻間二式（北島氏の山中から濃尾三群）までに特徴的なものであるが、高坏の裾部が外反する形状を問題にするならば、廻間二式の後半（濃尾八群）から出現する(24)。一個体の土器に古い要素と新しい要素が混在している土器、ということができる。高部三二号墳の内部主体の土器から築造時期は、文様を重視する立場をとるならば、廻間一式後半（濃尾三群）＝纒向二式後半＝庄内二式となるが、古い要素と新しい要素が混在した場合、新しい要素を上限と

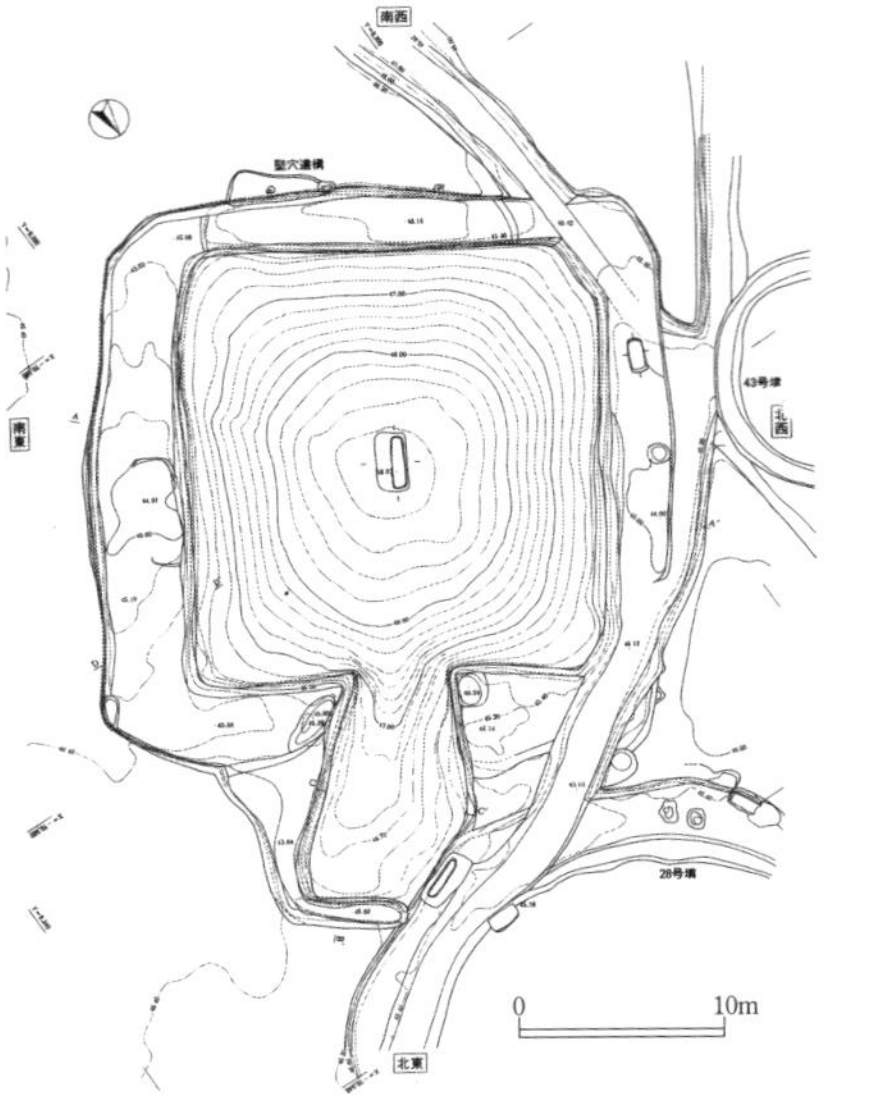

高部30号墳平面図

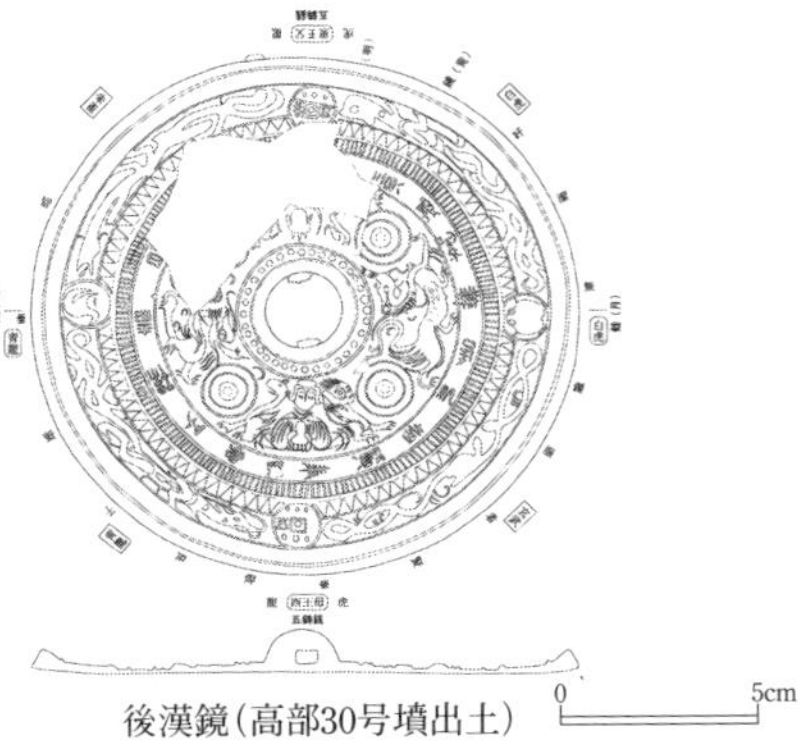

後漢鏡(高部30号墳出土)

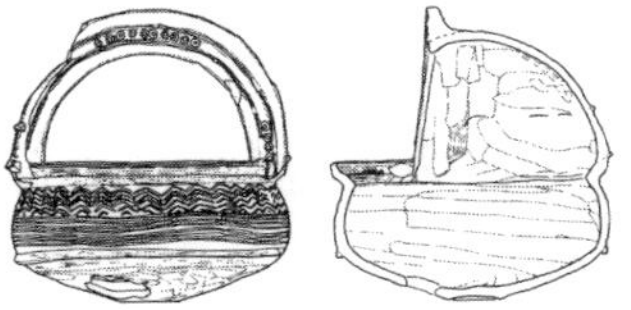

手焙形土器(高部30号墳出土)

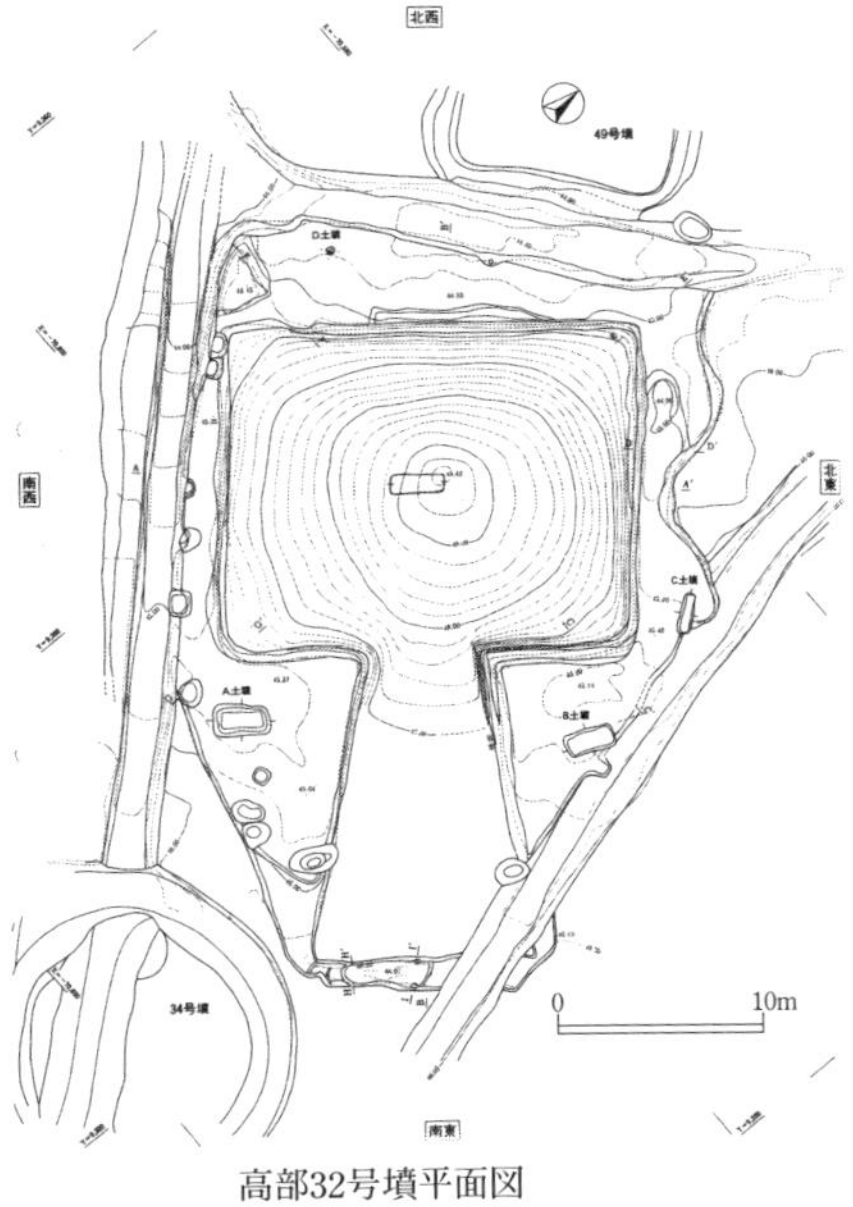

高部32号墳平面図

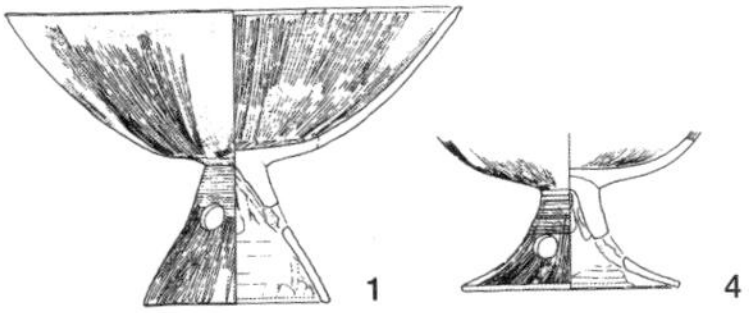

手焙形土器(高部30号墳出土)

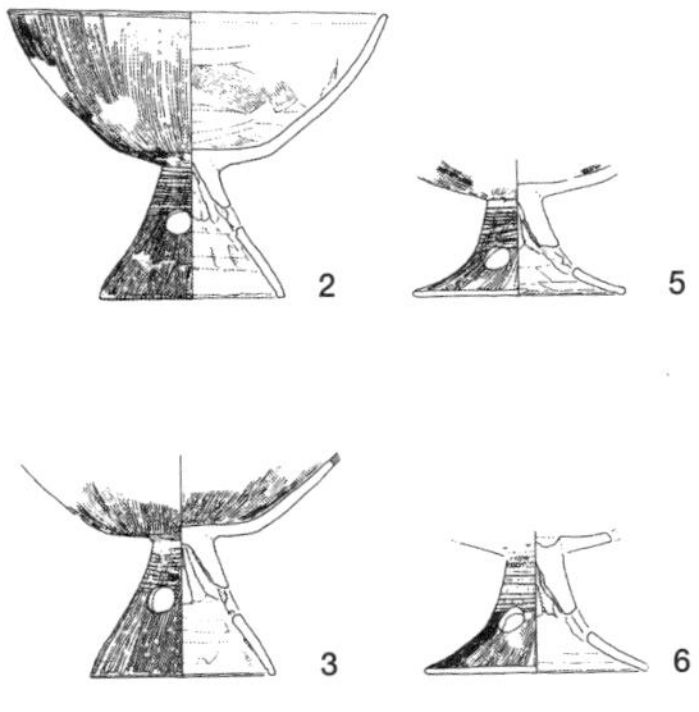

高坏(高部32号墳)

図２　高部30、32号墳と出土遺物

考える原則に則れば、廻間Ⅱ式後半（濃尾Ⅷ群）＝纒向Ⅱ式後半＝布留〇式の段階が想定できる。

神門三号墳、神門四号墳、神門五号墳は、周溝の形態が前方後円墳に近づくことを基準にして、五号・四号・三号の順に新しくなると推定されている。[25] いずれも木棺直葬であり、その内部主体からは、呑口式の鉄槍、鉄鏃、玉類が出土し、墳頂部からは土器が出土していることが共通する。鉄槍・鉄鏃・玉類については明確な年代を導き出すものはない。三号墳の土器は高部三〇号墳と同じ段階の手焙形土器を含む土器群であり、高部三〇号墳と同じ時期が想定できる。

秋葉山第三号墳の内部主体は、確認調査したにとどめているため、副葬品についてはわからない。ただし、内部主体の直上から出土した土器、周溝から出土した土器が、庄内式でも新しい段階の土器と併行であるととらえられている。[26] これらを総合すれば、庄内式の新しい段階から布留式の古い段階に、これから述べる定型化した前方後円墳に先立って構築されたと推定することができそうである。

(三) 古墳時代前期

神奈川県の前期古墳の中で、昭和戦前に調査された川崎市白山古墳・横浜市観音松古墳が、古墳の規模、形状、内部構造、副葬品が判明している。観音松古墳の調査資料は戦災に遭っていて不明な点が多いが、白山古墳は全長八七メートル、観音松古墳は全長七二〜九〇メートルの前方後円墳である。白山古墳は後円部に木炭槨（一基）、粘土槨（二基）、前方部に粘土槨（一基）の内部主体をもっている。木炭槨からは三角縁神獣鏡・内行花文鏡・ガラス製小玉・鉄刀・鉄鏃・鉄剣・鉄鎌・鉄製刀子・鉄製鉇・鉄斧・楔形鉄製品・棒状鉄製品が出土し、北粘土槨からは珠文鏡・乳文鏡（捩文鏡）・碧玉製管玉・メノウ製勾玉・ガラス製丸玉・鉄刀片、南粘土槨からは碧玉製管玉・ガラス製丸玉・ガラス製小玉、前方部粘土槨からは櫛歯文鏡・碧玉製管玉・ガラス製小玉がそれぞれ出土している。[27] 観音松古墳は後円部に粘土槨が二基あり、どちらからの出土かは定かでないが、内行花文鏡・ガラス小玉・ヒスイ製勾玉・硬玉算盤玉・紡錘車形碧玉製品・鉄刀・銅鏃・鉄斧が出土している。[28]

白山古墳と観音松古墳の築造年代については、後者の調査資料が明らかでない部分が多い関係で、単純に比較検討することはできないが、先行研究では、観音松古墳が白山古墳に先立ち、築造されたとする見解[29]がある。その理由を簡潔に述べれば、観音松古墳から出土する副葬品に、銅鏃と碧玉製品があり、白山古墳の出土品にはそれが少なく、代わりに鉄製品の種類と量が多くなる。これに対して白山古墳が観音松古墳に先行したとする見解[30]も提出されている。それらによれば、白山古墳出土の三角縁神獣鏡の配付時期が従来よりも古く位置づけられること、観音松古墳出土の銅鏃は、それほど古く位置づけられないこと、粘土槨より木炭槨に古式の様相が想定されることなどを、近年の研究成果を取り込む形で論述している。このような対立した二つの編年観が現在存在しているが、ここでは内部主体を検討する。

白山古墳は後円部に三基の内部主体が存在したことは前述したが、それぞれの内部主体の関係を見ると、もっとも深く主軸線に沿った位置に存在するのが木炭槨で、その上方の両脇に平行に粘土槨が構築されている。その構築時期の前後関係は、木炭槨と粘土槨の位置断面図を見れば、木炭槨が粘土槨に先行して構築されたことがわかる。粘土槨が古いと仮定した場合、木炭槨の範囲が南・北粘土槨の下面に広がっていることから、位置的に粘土槨構築の後に木炭槨を構築したならば、それぞれの粘土槨は木炭槨によって、破壊されているはずである。したがって木炭槨は粘土槨に先行して構築されたことが想定される。さらに木炭槨設置のための壙の存在を想定すれば、その蓋然性はさらに高くなる。

一方、木炭槨と二基の粘土槨を同時に築造した場合を可能性として考えてみよう。その場合もまず垂直的な位置関係から、首長の埋葬施設である木炭槨を設置した後、その上部に粘土槨を築造する順序には変わりはない。

前期古墳には、いわゆる定型化された前方後円墳と呼ぶものがある[31]。それは①鏡の多量副葬指向、②長大な割竹形木棺、③墳丘の前方後円墳という定型化とその巨大性が、特徴となって現われる。この傾向は大和盆地の前期古墳をモデルとした特徴であるが、南関東の前期古墳にも、多少の注釈を加えた上で適用できる概念である。白山古墳や観

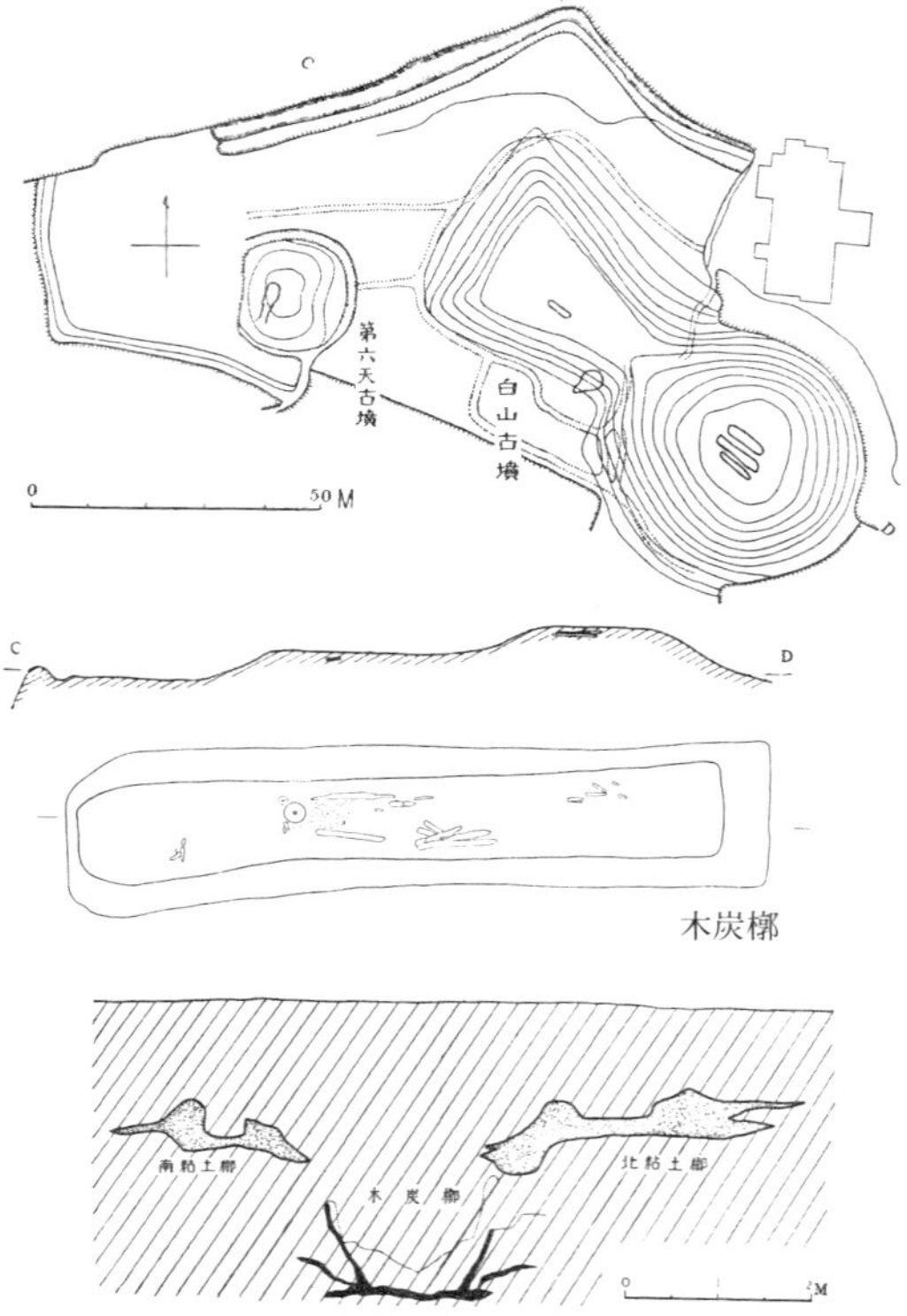

図3　白山古墳

音松古墳はこうした、定型化した前方後円墳であるが、定型化していることは、大和盆地の古墳の規範に則った方法で築造されたと考えられる。大和盆地の前期古墳の粘土槨は、竪穴式石室の基底部構造と共通しており、竪穴式石室の簡略化によって出現したとする見解が一般的である。その出現の時期については前期古墳を四期に細分(32)する編年に従えば三期の後半から出現するという。この粘土槨が出現した三期以降の近畿の前期古墳の中で、竪穴式石室とそこから派生した粘土槨とでは、竪穴式石室の優位性が指摘されている(33)が、南関東の前期古墳には、竪穴式石室が採用された古墳が少なく、南関東の前期古墳は粘土槨が一般的な内部主体であったと判断できよう。このような状況において、南関東の前期古墳の内部主体の構造としては、粘土槨がもっとも上位に位置づけられるはずである。しかし、白山古墳では木炭槨と粘土槨との後円部における位置関係と埋葬順位を勘案するならば、木炭槨に優位性を認めることができる。したがって、木炭槨と粘土槨が同時期に築造されたと考えるよりは、南関東においては粘土槨に先行する内部構造として、木炭槨が存在していた、と考えるほうが合理的であろう。木炭槨をもつ古墳が粘土槨に先行して構築されたとすれば、粘土槨しかもたない観音松古墳は、白山古墳よりも新しいと考えられる。そして白山古墳の木炭槨からは、三角縁神獣鏡とともに仿製鏡が出土しているが、仿製鏡はこれまでの畿内地域の編年にあわせれば、三期をさかのぼらないので、白山古墳の木炭槨は、粘土槨に先行して造られた三期前半、粘土槨は三期後半以降に推定できる。観音松古墳は、白山古墳粘土槨が構築された時期とほぼ同じか、それ以後の四期に推定できる。では観音松古墳に後続する古墳は、どのような古墳が想定できるのであろうか。

周辺で定型的な前方後円墳に後続する古墳として挙げられるのは、帆立貝形を呈する東京都世田谷区野毛大塚古墳がある。野毛大塚古墳は三基の粘土槨と一つの石棺が確認され、そのうち墳丘の中心のもっとも深い所に位置する一号主体部が築造時のものである。一号主体部は粘土槨・割竹形木棺で、長さ一〇メートルを超える細長い墓壙をもつことなどは、白山古墳や観音松古墳の粘土槨との類似性を認めることができる。しかし、副葬されていたものは、棺内から内行花文鏡、銅釧、勾玉などの玉類、竪櫛、鉄刀、鉄剣、鉄槍、鉄鏃などとともに、白山古墳・観音松古墳の副葬品には見られなかった、石製模造品、甲冑が出土している(34)。

野毛大塚古墳のこうした特徴は、白山古墳や観音松古墳と、内部主体・副葬品の類似性において、両古墳と同時期である可能性も考えられる。しかし、白山古墳・観音松古墳の段階が、相似形の前方後円墳が全国に存在するほど墳形が安定していた状況を見れば、帆立貝形をとる野毛大塚古墳が、両古墳と同時期と考えることは難しい。この違いは時間的な差ととらえる方に合理性がある。石製模造品や甲冑の新セットという新たな副葬品の登場も、時間差であることを裏付けるといえる。これを是認するならば、野毛大塚古墳は観音松古墳よりも新しい古墳であるが、内部主体や副葬品に類似性も窺えることから、極端に時間を経過した古墳でないことも推定される。

多摩川・鶴見川流域の古墳を題材に相対年代を示してきたが、両河川流域や神奈川県内では、これ以外にも、東京都宝莱山古墳・亀甲山古墳、神奈川県長柄・桜山古墳群第一号、二号墳、秋葉山第一、二号墳、など定型的な前方後円墳が存在する。その中で、内部主体が調査されたのは偶然の発見による宝莱山古墳だけで、それ以外は墳丘やその周辺を調査したにすぎない。そのため、これまでのような、内部主体とそこからの出土品による比較は、難しくなる。

例えば宝莱山古墳は、粘土槨から鏡・玉類が出土しているが、正式な調査ではないので、偏りのある副葬品の種類と量である。ただし、白山古墳と観音松古墳の相対年代に照らせば、粘土槨単独の内部主体は三期後半以降に編年される、と考える。宝莱山古墳の東約八〇〇メートルにある亀甲山古墳は未調査であり、相対年代の位置づけの材料になるものは墳丘などの外形からの特徴だけである。亀甲山古墳の存在する地域は宝莱山古墳が前期の大型前方後円墳であり、後期には石室をもつ浅間神社古墳や多摩川台一号墳など小型の前方後円墳が存在する。また、中期の初頭に位置づけられる、野毛大塚古墳が上流に構築されていることは、大型の前方後円墳はその構築以前である可能性が高い。また、白山古墳・観音松古墳を代表例として、前期古墳群には大型前方後円墳が二基から三基の一組となって築造されていることなど、周辺の状況から判断すれば、全長一〇七メートルの大型の前方後円墳である亀甲山古墳は、宝莱山古墳に前後して築造された古墳である、と推測しておく。長柄・桜山古墳群第二号墳からは埴輪が出土しており、それが年代推定の材料となる。すべて破片であるため詳細な検討は難しいが、山梨県甲斐銚子塚古墳の埴輪と比較した分析では、埴輪を墳頂部のみに囲繞することや円筒埴輪・長胴化した壺形埴輪の存在などから、周辺地域の古墳の中ではもっとも近い埴輪であることが指摘されている[35]。甲斐銚子塚古墳は全長一六五メートルの前方後円墳で、南関東では発見されていない竪穴式石室をもつことや、五面の仿製鏡や車輪石、石釧などの副葬品から、近畿の影響の強い古墳であることがわかる。副葬品の比較でいえば、鏡群は仿製鏡が主体であり、水晶製勾玉など硬玉・碧玉以外の石材が使われている玉類の存在は、白山古墳の粘土槨出土資料と似た様相をもっているといえる。したがって長柄・桜山古墳群第二号墳と同じ時期の埴輪を出土する甲斐銚子塚古墳は、白山古墳の粘土槨とほぼ同じ時期に編年されると推測できる。長柄・桜山古墳群第一号墳からも埴輪が出土しているが、その量は第二号墳よりもさらに少ないため、時期の推定を行なうのは困難である。しかし、円筒埴輪・長胴化した壺形埴輪が出土しており、第二号墳出土埴輪と比較しても違いを見つけ出せないため、近似した時期と考えてよい。

秋葉山第一号墳、二号墳はいずれも墳丘裾部の発掘であり、年代推定ができる資料は土器だけである。従来の土器

表2　相模国と武蔵国の主要な古墳

川崎市市民ミュージアム
浜田晋介　2006.6.2作製
（暫定版）

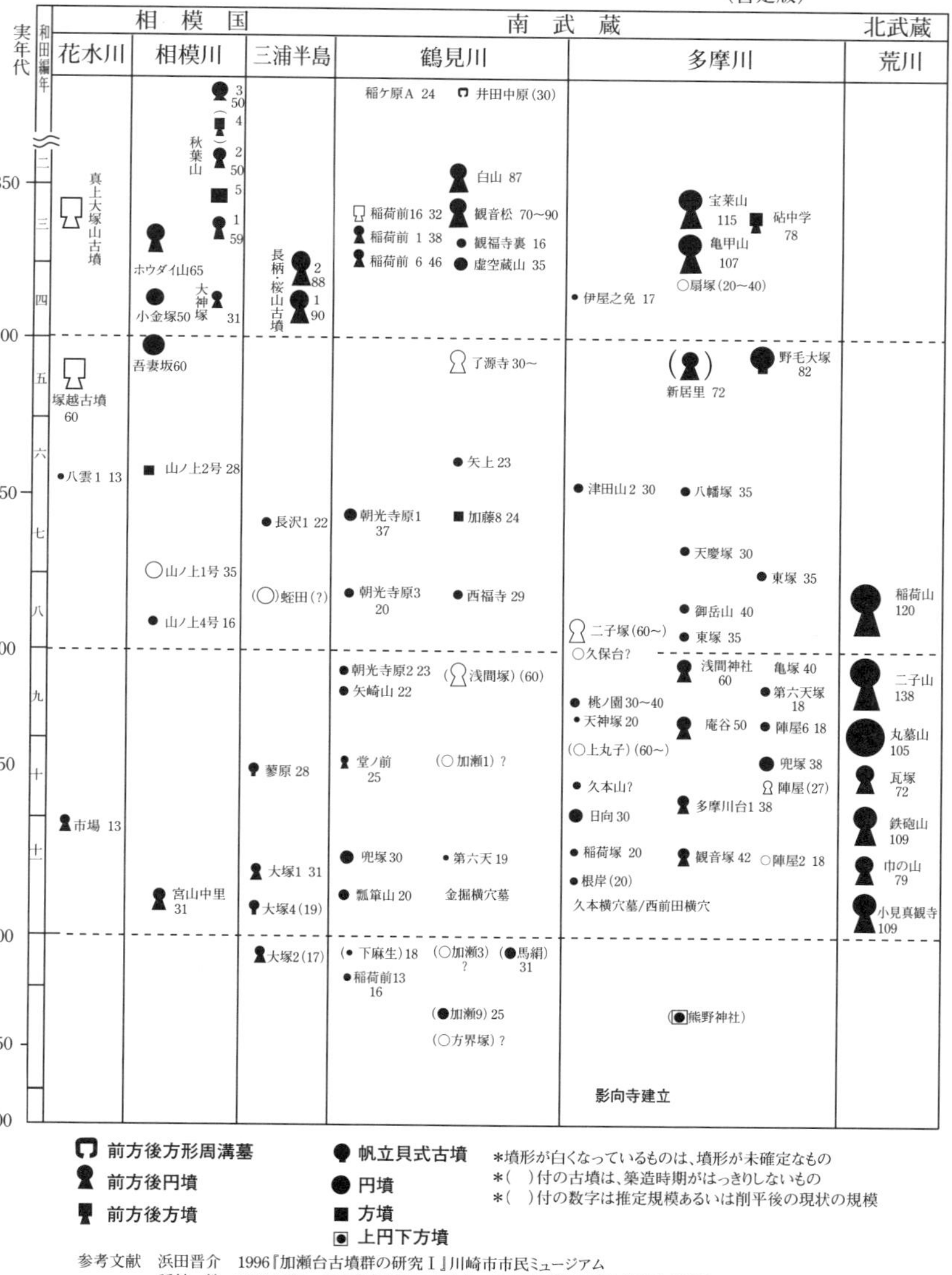

＊墳形が白くなっているものは、墳形が未確定なもの
＊（　）付の古墳は、築造時期がはっきりしないもの
＊（　）付の数字は推定規模あるいは削平後の現状の規模

参考文献　浜田晋介　1996『加瀬台古墳群の研究Ⅰ』川崎市市民ミュージアム
稲村　繁　2000,2003～2005「神奈川の古墳Ⅰ～Ⅳ」『横須賀市博物館研究報告』45、47～50
坂本和俊・今井　堯　1994「武蔵」『前方後円墳集成』山川出版社

編年に照らした場合、第二号墳が布留式古相、第三号墳が布留式新相にあたる[36]。

三　編年から見えること

さてこうして相対的な編年を組み立ててきたが、これらの暦年代はどのように推定できるであろうか。この作業には前述したように、南関東の前期古墳で暦年代を推定する資料は皆無であり、南関東の古墳から暦年代を知ろうとするならば、暦年代が推定されている近畿の編年と、南関東の編年を対応させる必要がある。近畿との関係がたどれる、南関東で前期古墳の一つの基準となるのが白山古墳である、近畿の前期古墳を四期に分割すると[37]、こうした定型化した古墳の出現期、四区分した一期がこれまで述べてきたように三世紀後半となり、古墳時代中期の始まりが五世紀初頭となること、また、古墳時代前期の四区分は、それぞれ同じ時間幅をもつと仮定した場合、二期が四世紀前葉、三期は四世紀中葉の年代が推定されるのである。つまり、白山古墳は四世紀中葉に木炭槨をもつ前方後円墳として築造され、四世紀中葉以降に後円部に粘土槨が追加して作られ、その後、四世紀後半に観音松古墳が築造された[38]、と推定する（表2）[39]。また、古墳時代前期を四区分する一期が、布留式の始まりとするならば、高部三二号墳、三〇号墳、神門五号墳、四号墳、三号墳、秋葉山第三号墳、第一号墳、第二号墳などが、この時期に先行・併行する墓として該当する。

このように整理すると、南関東で白山古墳に代表される、定型的な前方後円墳の築造開始以前に、規模は比較すると小規模で、前方後方墳あるいは方形周溝墓の発展した形態である、前方後円型周溝墓が存在していたと推定できる。その間を埋める古墳は、神奈川県海老名市秋葉山古墳の事例がある。秋葉山第三号墳は墳形が明確ではないが、円墳に小さな張り出しが付く形で、それに継続する第二号墳および第一号墳では、整った前方後円墳として古墳の形状は確立されたものとなる。出土土器は年代幅をもつが、第一号墳と併行あるいはその後に、白山古墳が位置づけられると推測できる。こうした編年観が是認されるならば、南関東では白山古墳が築造される以前に、秋葉山第二号墳、第一号墳などが定型化した前方後円墳として、先行して築造され、それ以前に秋葉山三号墳や高部三〇号墳、高部三二号墳のような形の整わない前方後円墳に似た墳形をもつ古墳や前方後方墳が存在していたと、推定することもできる。

現在行なわれている古墳の編年は、さまざまな分析方法と資料で構築されてきた。しかしその分析方法と資料は決して完全なものではないため、編年自体も確固たるものではない。新たな分析方法と資料によって編年は常に変わる可能性を秘めているものであり、それを前提で編年が作られていることは、理解しなければならない。しかし、編年をより精度の高いものとするためにも、今後、相対年代・交差年代・暦年代に関する考古学的な分析の精度を、さらに高めていくとともに、自然科学的な分析を含め、いくつかの材料・方法を使って、年代に対するアプローチを行なうべきであり、その中からもっとも合理性のある解釈を抽出する必要がある。そのためにも分析に使用する資料やデータの公開は是非とも必要である。

註

（1）研究史の回顧として次の文献を参考にした。小林行雄　一九七一「解説」『論集　日本文化の起源』平凡社、白石太一郎　一九七九「近畿における古墳の年代」考古学ジャーナル、一六四、渡辺貞幸　一九八六「古墳時代」『岩波講座　日本考古学』別巻　一、岩波書店、白石太一郎　一九八五「年代決定論（二）」『岩波講座日本考古学』一、岩波書店、宇野隆夫　一九八九「年代」『弥生文化の研究』第一巻、雄山閣、河上邦彦　一九九一「総論―副葬品総論」『古墳時代の研究』第八巻、雄山閣、武末純一　二〇〇三「弥生時代の年代」『考古学と暦年代』同成社、西川寿勝　二〇〇三「古墳時代のはじまりを探る」『考古学と暦年代』同成社

（2）石原道博編訳　一九五一『新訂 魏志倭人伝 他三編』岩波文庫、青四〇一―一

（3）白石太一郎　一九八五「年代決定論（二）」『岩波講座日本考古学』一、岩波書店

（4）岡内三眞　一九八二「朝鮮における銅剣の始源と終焉」『考古学論考―小林行雄博士古稀記念論文集』小林行雄博士古稀記念論文集刊行委員会

(5) 田辺昭三・佐原　眞　一九六六「弥生文化の発展と地域性―近畿」『日本の考古学』河出書房新社
(6) 光谷拓実　二〇〇四「弥生時代の年輪年代」『弥生時代の実年代』学生社
(7) 喜田貞吉　一九一四「上古の陵墓」『皇陵』歴史地理増刊号、史学地理学同攷会
(8) 梅原末治　一九二一「輓近考古学の進運と我が古代の状態」歴史と地理、八―二・三、史学地理学同攷会
(9) 小林行雄　一九五二「古墳時代文化の成因」『日本民族』岩波書店
(10) 小林行雄　一九五五「古墳の発生の歴史的意義」史林、三八―一
(11) 小林行雄　一九五九「古墳が作られた時代」『世界考古学大系』三、平凡社
(12) 小林行雄　一九六五『古鏡』学生社
(13) 白石太一郎　一九七九「近畿における古墳の年代」考古学ジャーナル、一六四
(14) 白石太一郎　二〇〇四『古墳とヤマト政権』文春新書三六
(15) 川西宏幸　一九七八「円筒埴輪総論」考古学雑誌、六四―二
(16) 春成秀爾・藤尾慎一郎・今村峯雄・坂本　稔　二〇〇三「弥生時代の開始年代」『日本考古学協会第六九回総会研究発表会』、春成秀爾・今村峯雄・藤尾慎一郎・坂本　稔・小林謙一　二〇〇四「弥生時代の実年代」『日本考古学協会第七〇回総会研究発表会』
(17) 赤塚次郎　二〇〇四「尾張地域の事例報告」『ＡＭＳ^{14}Ｃ年代測定法による尾張・三河の古墳出現期の年代』
(18) 例えば、春成秀爾「弥生早期の年代問題」、田中良之・溝口孝司・岩永省三「ＡＭＳ年代測定法の考古学への適用に関する諸問題」、高倉洋彰「考古学の方法による弥生時代の実年代」、寺沢　薫「古墳時代出現期の暦年代」、石川日出志「ＡＭＳ―^{14}Ｃ・年輪較正法による弥生年代論について」、岡内三眞「朝鮮青銅器からみた弥生の年代」（以上二〇〇四『日本考古学協会第七〇回総会研究発表要旨』）、鈴木正博「Radiocarbon Dating 批判」、早傘「土器付着炭化物較正炭素年代少考」（以上二〇〇四『アルカ研究論集』二）

(19) 武末純一 二〇〇三「弥生時代の年代」『考古学と暦年代』同成社
(20) 加納俊介 一九九七「廻間式か元屋敷式か」西相模考古、六
北島大輔 二〇〇〇「古墳出現期の広域編年」『S字甕を考える』第七回東海考古学フォーラム三重大会
(21) 岡村秀典 一九九九『三角縁神獣鏡の時代』吉川弘文館
(22) 高橋一夫 一九九八『手焙形土器の研究』六一書房
(23) 小竹森直子 一九九〇「手焙形土器雑考」『紀要』財団法人滋賀県文化財保護協会
中島皆夫 一九九二「手焙形土器について」『長岡京古文化論叢』
(24) 北島、註(20)前掲書
(25) 田中新史 二〇〇〇『上総市原台の光芒』市原古墳群刊行会
(26) 山口正憲 二〇〇五「相模湾岸―秋葉山古墳群を中心に―」『東日本における古墳の出現』東北・関東前方後円墳研究会
(27) 柴田常恵・森貞二郎 一九五三『日吉加瀬古墳』三田史学会
(28) 甘粕 健 一九五八「第三章 古墳時代」『横浜市史』第一巻
(29) 甘粕、註(28)前掲書
坂本和俊 一九九〇「東京・埼玉・神奈川」『古墳時代の研究』雄山閣
森 達也 一九九一「東国における古墳出現の一様相」『古代探叢』三
(30) 遠藤秀樹 一九八九「多摩川流域の古墳の変遷」『多摩川台古墳群発掘調査報告書』一
滝沢則朗 一九九二「武蔵における首長墓の変遷」東京考古、一〇
今井 堯 一九九四「第二説 南武蔵」『前方後円墳集成』山川出版社
(31) 近藤義郎 一九八三『前方後円墳の時代』岩波書店

(32) 都出比呂志　一九七九「前方後円墳出現期の社会」考古学研究、一〇三
(33) 都出、註(32)前掲書
(34) 寺田良喜　一九九九『野毛大塚古墳』
(35) 稲村　繁　二〇〇一「神奈川県の古墳Ⅰ」横須賀市博物館研究報告（人文科学）、四五
(36) 山口、註(26)前掲書
(37) 都出、註(32)前掲書
福永伸哉　二〇〇〇「雪野山古墳と近江の前期古墳」『雪野山古墳の研究』
(38) 観音松古墳は、平成一八年に安藤広道氏らによって、その周溝部分に当たる部分の発掘調査が行なわれ、そこから、土師器の出土が確認されている。（安藤広道　二〇〇八「観音松古墳―前期大型前方後円墳の外部施設の調査」『神奈川県遺跡調査研究発表会発表要旨』神奈川県考古学会）
(39) この表で試案として提示した多摩川・鶴見川流域の古墳の編年と編年的位置づけについては、以下の文献で提示した。中期以降の編年に関する詳細は、それらを参照願いたい。浜田晋介　一九九六「古代橘樹群の古墳の基礎的研究」『加瀬台古墳群の研究』Ⅰ川崎市市民ミュージアム考古学叢書2、浜田晋介　一九九七「加瀬台9号墳の調査成果と課題」『加瀬台古墳群の研究』Ⅱ川崎市市民ミュージアム考古学叢書3

第二部　シンポジウム討論

（『SOGI』No.94，（株）表現文化社より）

司会　土生田純之

禰冝田佳男
嶋根　克己
新谷　尚紀
浜田　晋介

ゲスト
小坂　延仁
古屋　紀之
中條　英樹
青木　　敬
松原　　朗

浜田　定刻になりましたので、シンポジウムを始めさせていただきます。本日はお集まりいただいてありがとうございます。開催に当たりまして、主催者を代表いたしまして、市民ミュージアムの館長から一言ご挨拶を申し上げたいと思います。

志賀　みなさま本日はシンポジウムにようこそお来しくださいました。ただいまご紹介にあずかりました、当市民ミュージアム館長の志賀健二郎といいます。シンポジウムを開催するに当たりまして、主催者を代表いたしまして一言ご挨拶を申し上げます。市民ミュージアムは博物館機能と美術館機能をもった複合施設としてスタートいたしまして、今年で一八年になります。昨今、博物館や美術館を取り巻く状況は非常に厳しいものです。そんな中、この市民ミュージアムも一時は非常に厳しい指摘を受けておりましたけれども、職員や学芸員が改革に力を入れた結果、この三年間で入館者数も八万五〇〇〇人から一六万人に倍増しています。私はこの五月から市民ミュージアムの館長として、初めて民間から採用されました。それもこうした改革の一環です。私もミュージアムの活性化に向けまして、今後がんばっていきたいと思います。今後もこうやって皆様にお集まりいただく機会を増やすよう、できるだけ多くのことをやってミュージアムを盛り立てていきたいと考えていますので、よろしくお願いいたします。

このシンポジウムですが、今回のシンポジウムは『弥生・古墳・飛鳥を考える』と題した展覧会にあわせたシンポジウムです。人と墓との係わり合いを、多角的な分野から見つめて、新たな光を照らそうと企画したものです。では二日間にの先生方の基調講演をもとに今日はいろいろとあつい討論が交わされることを期待したいと思います。昨日わたって登壇していただいている先生方を紹介します。順に文化庁の禰宜田先生、専修大学の土生田先生、同じく専修大学の嶋根先生、国立歴史民俗博物館の新谷先生です。引き続き本日もよろしくお願いいたします。なお今回の企画につきましては、横浜市歴史博物館と府中市郷土の森博物館と当川崎市市民ミュージアムの三館による連携企画でございます。このシンポジウムでも、当館以外の両館よりご協力を頂いて開催しております。感謝を申し上げます。なお、最初に申し上げましたとおり、本日ご参加いただきました皆様が、このシンポジウムとともに、三館で開催している展覧会もご覧いただきますようにお願いいたします。主催者を代表いたしましてご挨拶申し上げました。このあとのシンポジウムを楽しんで聞いていただき、よい一日を送っていただければと思います。

浜田　では、「墓から探る社会—弥生時代から古墳時代の墓へ—」というタイトルのシンポジウム、今日が二日目でございます。昨日の基調講演を踏まえて、今日はその内容を少し掘り下げて考えるということで、スタートいたします。私もパネラーの一人として参加をいたしますけれども、今日の司会進行は、土生田先生のほうへお任せしたいと思っています。それから質問用紙をお配りいたしました。入口に用意している回収箱に入れていただきたいと思います。ただ多くの方がいらっしゃいますので、すべての質問を取り上げてお答えできないと思います。その点は、ひとつご了承いただきたいと思います。では早速シンポジウムを始めさせていただきたいと思います。土生田先生、よろしくお願いいたします。

今回のシンポジウムの特色

土生田　こんにちは。今回のような企画というものは、早くから案が出され、練っていくものです。昨年でしたでしょうか。私が地元にある大学の教員ということもあって、内々に相談がありました。そのときに、協力したいけれども、私のお願いを少しは聞いてほしいという無理な注文をいたしました。そのお願いというのは、二つあって、シンポジウムとその人選についてでした。一つは、今回のシンポジウムは学会ではなく博物館でやるということを踏まえてのお願いでした。今回は古墳の出土品の展示を行なっているわけですから、考古学が中心のシンポジウムになることは間違いありません。けれども、博物館というところは社会教育の場であって、さまざまな関心をおもちの方がいらっしゃるわけです。そのことを念頭に入れて構成していってはどうかということを申し上げました。

もう一つはですね、そうはいっても展示品は考古資料でありますから、考古学中心の話になることはむしろ当然のことであろうと思います。しかしドラスティックにこれまでの考えを一変するような発見がそうそう毎年あるわけではありません。また考古学の専門的な研究会というのは各地で活発に行なわれています。例えば二年前ですか。まさにこの場所ですかね。二〇〇四年二月二八、二九日だったと思いますが、川崎市市民ミュージアムで東北・関東前方後円墳研究会が「東日本における古墳の出現について」という研究会をやって、なかなか充実した討論があったわけであります。そしてその成果もすでに『東日本における古墳の出現』という立派な本になっています。学問は日々の積み重ねでありますから新しい成果もそれなりには出ていますが、枠組みとしてはそれほど変わるものではありません。これら二つのことからもし私に意見を言わせてもらえるならば、ちょっと刺激的な言い方をすると、最近流行の異種格闘技をさせていただきたい、というふうなお願いをしました。私は中身が無くてもしゃべるのは多少得意でありますから、浜田さんはコロッと騙されまして、じゃあお願いしますと言わせて、今回のような企画になったわけです。

　さて、それではなぜ壇上の方々にお願いすることになったかという説明をいたします。さて古墳時代は、古墳の成立から前方後円墳が終わるころまでなのですけれども、今回の展示は古墳の成立を中心に扱っています。もちろんシンポジウムでは終末まで考えるわけですけれども、成立の頃を中心に考えるということになると、やはり弥生時代を考えなければいけません。そうしますと、弥生と古墳を比較する、あるいは最近全国各地でさまざまな発見・調査が進んでいる中、そういったことにもっとも詳しい人は誰かと考えます。今回は禰宜田さんをおいてほかにはいないと思いました。禰宜田さんは弥生研究では大変知られた方であります。もう一つ、文化庁の記念物課というところで全国の発掘調査の指導をしています。ですから私が何度電話してもおられない。今日はあっちへ明日はこっちにと、一体どこにいるのだろうというくらい駆けずり回っておられる。それだけ現地をよく見ておられるわけですね。「見てきたように嘘を言い」という言葉がございますが、彼の場合は本当に見ている。以上のような理由から禰宜田さんにお願いしようということになりました。それから古墳は行きがかり上、私が担当することになりました。

土生田純之氏

で、次になぜ、社会学かということになりますけれども、社会学と歴史学、あるいは考古学というものは、ほとんどこれまでは関係ありませんでした。しかし、文献の歴史学ではありますけれども、社会史という分野が注目されるようになっています。従来の文献では為政者とか政治構造などが文献の性格上、研究の中心になっていたことは否めないんですね。それに対して、一般民衆の生活であるとか今まで見落としていたところですけれども生活に欠かせないところをやろうという運動がフランスから始まりました。これをアナール学派というわけですけれども。中でも死についてですね。死が研究の対象になるということは、実はそんなに古いことではありません。アナール学派のフィリップ・アリエスとかミシェル・ヴォヴェルというような人たちがそういったことを扱ってきました。そういった死を巡る認識の変化というものが重要であるということはもはや常識になってまいりました。考古学はもともとそういったところを対象にしておりましたので、同じような認識の土俵が出来てきました。一方社会学の場合、葬儀というのはその後に残された人たちの社会関係の再構築の場である、というようなことから出発していると思うのですが、実は社会学でもそういったことを古くから扱っていたわけではありません。社会学もかつてはやはりそういった死に関する方面とはそれほど密接ではありませんでした。嶋根先生はそういった中で早くから葬儀というものを扱って、死そのものではなく死を巡る社会関係というものを研究されております。それは古墳をやっている我々にとっても非常に重要なことであり、示唆を与えていただけるのではないかということで、是非お願いしたいというように思ったわけです。それから民俗学があります。私たち考古学関係者は残っているものだけを見ているのであって、例えば古墳などでは今我々が知っているものはごくわずかです。民俗学ももちろん全部がわかるわけではありませんが、現代まで残っていて、それを実見するということで我々にとっては非常にうらやましい学問であるわけですね。そして多くの生きた人たちの考えを聞ける。これが本当に真意なのかどうかはまた操作の仕方があるのだろうと思うのですけれども、それにしても我々の知らない習俗の解釈とか、そういったことを示唆してくれる学問が民俗学ではないかと思っています。また民俗学の先生を前にして大変失礼なことをあえて申し上げますが、我々考古学も歴史学の一翼を担っているという認識があるのですが、歴史学から見ると民俗学は、ややもすれば横の広がり、つまり北海道の端から沖縄までのいろいろな民俗事例には大変に詳しくて示唆されるところが多いのですが、歴史的な展開には、やや欠けているところがあるというのが、正直な我々の印象でありました。しかし新谷先生はもともと文献の歴史学を研究されていたこともあって、民俗学も歴史学も両方にお詳しい。私も実際に新谷さんの本を繰り返し読ませていただいています。そういう意味で新谷先生が今日いらっしゃると非常にありがたいということで、無理にお願いをしたところ、快く引き受けてくださったわけです。そして四人が決まったわけですが、昨日のお話は私を含めてですが、地元を抜きにした博物館というものは、私はないと考えております。昨日のお話は私を含めてですが、広く日本全体、あるいはモンゴルやアメリカまで含めたお話でした。そのこと自体は決して悪いことではなく、むしろ重要なことであると思いますけれども、川崎を中心とした南関東を基盤にさらに広く考えるという立場も必要であろうと思います。そういう意味で今日の壇上にはこのシンポジウムの企画者であり、もともと弥生研究者であって、川崎を中心とした古墳時代にも非常に詳しい浜田さんに上がっていただけるようにお願いをしたわけでございます。以上の五人で進めてまいります。

こういう議論をするときには、本当はさらに文献の歴史学者、それから上代文学、そして文化（社会）人類学者がいれば、完璧とはいわないけれども、ほぼ目的が達成できるのでしょうけれども、時間的な問題などがございますので、今回はこういったメンバーであります。ただし、例えば新谷さんは社会人類学にもお強いと思いますし、ほかにも異種の研究にお強い方がいらっしゃいますので、そういったことを見通しながら議論が進められればと思います。

考古学・社会学・民俗学から見る墓

土生田　昨日私も含めた四人がお話させていただきました。今日来場された方の中には、昨日会場にいらっしゃっていない方もいると思います。ですので、昨日お話されたことの要点、それからほかの演者に対する感想があれば、

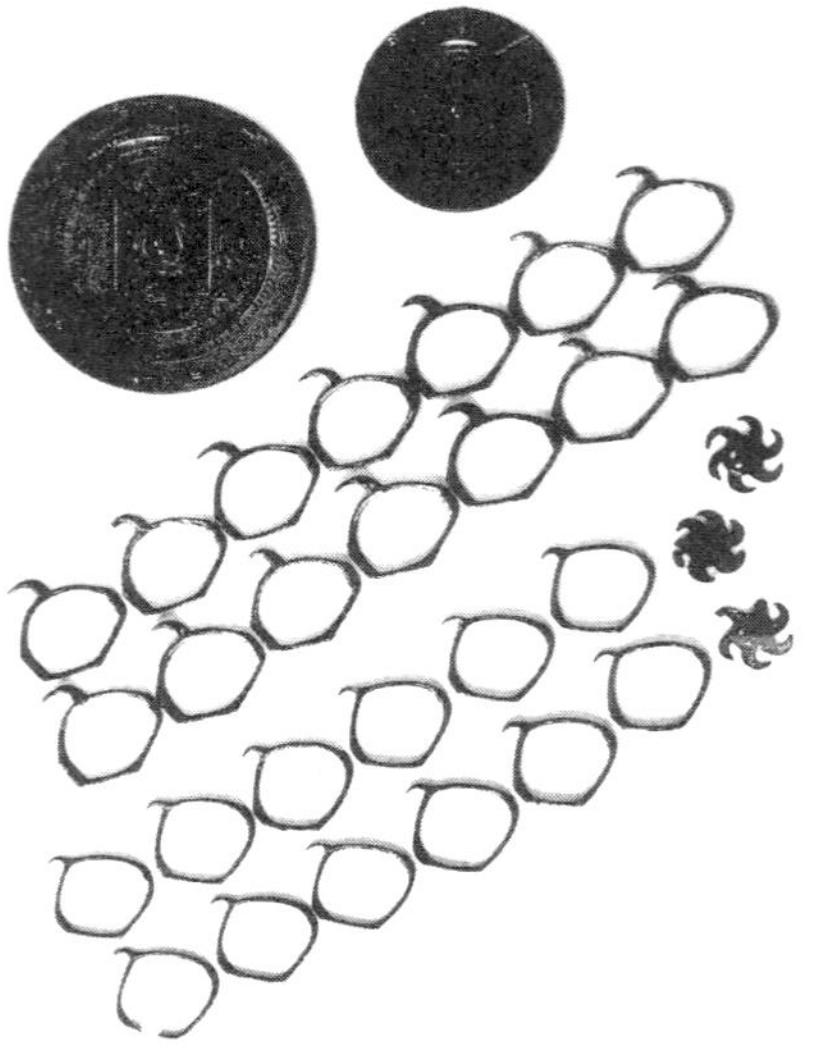

（佐賀県立博物館提供）

写真１　数々の副葬品（佐賀県桜馬場遺跡）

あるいはこれからこういうことをやるといいのではないかというようなことも含めて、お一方ずつ、新谷さんまで三名の方に数分ずつお話いただきたいと思います。よろしくお願いします。

禰宜田　私は、「弥生時代の墓から探る社会」ということで、お話をさせていただきました。特別展のタイトルが「古墳の出現とその展開」ということでもありましたので、弥生時代中期から終末期までのお墓がどのような変遷を経て、古墳が成立したのかということのお話をしたわけですが、その際に注目しましたのは副葬品、とくにその出土位置です。副葬品は弥生時代の墓にはあまり見られませんが、古墳には多くのものが納められるようになります。具体的には、銅鏡、武器類や玉類などですが、これらは、「お宝」といってもいいようなものです。これまでは、権力の象徴という観点で研究が行なわれてきました（写真1）。

それに対し、今回は、葬送儀礼における道具という観点で見ていきました。結論を一言でまとめますと、弥生時代の北部九州で行なわれた葬送儀礼は古墳での儀礼にも繋がっていたのではないか、ということです。

もちろん、弥生時代の葬送儀礼がそのまま古墳に反映されたのではなく、変容はありました。ただし、儀礼の根底には、「遺骸を護る」という思想があったという点で共通するところがあると考えました。私について、先ほど「全国のいろんな地域の遺跡を見ている」という紹介がありました。昨日は、あたかも過去に戻って見てきたかのような話をしたと思われた方がいらっしゃるかもしれません。確かに、儀礼というのは人の心の部分と関わるので考古学的には、なかなか難しいところではあります。そういう中で、副葬品が遺骸の周囲に置かれるということの背景には

「遺骸を護る」という思想があったと考えたわけです。もっとも、こうした考え方は、すでに示されているものであり、それに私も乗っかった形です。

弥生時代中期の北部九州の甕棺墓自体にも面白いことがあります。すべての甕棺墓に認められるわけではありませんが、棺の口の部分に粘土を貼り付けるのです。これには棺を密封するという意味があったと推測され、外から入ろうとする邪悪なものから「遺骸を護る」ことが期待されていたとみています。古墳の埋葬施設である竪穴式石槨は石によって厳重に構築されますが、その上を粘土で覆います（図1）。密封するという点で共通するわけで、そこには思想的に通じるところがあると考えています。

以上が話の中心でした。昨日、土生田さんも「古墳はお墓だ」と強調されておられましたが、私も同じです。古墳は首長霊の継承儀礼の場であるということが、通説的な理解です。お墓という側面から見ていくとですね、それとは違う別の評価はできないか、とも思っております。具体的には、古墳で行なわれた数々の儀礼の中に、死者の再生を祈念する場面もあったのではないかという点を指摘させていただきました。私の話は、そういうところです。

嶋根　専修大学の嶋根です。今回は随分と場違いなところで、場違いな話をさせていただきました。

私はこの十数年ほど葬儀について社会学的な視点から研究し、葬儀には多分、いくつかの機能があるだろうというようなことを考えてきました。具体的には、遺体を処理したり、何かを受け継いだり、記憶を共有したり、あるいは社会関係を修復したりといった、さまざまな機能が葬儀には見られ、その結果として墓というものが造られていくのではないかなと、考えてまいりました。昨日お

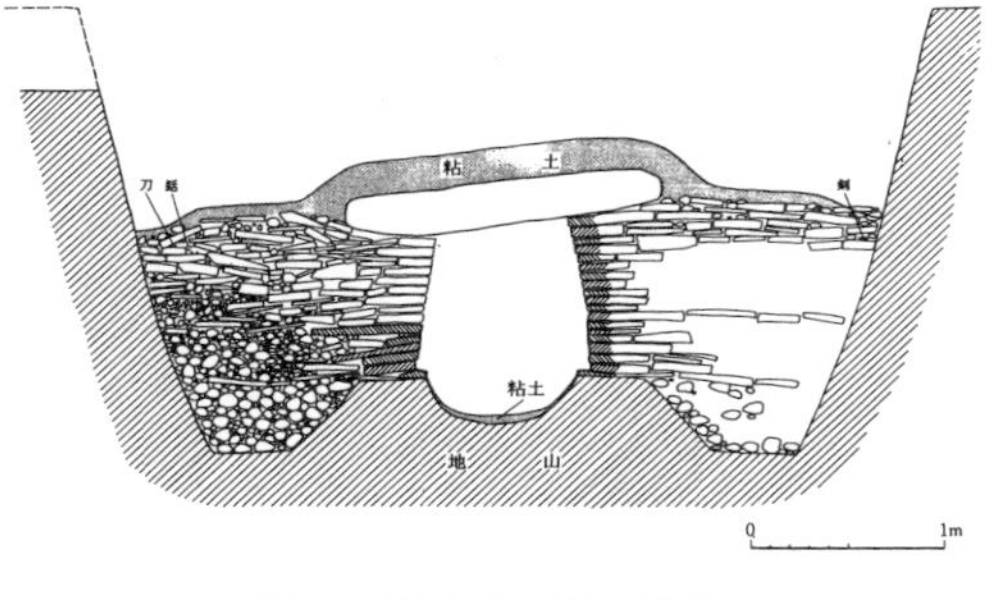

図1　竪穴式石槨の構造
（大阪府紫金山古墳）

嶋根克己氏

話したことは、私がここ何年かモンゴルを訪れて、モンゴル民族の葬送儀礼やお墓のあり方が大きく変化しているということに気がついたということです。モンゴル民族というのは伝統的に遊牧民として生きてきたわけです。遊牧民として生きて死んでいくという最期の姿というのは、風葬と言われる形で、遺体を野ざらしにして、その遺体を鳥に食べさせたり、あるいは獣に食べさせたりして何も残さない。つまり彼らは生きた証というものを、墓も残さずに、きれいさっぱりと遺体とともに自然に還してしまうわけですね。そうした風葬をおそらく何百年にもわたって行なってきたわけですけれども、最近では、というよりも二〇世紀初頭の社会主義革命を境に、ソ連から土葬という風習が輸入され、実際に都市部、とくにウランバートルのような大規模な都市では、もはや風葬ということができなくなってまいりました。完全に土葬に移行してしまったわけです。

ところが、一九九〇年代には自由主義化の動きの中で、モンゴルの生活がまた大きく変わっていきます。都市にある種のブルジョア階級が生まれ、近代化がどんどん進んでまいります。それと同時に都市が拡大し、それまで郊外だった場所がいつの間にか都市部に囲い込まれていくわけですね。そこには土葬の墓地があり、今はまだ衛生問題が起きていないけれども、衛生的にみても非常に危ない状態が生まれている。そんなこともあって最近政府は、初めて火葬をモンゴルに導入したわけです。政府と民間企業が力を合わせて、モンゴルに最初の近代的な火葬施設を備えた寺院、葬儀場ができました。これが二〇〇四年のことです。

こんなふうにモンゴルでは急激に葬儀の形が変わってきているわけです。きわめて短期間で葬儀が変化してきているわけで、そこには文化的な影響、あるいは近代化、都市化あるいは文明化と大きく関わった影響があるのではないか、というふうに私は思っているわけです。もう一つお話したのがニューオーリンズの事例です。ニューオーリンズはついこの前の洪水がまだ記憶に新しいわけなんですけれども、歴史的にもずっと洪水との戦いを続けてきた土地柄でした。そして沼地が多く非常に狭い土地に、洪水に負けないように周りを高く積み上げて造ってきた都市なんですけれども、そこでの問題は遺体をどのように埋葬するのかといったことだったんです。時間がないので詳しくはお話ししませんが、彼らはやむなく、地上に構築物を造った地上埋葬墓というものを造ったわけです。この結果、一人用の階段墓、あるいはたくさんの人が交代で使う壁面墓、あるいはお金持ちの人たちが狭い土地を買い、自分たちのオーダーメイドで墓を造るという様な家族墓、そしてある種の社会集団が共同利用する集団墓というようなものが発達してきたわけです。

ところがそういうアメリカでもきわめて稀な地上埋葬墓を使用してきたニューオーリンズも、現在ではそれぞれの人々が防腐処理をされ、非常に高価な棺で埋められる。いわばカプセル化して死後を地面の下で過ごすというような形に変わってきているわけです。この辺りに私は社会の変化のあり方と葬送墓制とが非常に大きく関わってきているということを感じているわけです。

そうしたところ新谷先生から『もう少し細かく見たほうがいいんじゃない』というような御示唆を受けました。それについてちょっと一言だけ。社会学というものは昔からいかがわしい学問でございまして、時間・空間を易々と超越して比較研究をしてしまいます。マックス・ウェーバーもなぜ資本主義は生まれたのかということを明らかにするために、古代ユダヤ教がどうしたとか、中国ではどうだとか、行ったこともないのに見てきたように語る。デュルケイムという人もそうでした。そういう意味では今回非常に勉強になりました。歴史学や民俗学がある意味では非常に緻密に勉強し、仕事をされている。そういうことを少し見習いながら社会学も研究を進めて行きたいと思っております。

土生田　新谷先生の前に少し私に話をさせてください。民俗学は考古学と関係あるということにはそれほど違和感を覚える人はいないと思います。それが今回のように社会学というと、「えぇ？」と思われる方がたくさんおられると思います。今のお話を伺ってもわかるように、直接は関係しないでしょう。ただ葬送墓制というものは非常に伝統的なもので、簡単には変化しないと我々は考えがちなのですが、嶋根さんの研究でもわかるとおり、それ相応の理由さえあれば、あっという間に変わるということです。我々のもつ固定観念を打ち砕くという意味でも今回、社会学の果たす役割は大いにあるだろうと思います。もう一つ、社会学は適当だとおっしゃいました。考古学は確かに緻密です。しかし緻密すぎてですね、木を見て森を見ずどころか、そのまた葉っぱの葉脈ばっかり見て、木を見ないといったことが考古学にはございます。お互いに学問の性格による長所や短所がある、ということを認識するためにも、社会学などとの対話が必要ではないかなというふうに思っております。

新谷　昨日お話いたしましたことを簡単にまとめますと、以下のとおりです。民俗学というのは現在の、たくさんの、多様な生活の伝承を対象としています。例えば東北地方のいろいろな伝承と、近畿地方とか九州地方のそれとでは全然違います。そういう地域性をもつ生活文化の多様性はおそらく歴史が形成したのだろうと考えます。つまり、過去が規制したりあるいは過去が影響を与えて現在がある、このように考えます。民俗学は通史的に物事を考える癖がついています。これは柳田國男の提唱した民俗学の考え方です。

ただし、現状としてはその柳田の民俗学とはちがうものも一方で民俗学を名乗りそれが通用していますので混乱しては困るのですが、いくつもの民俗学があるということでご理解いただければと思います。しかし、私は柳田のいうような通史的な民俗の変遷論を重視しています。そういう立場です。

そこで第一に申し上げたのは、葬儀とか墓とかあるいは死を考えるという場合も一番最初の原点にさかのぼればいいということです。ではこの地球上の生物はいつ自らの死を認識したのかというと、やはりホモ・サピエンスであり、おそらく三万五千年から七千年くらい前ではなかろうかと思います。その頃の化石人骨を見ると赤色マーカーを塗っていたり、あるいは骨を加工した痕があるといいます。海部陽介さんの『人類がたどってきた道』[1]などが参考になります。これはおそらく死を発見し、理解していたことを示すのだろうと思います。死の発見とは生、すなわち生きていることを発見したということです。つまりこの世とあの世の発見です。そして生命、霊魂ですね。霊魂観と他界観の発見、つまり死の発見は宗教の誕生を意味していたはずです。宗教が誕生したということは、霊魂観念とか他界観念とか、それを私たちの先祖であるホモ・サピエンスはもったのです。これは大変な精神世界のビッグバンをもたらしました。そして実はたいへん厄介なことに、宗教者というものが存在し始めます。つまり行ったこともないのにあの世のこと、死を説明する人が現われるのです。これが王の起源です。王権の原初はそこにあるというのが私の仮説です。まったく緻密ではありません。大雑把な仮説です。ただ、そのほうがわかりやすいというだけのことで考えていただいてもいいです。しかし、おそらくこの仮説は動かないだろうとは思っています。ということから考えますと、どうもその死の発見ということで、霊魂観念と他界観念、それから遺体に対する処理、これらは必然のこととなってくる。ですからおそらく性的な、セックス的なものに対する関心が非常に高まっただろうと思うのです。そこで生と死が関連するさまざまな儀礼が生まれてきたのだろうと推定します。そこで重要なのは、死体を扱う上で、またそれを納める墓に対する感覚の上で、死の穢れ、つまり恐ろしい感染力をもった死の穢れ、死の放射能、そういうようなものを考え始めた可能性があります。したがいまして、墓の問題を考える場合には、一つにはそこに遺体があるということ、そして霊魂が何処にいると考えているかということと、もう一つは死への恐怖、死の穢れ観ですね。それが重要だと思います。記紀神話が語るあのイザナミノミコトが発するこわい死の放射能。それに対してどういうふうに対処するのか、あるいはそれを乗り越えられるのか。これはたいへん大事な問題だと思います。

さてそこで、その次はもうちょっと詳しい歴史を見てみようと思います。那須孝悌さんの研究(2)でしたね、長野県の野尻湖の遺跡の花粉の分析から縄文時代の早い時期に日本列島に住んでいた人も死を発見し理解していたらしいということが考えられます。本日はその後の考古学の研究成果をいろいろと教えていただければありがたいと思っています。

新谷尚紀氏

その後、紀元前三世紀ころでしょうか、大陸の新しい文化が日本列島に及んできます。例えば中国における秦・漢帝国の成立ということは、古墳という大きな、巨大な王墓というものをこの日本列島に住んでいた私たちの先祖に教えた可能性があります。私のまったくアバウトな見取り図によりますと、秦・漢帝国の首長墓、秦の始皇帝の墓を造るというような文化が日本列島に波状的に押し寄せて日本の古墳文化、古墳時代というものができたのではないかということになるわけです。これは考古学の専門家の皆さまの前ではたいへん僭越なことですけれども、逆に私が考古学の門外漢だからこそいえることかと思います。

何しろこのようなシンポジウムというのは、いわば異種格闘技ですから、サッカーで言うハンド（反則）なんか平気なんですね。ボクシングではないので蹴ってもいい。例えばそういうことも考えられるのではないでしょうか、というようなある種の喧嘩を売りに来たようなものなのですが。

もう一つ、第二には次のようなことです。まず隋・唐帝国の成立から考えます。魏晋・南北朝を経た隋や唐では、徳のある王が王権を天帝から与えられる。天子となる。つまり儒教的な徳治主義というものが、律令体制という政治テクニックにプラスして、精神的な支柱として日本に伝わってくる。これによって推古朝の改革、つまり古墳の時代のそれではなくて、新しいシステムによる統治へとなっていったのではないかと。そしてその次、今度は一〇世紀です。唐帝国も新羅も滅んで、日本では承平・天慶の乱という形で古代律令国家体制の動揺から解体へという動きが起こります。そのときにできてきたのが王朝国家と俗にいわれていますが、その貴族を中心とした摂関政治という政治では、清浄なる神を祀るということが権力の中枢で存在していました。その日本の王権では、墓についてどういうふうに考えたかというと、そこでは死を強い穢れだと考えました。そして、その死の穢れを避けて、穢れに触るのは自分たちではなく、それにふさわしい身分階層の人たちに委ねた。決して神の位置にいる天皇やその周辺の貴族たちは手を汚さない。そういったシステムが平安貴族の政治権力のしくみの中にあった。したがいまして、彼らは自らの遺体を顧みるようなことはしないし、顧みようとしたら火の力でピュアリファイド（浄化）しました。火で焼き、そしてその遺骨の一部を抽出して銀の舎利瓶壺に納めたり、お堂の中に納めるというかたちの複雑な手続きをもって、死の穢れを避け、それを越える作法を行なったのではないかということです。

それは、古代の三世紀〜五世紀の古墳の築造や、七世紀〜八世紀の律令制度の導入のように、中国大陸から教わった方法ではなかったわけです。つまり一〇世紀というのは日本独特の封建制、あるいは武士が誕生するそういうシステムが列島内に興ってきます。韓半島にも、中国大陸にも西欧のフューダリズムによく似たかたちの封建制というものは興りません。しかし日本列島ではそうしたシステムが興ってきます。そして武士ですね、のちに『菊と刀』[3]と表現されるような日本の侍、武士という階層の存在、その彼らの文化が一〇世紀以降には登場してきます。その武士たちというのは「一所懸命」というような言葉があるように、戦闘にあたる身体こそが生命です。彼らは自らの遺体も他者の遺体も非常に重視します。

先祖以来の相伝の所領など、自分の領地を守るためには、自らの遺骸をもってその地に墓堂を建てさせて、領地の世代継承を図った例も少なくありません。

その武士の政権が台頭して文化的にも大きな位置を占めるのが一三世紀から一四世紀です。ちょうどその頃にモンゴルの来襲があり、あるいは蘭渓道隆、無学祖元、一山一寧とかそういう超エキスパートの学僧が禅宗や宋学の知識をもって日本にやってきます。これが日本列島の武士たちに大変な影響を与えたと考えられます。いわゆる五山の制などにより新しい宗教権力の中枢になっていく。

ですから、六・七世紀、一〇・一一世紀、一三・一四世紀、と大きく変わって、今度は一七・一八世紀です、近世社会において仏教や儒教が庶民に広がる時代です。寺請制度の時代です。一三・一四世紀にできていった武士の政治と文化のかたちが、江戸時代には全国に広まっていったのです。

そして、一九世紀末から二〇世紀初頭、およそ日清戦争が終わったころから、「先祖代々の墓」という形が広まってくる。明治の後半から新しい近代の墓のかたちが出てきます。それから一九六〇年代、七〇年代の高度経済成長、俗に言われる生活革命が起こる時期にそれまでの世代継承の墓から、個人の「プライバタイゼーション」（ここでは「私有化」という意味ではなく「私事化」「個人化」という意味で用いる）と呼ばれる動きに呼応した葬儀や墓が見られるようになる。そして、焼香であるとか位牌であるとかは残りながらも、善の綱というような古い習俗は消えていく。あるいは湯灌なんかもそうですが、そういったものが消えていっているというふうに考えられます。

そして第三には、これらを時代順に並べてみると、遺体や墓地を大事にしようとするベクトルと、早く忘れよう、そして諸行無常などといってあまり拘らないようにしようというベクトルと、その両者が引っ張り合いながら、歴史の上でそれぞれの時代のいろいろな条件の組み合わせによって、それぞれの時代の墓をめぐる文化を作り出してきているというふうに考えられます、と、このようなことを申し上げました。

土生田　短い時間で全部しゃべってしまわれました。現代までお話されてしまいましたが、先ほども申しましたように異種格闘技ですから、考古学としても引き下がるわけにはいきません。反撃をしなければいけないので、一つだけ申し上げておきたいと思います。先ほど、中国の影響で古墳が発生した可能性もあるのではないかといったようなお話がありました。それは日本の考古学が弥生の墓制を引きずって古墳へと内的発展をしたのだという理解をしていることに対するアンチテーゼとして喧嘩を売っていただいたのだと思います。確かに弥生の墳丘墓からだんだん発展していったという面はありますが、もう一方では中国の影響を受けて、飛躍が生まれたというのが今日の考古学界の考え方であります。例えば前半期の前方後円墳は、概ね三段築造でありまして、円形と方形が合体しています。こういったことについては中国の天円地方の思想が影響しています。つまり天の神と地の神で、天の神を祀るのは三段築造の円形、地の神を祀るのは三段築造の方形の壇である。これが都の東西にあって、それで大きな郊祀のまつりというものを行なう。こういうものの影響を受けているであろう。あるいは亡くなった人は、地域によって若干違いがありますが、後の畿内などは概ね北枕になっている。北枕頭位ですね。こうした思想は実は中国の『儀礼』という古典に書かれています。こういった中国の影響によって古墳が発生したという考えが提示されています。もちろん内的発展もありますが。考古学でも中国の影響は大きいと考えております。また隋唐の影響ということをおっしゃいましたが、それも考古学ではかつてから考えているところであります。前方後円墳がなくなって、一部は円墳になりますが概ね方墳になる。それはまさに遣隋使・遣唐使が派遣されたころに変化するわけであります。これは当時中国では権力者の墓は方墳であって、これを模倣したものと考えられております。

南関東の古墳の様相

土生田　さて、ここ川崎は南関東の武蔵という地域です。企画展の展示品の中心が南関東であるのに実は昨日はこの地域の弥生から古墳についてのことはほとんど語っていないんですね。これはもう「騙り」に等しいわけですから、ここで内実を伴ったお話を少し浜田さんのほうからしていただきたいと思います。

浜田　今日用意しました冊子の一番最後（本冊115頁・表2）を開いてください。今、土生田先生のほうから川崎を中心とした南関東の古墳の様相、様子がどんなものなのか触れてくれということなのですが、一口に古墳といっても実際には、形、大きさもさまざまで、数もたくさんございます。それを一つ一つ説明することは時間的に不可能ですので、表としてまとめておきました。縦の軸は上から下にいくにつれ新しくなることを示しています。上のほうにあるものが古墳時代でも初めの頃のもので、下のほうのものが新しく、飛鳥時代あるいは奈良時代に近いということです。横の軸は地域を表わしていまして、例えば左側のものですと相模国に当たります。古墳時代には旧国の名称は使用しておりませんけれども、律令体制になると国というものができはじめます。その基礎になるものが当然古墳時代にあっただろうというふうに思いますので、とりあえず分けるといった意味で使っています。武蔵国というのは実は北と南で古墳時代の様相が随分変わっています。南武蔵は東京と川崎、横浜の一部の地域ですね。そして主に埼玉県の地域を北武蔵というふうに分けています。これを見ると一目でわかると思うのですが、古墳をそれぞれの形で表記してあります。つまり表中に前方後円形で印されている古墳は前方後円墳、円で記されている古墳は円墳というわけですね。それから印の大きさは、正確ではありませんがその大きさが各古墳の相対的な大きさを大体表わしています。これを見てわかるのは、真ん中辺りで大きな前方後円墳がスカッと抜けているということですね。全国的に見て、古墳時代当時には前方後円墳を造っていたけれども、いつの時代かは特定できませんが後世になって壊され、ならされてなくなってしまったということも多々ございます。ですから今はまだこの部分に入るような前方後円墳が見つかっていないだけなのかもしれません。これは本当にわかりません。ただ、計算したことはありませんが、今まで発掘された面積は膨大なものがあります。文化庁の禰宜田さんからあとで教えていただけるかもしれませんが、件数としても何万件という件数があるわけですね。神奈川県を見ても今までにかなりの面積を掘っています。面積を掘っているにもかかわらず、こうした図において空白ができてしまうということからすると、確率的に見て、古墳が造られなかったのではないかということが考えられます。

年代のことはあまりいいたくはないのですが、この図を見ますと、点線で四つに区切ってあります。最上段が四世紀代で、このうち一番上のほうにあるものは三世紀代の可能性もありますけれども、ほぼ四世紀です。二段目が五世紀、三段目が六世紀、一番下が七世紀となります。とすると五世紀の段階の前方後円墳やそれに限らず大きな規模の古墳というものがないということがおわかりになると思います。ではそれ以前に築かれていなかったのかというとそうではなく、例えば地元川崎の例を挙げると南武蔵の鶴見川流域のところに白山というものがあると思います。これは幸区にあった加瀬白山古墳という古墳です。四世紀の半ばぐらいに造られた古墳で規模は八七メートルです。その次に造られた前方後円墳としては鶴見川をはさんで対岸、今は慶應大学の日吉校舎の隣に矢上キャンパスというものがあります。そこのグラウンドの脇のところに観音松古墳がありました。これは戦前の調査で、調査したときに古墳の形などを書いた図面などの資料は空襲で失われ、ほとんど残っていません。そのため大体七〇～九〇メートルはあったのだろうと推測されています。こうした一〇〇メートル近い前方後円墳が四世紀の段階にあります。多摩川流域でも同じく四世紀代に宝莢山古墳や亀甲山古墳といった古墳が築かれています。相模国を見ても三浦半島では長柄・桜山、平塚には真土大塚山といった古墳があります。この辺りは全部展示のほうに出ていますので見ていただきたいと思います。ところが五世紀の最初の頃は残っていますが、前半段階から大きな古墳が消えていきます。このまま大きな古墳がなくなっていくのかというとそうではなく、今度はそれまで有力な大型の古墳が築かれていなかった北武蔵の方面に築かれるようになります。今の行政区分で言うと行田市に埼玉古墳群という古墳群がありますが、五世紀の終わりごろになって築かれる古墳群がそれに当たります。ここには鉄剣に字が書いてあったということで有名になった稲荷山古墳なんかも含まれています。鉄剣に印された年代を四七一年と考えられる方が多いかと思いますが、大体が五世紀終わりごろの古墳と考えられています。そして六世紀いっぱいにかけて大きな前方後円墳が造られるようになるというような傾向が見て取れます。こうした事象に対して、武蔵国造の乱という有名な仮説があります。それは川崎のある南武蔵地域と埼玉を中心とした北武蔵地域の豪族が国造を巡って争い、結果として埼玉の方が勝った。そのために川崎や横浜辺りの古墳が無くなり、替わりに力をつけた北武蔵の豪族が埼玉古墳群を造ったというような仮説です。これは先ほど述べた前方後円墳の築造にみられる傾向が事実であり、築造当時にはこういう形で古墳が造られていたのだろうということを前提にした場合の話ですが、実際に現在わかっている古墳の築造の傾向にはそうした仮説が出てくる素地があるということです。ほかにも前方後円墳が築かれる理由というのは、昨日の話にもずっと出てきてはいましたが、伝統的な解釈としては当時ヤマトの豪族の力が強くて、ヤマトの豪族に服属するような形で、川崎あるいは横浜といった南関東の豪族が従っていった。その証として前方後円墳が造られたという伝統的な解釈がありますす。これについては私も少し疑問視していることもあります。今日の異種格闘技の中で予想外のパンチがあっておそらく私の頭の中もグチャグチャになると思いますけれども、これからの議論の中で伝統的な考え方とは違った考えも出てくるのではないのかな、というふうな期待もしております。

土生田　今のお話ですが、皆さん納得できたでしょうか？私は納得できません。というのは、私自身は考古学を生業としているので浜田さんの発言が何を踏まえているかがわかるのですが、もしそうでなければ納得できません。その最大の理由は、今のお話の中で古墳の築造時期を特定していましたが、一体どうしてそのようなことがわかるのかという点です。簡単で結構ですので何でそう決めたのかをお話ください。

浜田　簡単にいうには難しい問題ですね。何世紀という使い方ですが、例えば古墳の年代が日本書紀で大体これぐらいに押さえられるだろう。あるいはほかの文献でも箸墓古墳の年代は例えば三世紀で押さえられるだろうということから一番最初は出発していると思います。その中で定点になるもの、先ほど挙げました稲荷山古墳から出土した鉄剣は「辛亥」という年に作られた。これが四七一年だろうということを一つの定点とすると、この稲荷山古墳よりも古いか新しいかというところで年代が決まってくる。そういうことを繰り返して出た年代で三世紀、四世紀という話をいたしました。

土生田　それはわかります。一般的なことを申し上げますと、年代のはっきりわかるものが出る、あるいは文献から築造時期を特定できる古墳が基準になるということは非常によくわかるのですが、それは全体の古墳のうちの何パーセントぐらいなんですか？

浜田　ほとんどないです。一パーセントもないでしょう。

土生田　それでよくもまあこんなにもきれいに並べましたね、といった感じなのですが、これはどうやって並べたのでしょうか？

浜田　そういうことでいうと、例えば出土する土器の変化ですね。この土器はあの土器よりも新しいとか古いとかがあります。それからほかに古墳から出土してくる副葬品ですね。遺骸と一緒に葬られるものやその組み合わせが弥生時代に近い場合や、逆に律令制の時期に近い場合などがあります。そうしたことを鑑みて、例えば律令制に近いものは四世紀や五世紀の段階ではなく、おそらく七世紀の範疇でとらえられるだろうというような推測ができます。それを組み合わせるんですね。例えば土器にA・B・C・Dというものがあって、AとCとを比べてみるとCのほうが新しい。BとCとを比べてみてBのほうが古い。A・B・Cの中ではCが一番新しいということがわかる。そういうことを組み合わせていき、完全に相対的な形でこれとそれとではどちらが新しいとか古いという形で並べます。そして先ほどの定点がある古墳の出土品と見比べるわけです。そうすることで定点の古墳よりも新しいとか古いとかから年代を割り出していき、このようにきれいに並べてしまいました。そういうことです。

土生田　皆さんは考古学を専門としている方ばかりではないので、あまり騙されないようにしてください。私は考古学を専攻しておりますが、少しそれを離れた立場で申し上げたいと思います。今のような説明を普段あまりしないんですね。本来は一番大事なことなんですけれども。今の話の中で土器とおっしゃいましたが、もちろん土器だけではなくいろいろな組み合わせの変化でやっているのでしょう。ただ、今それが相対的であると言われました。どういうことかというと、今年は二〇〇六年ですというような特定の年代ではなくて、どっちが古くてどっちが新しいかというだけのことなんですね。それは若いとか年寄りであるとかと同じであります。これは仮説であって、このままかどうかということの保障はございません。概ねこういうことだといえるというだけのことなんですね。

私はこの図にも異論があります。ひとつ申しますと北武蔵の中に小見真観寺古墳という一〇九メートルの前方後円墳がありますが、これ六世紀に入っています。私なら七世紀に入れるのに、よくも六世紀に入れたものだと思ってしまうわけです。相対的な並びというのはそれくらいのものなんですね。だからといって浜田さんの表の中で小見真観寺古墳が五世紀の稲荷山古墳に並ぶとしたらはっきりと間違いであるといえますが、そんなことは考えてないわけです。ただ、そのまま鵜呑みにしてしまうというのは危険なことだと思う、ということなんですね。私などは元々考古学でも遺構を研究対象にしておりました。遺構というのは遺物と比べるとそんなに変化がございません。反対に遺物にはさまざまな変化があるということなのですが。そうした中でも土器をやっている人が一番変化の過程を細分化することに熱心です。一般の皆さんが今後考古学をやっている人に「専門は何ですか？」と聞いた時に、「土器です」という答えが返ってきたら、その人の話はおそらく非常に細かい点にこだわったものになると思います。もしかしたら能力を超えて細分しているかもしれません。ここの博物館には壇上にいる浜田さんのほかに、若い小坂さんという人もいます。彼はまさに土器を研究しておりまして、たぶんマニアックな論文を書いて大学院を出たと思います。その立場から私に対する反論があれば是非お願いいたします。

小坂　小坂と言います。お話にありましたように土器のほうから話せということなのですけれども、確かに土器は非常に細かい分け方ができます。それ自体は見る人が見ればということですが、かなり細かく分けている方もいらっしゃいます。対象とする時代によって異なりますが、五〇年一〇〇年単位以上に細かくして一〇年二〇年単位で土器を分類されている方もいらっしゃいます。これは資料の多寡などに左右されますが、やろうと思えばかなり細かく分けられます。ただ、一緒に作られた物が、同じように捨てられているとか、同じように見つかるというわけではありません。古いものと新しいものが一緒になって出てくることはよくあります。古墳では被葬者に添えられて一緒に埋められたものには、ある程度同じような時期と考えてよいものがあります。その一方で墳丘の裾などで見つかるものには、実際に古墳に伴うかどうか判断することが難しかったりするものもあります。古墳の年代を決める際に、そうした不確かな資料しかない場合などではそれを判断材料としていたりもします。

それで何がいいたいかといいますと、浜田さんの表のようにきれいに並ぶ表というのは各研究者が出土品やその出土状況をどのように評価するかに左右されるということです。仮に土器そのものが一〇年単位、二〇年単位で分けられたとしても、それが出土した古墳を年代順にきれいに並べるには、それなりにほかの理屈も付けなければいけません。浜田さんは「例えば土器」といういい方をしていますので、ほかにもいくつかの資料や条件を勘案していると思います。古墳時代に関していえば二、三〇年ほどの単位では土器の変化が追えると思いますが、とくにそれだけで古墳を年代順に並べるのは、非常に難しいと思います。ですから実際に浜田さんの表にある古墳を埴輪や鉄器、古墳の構造などを別に置いておいて、土器だけで並べ直せといわれたら、「ごめんなさい」といって断らせていただきたいと思います。

民俗学、社会学から

土生田　考古学の力は別として、彼からしたら年齢的にだいぶ上の私が後ろから剣をちらつかせていたのでドキドキして話をしていたのが皆さんおわかりになったのではないでしょうか。新谷さんや嶋根さんには今のお話がどのように映ったのでしょうか。ちょっと順々にお二人からコメントをいただけないでしょうか。

新谷　たいへんよいと思いました。何でかというと、私もだまされたくちでして、一一九ページの図（本冊115頁・表2）を見て、北武蔵のほうに「雄略朝」とメモしました。そして図の中の南武蔵・相模の古墳の固まりは、いわゆる雄略朝とは別の時代のものであると思いました。そして、そこには何かダイナミックな変化があったのだろうと、ついいろいろと妄想を膨らませようかなと思っていたら、土生田さんのほうから何を根拠にこういうものが描けるのだと水を差されたわけです。これは大変ありがたい指摘だと思いました。

実は私もこの川崎市市民ミュージアムと同じく博物館の活動として、「日本の神々と祭り　神社とは何か？」という企画展示を二〇〇六年三月二一日～五月七日まで千葉県佐倉市という、都心からはたいへん交通不便な場所で開催したのですが、その際、来年の二〇〇七年三月一〇日に出雲大社の隣にできる島根県立古代出雲歴史博物館の皆さんに特別協力いただきたいへんお世話になりました。近年、出雲大社では大きな三本柱の遺構が見つかっていていろいろ話題になっていますが、その柱をもった遺構が一体どれくらいの高さがあったのかということが問題になっています。その復元案は福山敏男先生の非常に高いものだったとする案、それから広島大学の三浦正幸先生の八丈（一丈＝一〇尺）、約二四メートルの現在の高さと同じとする案、などいろいろなものがあります。そこで島根県立古代出雲歴史博物館ではどれを展示するのかという議論になったとき、結局それぞれの研究者の主張している五つの案を並列して展示することにしたそうです。つまり、黒田龍二さんはこういう案、三浦正幸さんはこういう案、宮本長二郎さんはこういう案、という具合に五人の案を採用しました。そうすると、県の偉い人だとか、プロジェクトに関わる偉い先生たちからは「何という見識のないことをするのだ」と言われるんですね。つまり、研究者が責任をもってこれだという案を博物館がそれなりの見識をもって、提示しなくてどうするんだと言われたんですね。それでも私たちは五つの並列案に賛成でした。研究者なんていうのは可能性でしかものを言っていないんです。だからその可能性を提示するには根拠を示さなければいけません。高名な研究者が、私が、言うのだから、と開き直るのではなく、この資料からこういうことがいえるのだと説明するべきなんですね。ですから、五つの説をきちんと出すということは非常に重要なことなんです。もっとも実際にはもっと多くの説があって、中には学閥的に無視されたような説もあるのでしょう。それらにも光をあてていただきたいと思いますが。

私は先日、京都のある工場で作っているその復元模型を、実際に見てまいりました。やはり、学閥なり国なり県といったある特定の権力が、いろいろな説があってもこれが正しいのだ、と決めつけてしまうような選び方をしてはいけません。

ですから私はぜひ考古学の皆さんに聞きたいことがあったのですが、この浜田さんの表、これには「暫定版」とあってその表現は一つの安全弁なのかもしれませんが、これではないほかのいくつかの案があるのでしょうか。考古学会というのは一定の権威が学説にも力をもつことで成り立っているのか、それともまったく諸説乱立で自由であることで成り立っているのか、その中間なのか。いかがでしょう。それをいろいろな場所で、知の消費者であり知的関心をもつ国民である私たち外部のほうにも教えていただきたいと思います。考古学が自らを問う、自ら違った意見をも表明する、といったスタンスにはたいへん感動しました。私は今回この話を初めて聞きました。考古学は素人からの「これはなぜ、そういえるのですか」などという初歩的な質問に、難しいことばかり言って終わるとか、愚問には邪険にするとかいうような権威の集団かと思ったら、決してそうではない、まさにサイエンティスト（科学する人）の集団であるとわかったこと、これで今日来てとてもよかったなと思いました。

土生田　ありがとうございます。昨日新谷さんから人付き合いというか、全体のバランスも考えて学会でも意見の修正を行なうのだというお話がございましたが、私は修正いたしません。少し言い訳のようですが、浜田さんの表は、全部ダメだと言っているのではありません。ですが、そこには当然異論も出てくるのだと言いたいんです。異論というものは、いつの時代でもあるもので、学問というのはそれを闘わせていくものです。ですから永久にバトルを重ねていかなければいけない。そしてその中からより可能性の高い案が支持されていくようになるのであって、これはどの学問にも同じことがいえると思います。そうしたことを踏まえての発言ですが、今のところ五世紀のある段階において南武蔵に大きな古墳がなくなるということは、私も含めて異論はないと思います。ただし詳細を見るといろんな点で異論は見られます。ですから研究者は自身が示す案は何を持って決めたかというのは、いつも皆さんに説明する義務があると思います。

嶋根 私は現在という視点で話をさせていただきます。ファッションの流行などを流行曲線で説明した研究者がおります。つまりはやりすたりを正規分布という形で描いたわけです。その中でイノベーターとも呼ばれるもっとも初期に流行を取り入れる受容者はかなり変わった人たちです。その後に前期の追従者になる人たちが現われます。最初期の人たちを見てかっこいいなと思った人たちが、まだファッションとして新しい時期にそれをどんどん取り入れていきます。やがてファッションが最盛期を迎えますとある集団においてそれがスタンダードになります。やがては後期受容ができて、そのファッションはもはや時代遅れという段階になっていきます。そして周りにまったく見られなくなっても、相変わらず昔のファッションを良いと言ってはいている人もこれはこれでまた変わった人となるんです。流行というものはどうやらそういう曲線を示すらしい。

先ほどの土器の型式、おそらく土器だけではなく古墳などの墓の型式なども多分、似たようなことが本質としてあるのではないかと思うわけです。私は本質論者でして、人間の本質はそんなに変わるものではないと思っています。ですからあるものがあるところで誰かがイノベーターとして新しい形式（型式）の物事を始める。それは非常に変わっているけれども少しずつ行なわれ続けます。それが口伝いに伝わっていき、一挙に広がりをみせ、やがて消えていく。そのあとにはその流行がなくなっても相変わらずそれを使い続けていたり、しがみついている人々が細々とはいるだろうという図式です。

考古学というのは形式（型式）をもとにいろんなことや過去を類推する学問であると私は勝手に理解しています。

考古学でも社会学が分析するように、ある形式（型式）がどのように発生して、広がり、消えていったのかということを類推しているのだと思います。ただ、その中で社会学には現在という定点があって現象を見ていけるのですが、考古学の場合にはその定点を探ることが難しいのだろうと思います。この辺が現代・現在を見ている社会学と過去を類推する考古学との違いなのかなというようなことを考えながらお話を聞かせていただいていました。

土生田　嶋根さんのお話にあるようなことは、成果はともかくとして、考古学でも十分に議論されていて意見の分かれるところなんです。私が研究課題としてきた墓制のひとつに横穴式石室というものがあります。そこにはいくつかの型式があります。そのひとつには近畿地方を中心とした畿内型石室というものがあるのですが、私はそれが六世紀初頭に成立したと考えています。立命館の和田晴吾さんはそれを六世紀中葉だと言っています。でも二人で話をすると、資料に対する事実認識はまったく同じです。では何が違うのかというと、私は重要と考えている古墳にその型式の石室が採用された時点で畿内型石室が成立したと考えていることに対して、和田さんは一般的に広がった時期をもって畿内型石室が成立したととらえているからなんです。これは両者ともに間違っているというわけでもなければ、どちらが正しいというわけでもありません。

弥生時代の始まり、古墳時代の始まり

土生田　そこで禰宜田さん。このようなことは弥生時代の研究でもあるとは思いますが、今までの話を踏まえて、考古学研究者としてどのような感想をお持ちになられたでしょうか。

禰宜田　弥生時代ということですが、弥生時代の終わり、つまり古墳時代の始まりについての認識が異なっており、まさにそれにあたると思います。昨日も申し上げましたし、今日もまた議論になると思いますが、弥生時代から古墳時代のお墓を考えると、弥生時代を特徴付けるお墓であるというものは弥生時代中期、せいぜい後期前半までなんですね。弥生時代の後期には地域によって巨大な墳丘をもつ墓が現われ、終末期にはそれが顕著となり古墳に繋が

るということになります。弥生時代から古墳時代にかけてお墓がどのように変化していくのかということは人によって違うと思いますが、古墳を巨大な墳丘をもつ墓とみると、出現は弥生時代の後期後半です。これは西暦で言えば大体一世紀後半ぐらいでしょうか。いずれにしましても古墳の出現について一番議論になるのは三世紀です。そのひとつが、今回の川崎市市民ミュージアムの展示（「弥生・古墳・飛鳥を考える」―古墳の出現とその展開―）にもあった纒向石塚とかホケノ山墳墓とか、いわゆる纒向型前方後円墳をもって古墳時代の始まりとみる考え方です。ただこのうちホケノ山墳墓に関してはそれよりも少し時代が新しくなるという議論もあります。もうひとつは箸墓古墳という定型化した前方後円墳が造られる段階からを古墳時代だとする考え方です。これらは古墳とは何か、古墳時代とは何かという認識が違うから起こる齟齬なんですね。先ほど土生田さんがおっしゃったようなことは弥生時代から古墳時代にかけての時期に関しても同じようなことがあるわけです。しかも、定型化した前方後円墳の出現ひとつとっても、その実年代は研究者によって違っていますので話はさらに複雑になります。

　今は古墳時代にかけての話をしましたが、これは縄文時代から弥生時代にかけても一緒のことがいえるんですね。ですから考古学の場合ですと「ここまでは弥生時代で、ここからが古墳時代です」などということがなかなか言いにくいところがあるんですね。学問ですからどこかで定点を決めないといけないところはあるのですが、グレーゾーンというものもあるのだということを聞きながら思いました。それと話はかわりますが、歴博の年代論に関してです。まだ検証中でもあり私自身は議論の推移を見守っていますが、川崎市市民ミュージアムは展示で歴博の出した新しい年代観を採用していますね。どうこう言う訳ではありませんが、「歴博の方の年代観も結構浸透しているのだな」とびっくりしました。今博物館では従来の年代観を提示している場所と、そこに歴博の年代観を提示しているところと、併記している場所の三者があります。先ほど嶋根さんのお話に出た流行ではないですが、歴博の年代観も今はその受け入れという点では過渡期にあるのだろうと思います。ちなみに文化庁は併記しています。

禰冝田佳男氏

土生田　今まで、みなさんにいろいろと聞いてまいりましたが、それにには理由があります。一般の皆様に是非覚えておいていただきたいのですが、考古学の年代とか、ものの決め方、年代と比較した場合のとらえ方、考え方なんかは人によって違うことは、多々あります。その場合、ひとつには本人が間違っていることがあります。ほかにはまだ十分に学問が発展していない段階だということもあります。ただ違う意見同士の人でも事実認識は同じであることもあるんですね。これは物事をどういうふうに解釈するかという点がたまたま違っているためなんですね。ですから、そうした違いなどの原因を見分ける必要があるんですね。

それからＡＭＳ年代法のことをしつこく言うつもりはありませんが、最近提示された弥生時代の始まりの年代というのは従来のものと比べて五〇〇年ぐらい違うんですね。この結果に賛成するにしても反対するにしても、まだ決着がついているわけではありません。これから議論していくべき問題なんですね。一番いけないのは、そうした議論がまだ十分には行なわれていない「仮説」を「結論」として受け入れてしまうことです。これは歴博そのものに問題があるわけではありません。ですが、一般的に見れば、歴博といえば「天下の歴史民俗博物館」です。そしてその公表に携わったのが世論に影響力があるような巨大新聞です。そのため、ある市立博物館では従来の年代観で展示をしていたら、市民の方から「天下の歴博に逆らうのか？」というものすごい抗議がきたそうです。この問題はこれから一〇年二〇年かけて議論し、決着がついていくものです。あるいは両方が違い、実際にはその間の時期に弥生時代が始まっているのかもしれません。私は現時点ではどちらの案がよいともいえません。その点では禰宜田さんと同じです。もっと検証する必要があると思っています。

浜田　ＡＭＳ年代法の問題ですが、川崎市市民ミュージアムのほうも文化庁と同じ考えでして、両論を併記しています。禰宜田さんが見られたのがどの部分かがわからないのですが、もしも新しい年代だけ示している場所があったら、それはこちらのミスで、本来は両方提示するつもりであった部分なんです、という言い訳だけしておきたいと思います。

新谷　すみません、いま、歴博、歴博とあまり出てきたので一言だけ。決して「天下の歴博」ではございません。できてまだ二〇数年で、スタッフも私のように新参者みたいな者ばかりです。ただAMS年代法に関していえば、先ほど話しました出雲大社の三本柱の検証につきましても歴博の先生方が一部行ないました。ほかには名古屋大学でもAMS年代法での検証を行なっておられます。それとご存知のように、奈良文化財研究所では年輪年代法という方法で年代決定を試みています。出雲大社の三本柱について、その年輪年代に関しては、現在用いている方法では御柱の芯材の計測はできませんでした。木の成長が早すぎて年輪の厚みが従来のものと異なっていたので測定ができなかったということです。ただ、御柱の下から一緒に杉板が出てきていて、これは測定することができました。これによって宝治二年、一二四一年という数値が出てきました。それで、この三本柱は九〇パーセント以上鎌倉時代の遺構であろうということがわかりました。以上のことは、松本岩雄さんが展示図録『日本の神々と祭り　神社とは何か？』に書かれています。

その年輪年代法の研究を積み重ねてこられたのはみなさまご存知のように、奈良文化財研究所の光谷拓実さんです。それは非常に職人的な方法で根気のいる仕事だったそうです。最初の頃は変な人だとか多くの人から思われていたらしいのですが、それは先年亡くなった佐原真さんがそう言っておられたのですが、今では実に立派な仕事をしてこられたと皆さん感謝感嘆しています。

サイエンスとして分析する場合、例えば可能性としては九五パーセント正しくても、残り五パーセントの中には誤っている可能性も多く含まれているわけです。ですから、お互い馴れ合っていない、お互い自己主張したがるようないくつもの分析機関に依頼し、さまざまな分析を通じて、情報の消費者の側は確認する必要があります。そうすることでより高い蓋然性が求められると思います。ですから、歴博だけを信用するというのは非常に危ない。もちろん歴博の同僚でもある西本豊弘さん、今村峯雄さん、藤尾慎一郎さん、坂本稔さん、小林謙一さん、彼らが一生懸命、誠実に研究しておられることは確実です。その点はいまここであらためて述べておきたいと思います。ただし、別に

「天下の歴博」ということではありません。人間誰しも間違う可能性があります。ですから、おたがいにどんどん学問的な監査の眼を向けあうことがたいせつだと思います。先ほど土生田さんもおっしゃっていましたが、学者をチェックするにはトレーサビリティーだけではなく、リテラシー（読書き能力・情報端末を操作して膨大な情報から必要な情報を引き出し、活用する能力）も重要なのです。要するに何を根拠に話をしているのか。難しいからといって途中までしか説明しない先生ではなく、教えてほしいと言えばどんどん説明してくれるような先生なら安心だということです。途中であなたの病気はもう危ないという説明しかできないようなお医者さんが危ないのと同じように、日々その態度をチェックしたほうがいいと思います。歴博は決して「天下の歴博」ではありません。

南関東の古墳とヤマトタケル伝承

土生田　先ほどからお話しているのは浜田さんの編年表のようにきれいに並んでいるものを見ると、それがもうそのとおりに決まったもので、これ以上動かない、はっきりしているというふうに思われると問題があるんですよというふうことが申し上げたかったんです。そうはいっても別に無茶苦茶な年代を提示しているわけではありません。南武蔵の地域には五世紀前半以降大きな古墳がないということは現在のところ事実であります。その事に関して私は昨日、三、四世紀には大きな古墳が、東の海の道、現東海道のような位置に展開しているものの、五世紀になると姿を消す。それとちょうど同じぐらいの時期に長野県の伊那谷に古墳が造られ始めます。そこには中央、近畿ですね。これと地方とを結ぶ主要な道路が変わってきたのではないかという仮説を提示しました。そしてまたその古い方の主要道路に沿った道路が「ヤマトタケル」伝承とも重なっているのではないか、というような話もしました。

新谷　南関東の大きな古墳が五世紀に無くなっていくというのと、ヤマトタケルの東征話との関係ですが、もう一度ご説明ください。

土生田　南関東では全国的に見ても比較的早い段階から古墳を築いているということがわかってまいりました。三世紀の後半から五世紀のはじめ頃にかけて、南関東の神奈川・東京・千葉などでは一〇〇メートルほどの大きな古墳が見られるんですね。それらを結んでみるとおのずから道路になっていきます。昨日提示した資料（荒井秀規二〇〇一「文献に見る相武国造」『相武国の古墳―相模川流域の古墳時代―』平塚市博物館第2図）では二本ほどそれが確認できると思います。三浦半島を抜けて走水から房総へ。これはまさに弟橘媛入水伝承の地と重なる。それから東京から西へ戻る道、あるいは征く道かもしれませんが、これはヤマトタケル伝承では帰る道に当たると思います。古い古墳を結ぶと、このように東京湾をはさんで二つの道が見えてくるんです。この後の五世紀中葉以降大きな古墳が南武蔵や相模からなくなるのはほぼ間違いないと思います。ちょうどその頃に伊那谷では急に大きな古墳がたくさん造られるわけです。とくに五世紀後半から六世紀前半です。

古墳築造の動向から見て、畿内からみた重要な道がある時期に伊那谷のほうに移ってしまったということがまず一点。もう一つは古いほうの道についてですが、日本書紀にみられるヤマトタケルの東征路、伝承では筑波の方まで行って帰ってくる道ですね。これと古いほうの道がほぼ重なるのではないか、つまり三、四世紀に使われていた道が核となって、別にあったヤマトタケル伝承と合体してこういう道筋を通る話ができたのではないかというような考え方をしているのです。いろいろな民話や伝承でも同じように何らかの背景があって、今申し上げた私の考えと似たようなことがありうるのかお聞きしたいということなんです。

新谷　民俗の分布の問題ですが、よく似たものがあるルートに沿って見られるということはしばしばあります。それはある歴史的な事実を反映して、その痕跡のような形で再生して伝えられると考えられます。例えば昔話などの分布でも形を変えながら各地に伝わります。口承文芸の先生がたはその類型からこういうふうに段階的に変わるといった研究をされていますが、私たちはこのタイプはどの地域でよく語られているかということに着目します。例えば鶴女房の話ですと、新潟県の辺りと瀬戸内海や大阪の辺りとではぜんぜん違います。そして、そこには一定の伝播のルートがあると考えられます。陸のルートもあれば海のルートも考えられます。あと、近畿地方にある、宮座といって氏神様の祭祀を当屋などと呼ばれる選ばれた家の長老たちが担当するシステムなどは、若狭湾や島根県の美保関、瀬戸内海の沿岸地帯には見られるのですが、因幡や伯耆や美作などの内陸部には見られません。このように日本海の航路に沿って運ばれたんだろうというものもしばしば見られます。そのほかにも民謡などで日本海の航路にそって変化しながら北に伝播して行ったその痕跡をとどめている例があります。

また神話でも、出雲にいた大国主神が越の国（北陸地方）に妻まぎに行きます。昨日少し話に出た真名井《まない》遺跡は出雲大社の境内の近くにある遺跡ですが、そこから出土した翡翠の勾玉はその原石が新潟県の糸魚川産と考えられていますので、何か繋がるものがあるのかもしれません。出雲大社と同じように日本海の対馬海流が絶えず打ち寄せる能登半島の付け根部分の海岸に、大穴持の神様を祭る気太大社が祭られています。気比大社を祭る敦賀に関しても神功皇后の進路としてそこから長門の豊浦宮へ、そして三韓征伐に向かう神話があります。日本海の沿岸を西に東にというルートは古代以来重要なものであったと考えられます。「嫁叩き」という女性のお尻を叩く民俗行事の分布もこの日本海沿岸部に点在しています。そこにも何かの歴史が反映しているのであろうと思われますが、まだ詳しいことはわかりません。

ほかの例だと、例えば両墓制という墓制、遺体を埋葬する場所と、石塔を建てる場所とが、ぜんぜん別になっている墓制があるのですが、これは近畿地方で濃密にみられます。静岡県や神奈川県なんかにも現象面で両墓制に似ているものが多くありますが、それらは伝播的には考えられないものです。しかし、房総半島の両墓制の事例では、実際に近畿地方から伝えられたと見られるものが確認されています。それには墓を「サンマイ」と呼ぶ呼び方の類似などからも見られます。これは海の道を使った紀州漁民の房総移住が民俗の分布にも影響している例と言えます。このようにやはりルートというものと神話とか昔話また民俗行事などの分布と一定の関係性があるのは確かだと思います。

土生田　どうやら考え方の方向性については安堵していただけたようです。

コラム①

土器による年代推定

小坂延仁

考古学では遺跡や遺物がいつ頃のものであるかを推定するために、「相対年代」と「絶対年代」の大きく二種類の年代推定方法が用いられる。共に資料の時期を表わすものであるが、相対年代は複数の資料の特徴や出土状態を比較してその新旧を推定するものである。これに対し、絶対年代は年号が記された資料や文献の記述、理化学的な方法で求められた測定値を基に、その資料が何年前のものであるかを数値として表わすものである。しかし実際に絶対年代を求められる資料は全体の中のほんの一部であり、多くの場合は年代がわかっている資料との比較によって、おおよその時期を導くという方法が採られている。土器の場合も絶対年代が判明する資料は少ないため、主に相対年代によって年代の推定が行なわれている。

相対年代は、「型式論」と「層位論」という二つの方法論を基に分析され、求められている。考古学における型式とは、一定の手続きに則って分類されるものである。遺跡から見つかる資料は多種多様であるため、それらから有益な情報を引き出すには、資料を分類して系統づけることが有効である。分類は何らかの基準を決め、それを基に無数にある資料の中から、共通するものどうしをまとめることによって、異なるものと区別をつける作業である。土器の場合なら、文様や形状、作られ方といった資料そのものがもっている特徴を基準として分類を行なう。どういった粘土から、どの道具を使って、どんな形のものがどうやって作られているか、あるいはどの順番でどんな文様が施文されているかといったような事柄がそれにあたる。こうした分類によって示されたまとまりを「土器型式」と呼び、それが無数にある資料を簡潔に分類するための基本的な単位の一つとなる。土器型式はそれぞれ空間的（地域的）・時間的な幅をもっており、ある地域で見

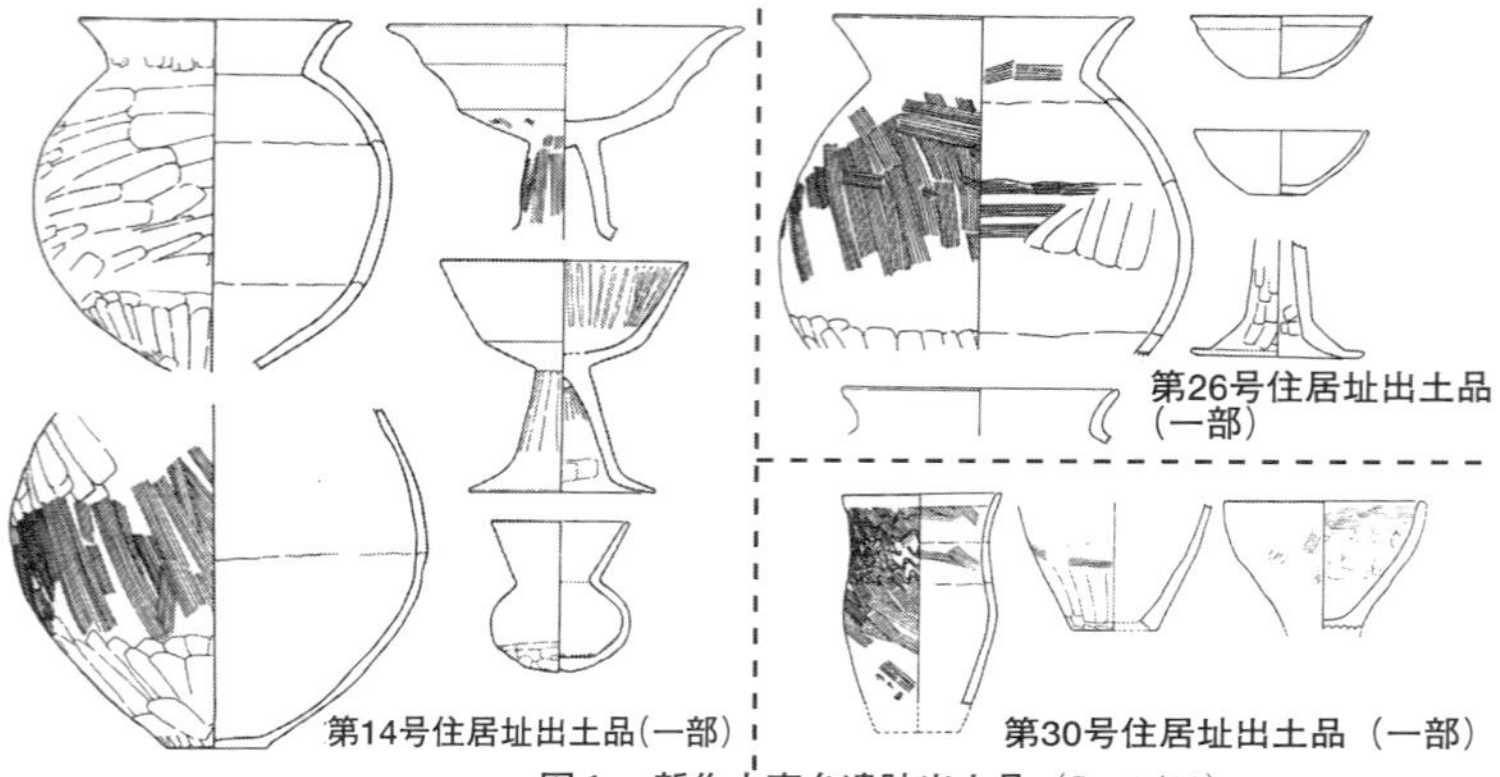

図１　新作小高台遺跡出土品（S＝1/10）

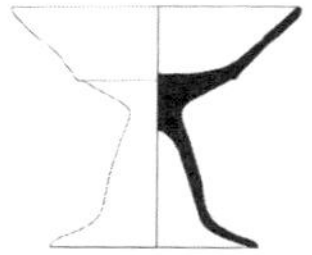
図２　津田山２号墳
出土品（S＝1/10）

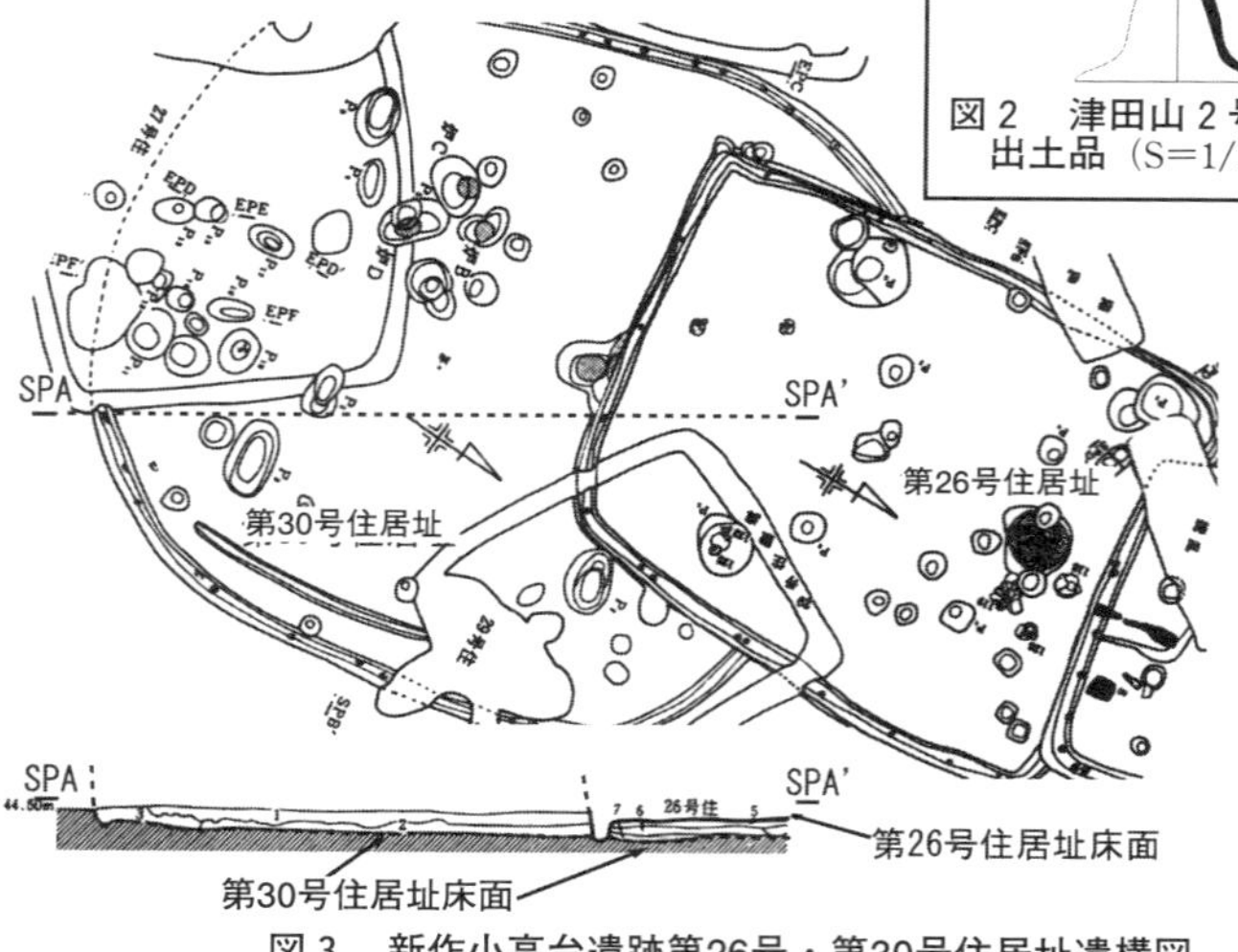

図３　新作小高台遺跡第26号・第30号住居址遺構図
※川崎市教育委員会1982『新作小高台遺跡』を改変

られる型式はある一定の期間盛行して、次第に次の型式へと移行していくということが繰り返される。各土器型式それぞれの資料を比較することで、それぞれに新旧関係が推測され、それによって各土器型式の変遷が仮定される。そして、その仮定は土器の出土状況によって証明され、実際の新旧関係が確定される。この際の証明方法の一つとして、層位を利用するものが挙げられる。

自然界では古い地層の上に新しい地層が堆積する「地層累重の法則」と呼ばれる現象がある。これに従えば、古い地層に含まれた土器は、その上の地層に含まれている土器よりも古いことになる。これは人工的につくられた遺構でも同じことがいえる。例えば古墳の下から竪穴住居址が検出されることがある。これは古墳が造られる以前に、同じ場所に住居が営まれていたことを示しており、その住居は古墳よりも古いものであるといえる。また何度も竪穴住居が建てられるような場所では、複数の竪穴住居址が重なって見つかる。この場合、土の堆積の状況や、現存する床面の状況などから新しい住居が古い住居を破壊して作られていることがわかり、住居が作られた順番を明らかにすることができる。また離れた地点どうしでも、資料の新旧を推測できることもある。例えば、短期間で広範囲に降り積もる火山灰層は広域にわたっての地層の同定を可能にする。そのため一回の噴火によって積もった火山灰層が検出できれば、それが基準となって、その直上層と直下層から出土した土器の新旧を解明する手がかりとなる。このように層位論はさまざまな場面で時期判断や資料の位置づけの証拠として活用されている。

ここまでに紹介した相対年代の推定方法を実際に川崎市内の遺跡で検討してみよう。図1に示したのは新作小高台遺跡の住居址出土資料である。これを見ると、第一四号住居址と第二六号住居址からは形状も調整も非常に似通った甕が出土しており、近い時期の所産であると考えられる。また第一四号住居址で甕と共伴して見つかっている高坏は、近隣の津田山二号墳出土資料（図2）に比較的形態が類似し、多少の時期差は考えられるものの、近い時期と推測される。そのため第一四号・第二六号住居址、津田山二号墳に伴う資料はとりあえず一つの型式（仮にA型式とする）にまとめられると考えられる。また津田山二号墳が古墳であることを踏まえると、A型式は古墳時代の土器であることが判断できる。次に新作小高台遺跡第三〇号住居址の資料を見るとまったく異なる形状の甕が出土している。こちらには文様も施文され、第一四号および第二六号住居址の出土品とは大きく異なるため、別の型式（仮にB型式とする）とする。ではA・Bの両型式ではどちらが古いのだろうか。実際に答えを得るための方法はいくつかあるが、ここでは層位論を使って例示してみたい。図3は新作小高台遺跡の遺構図である。これによると第二六号住居址は第三〇号住居址の床の一部を壊して作られていることから、第二六号住居址は第三〇号住居址が埋まった跡を掘り返して作られたことがわかる。このことから住居址に伴うと見られる状況で見つかったそれぞれの出土資料も第三〇号→第二六号住居址出土品の順に新しくなると推定できる。そして結果としてA型式はB型式よりも新しいものであると推測できる。

以上のことは土器の年代を推定するための操作のごく一部を提示しただけであり、実際にB→Aという順番を結論づけるためにはもっと多くの事例を集めて検証しなければならない。また、これだけでは空間的な広がりをとらえることはできないため、時間的な関係を結論づけるのと同じようにもっと多くの事例を検討する必要がある。加えて、A型式として今回仮に括った資料でも、ほかの資料を付け足し、さらに詳細な検討を加えることでもっと細かな分類をすることが可能である。例えば、図4の事例の場合、同一の型式とし

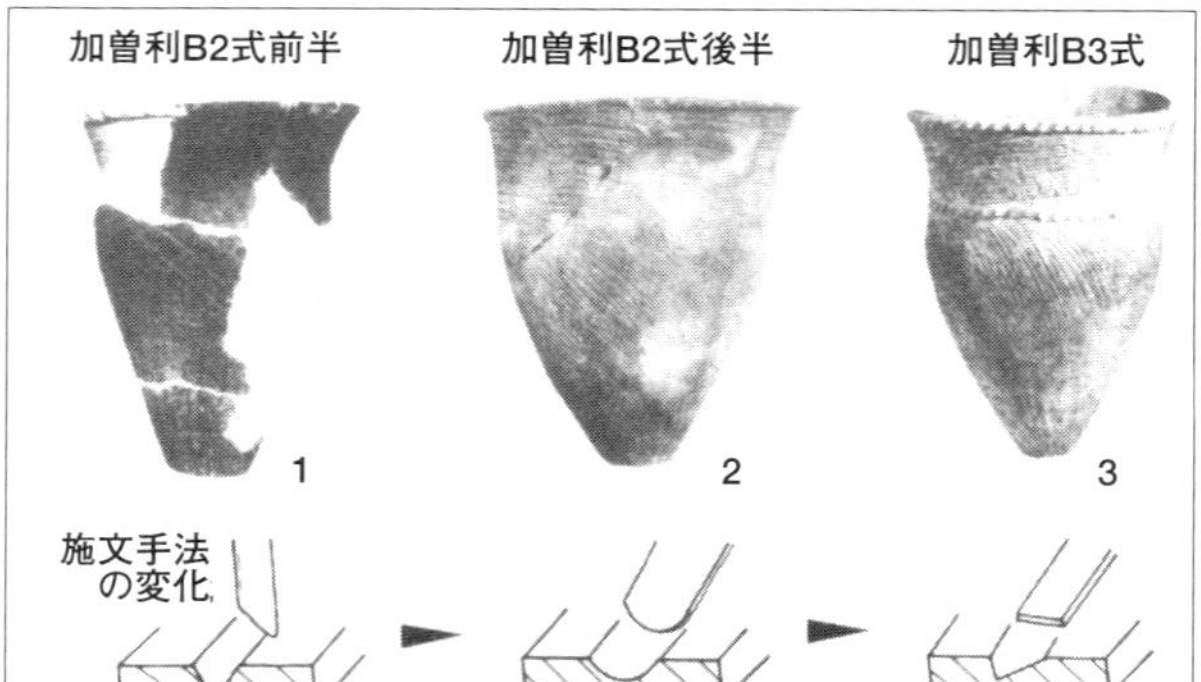

図4　同一型式内での細かな変化例（阿部・堺ほか2000を改変）

て括られている資料でも、文様を施すための工具が変化することが確認できるとされ、一つに括られた土器型式の中でもさらに細かな時期差を求めることができる。このように考古学では資料どうしの比較・検討を繰り返すことで、土器型式の相対的な新旧関係を組み立ててきた。

層位的に出土した資料の新旧関係が型式論によって裏付けられることもあれば、先述したように、型式論によって導き出された資料の新旧が層位によって証明される場合もある。型式論と層位論はそれぞれの長所を活かしつつ資料の新旧を導き出してきたのである。場合によっては両者に齟齬が生じることもあるが、その時には、どこが合っていて、どこがおかしいのかを再検討することで、従前よりもさらに精度が高く、細かな基準によって新旧の判断を下してきた。こうして導き出された前後関係はいわば資料の相対年代をはかる物差しのようなものであって、考古学ではこれを『編年』と呼ぶ。編年は土器以外でも、石器や鉄器などの遺物や竪穴住居址や古墳の石室といった遺構などさまざまな資料において構築されている。そしてさまざまな編年どうしをつき合わせ、補完することで、単一資料による編年よりもさらに精緻な編年が構築されている。

以上が相対年代による年代の求め方の概要である。型式論を基として、長年かかって組み立てられてきた土器の編年は非常に精緻なものになっている。ただ、それを求めるための基礎となる型式は観察者が認識した基準を基に、任意で設定されたものであり、基準次第ではまったく違った形のまとまりを見せることもある。いうなれば、型式は研究者が着目した特徴によって恣意的に区切られた単位であり、観察点が違う場合には、異なる結果が導き出されうる。また型式論を支える土層の解釈に関しても、考古学では調査時における土層の分層は現場担当者の過去の経験則に則り、任意で行なわれている場合が多く、科学的な分析による分層とは合致してないとする指摘もある。層位論の運用に関してもまだまだ他分野から学ぶべき点が多い。実際に相対年代による年代推定が実年代から外れていることもあるため、私たちは相対年代が考古遺物によって組み立てられた仮説であるということを常に意識しておく必要がある。しかし考古学では、編年研究が始まってから常に試行錯誤を繰り返すことで、今ある土器編年を組み立ててきた。そして現在もなお、地道な研究によってより精度が高く信頼のおける土器編年の構築が図られている。その成果が考古学の研究における一つの基礎となっていることもまた事実でもある。

主な参考文献

阿部芳郎・堺　陽子ほか　二〇〇〇「遺跡研究の目的と方法を考える」駿台史学、一一〇、駿台史学会
増子章二（編）一九八二『新作小高台遺跡発掘調査報告書』川崎市教育委員会

弥生から古墳時代にかけての飲食儀礼

土生田　考古学に限らず、学問はこれで決まったと考えられる説であっても、何度も繰り返し検証していきます。その検証作業の間には新しい資料も出てきます。それも加えて、繰り返し、繰り返し検証し、先行説をただ肯定したり否定するのではなくて、補強していく。その間に少し変わることもあるでしょう。また同じ事実であっても解釈の仕方でその意味が変わってくるでしょうし、歴史観の違いからある事実を重要視する場合としない場合とがあるという点でも若干の違いが生じます。このように意見が違うといっても、そこにはさまざまなケースがあります。そのことをまず皆さんに知っておいていただきたいと思います。

それでは次の話題である儀礼の問題に移りたいと思います。昨日、私も一部触れましたが、禰宜田さんが弥生時代から古墳時代にかけての墓制の違いの中で北九州の話も含めて墓そのものやそこにある遺物を中心とした話をしましたが、私はそのほかにお墓で行なわれたと考えられている飲食儀礼というものにも関心をもっております。同じ釜

の飯を食った仲だという言葉もありますように一緒に食事をしたり、お酒を飲んだりということは懇親を深めることにとてもいい方法です。そこで禰宜田さんから弥生時代から古墳時代にかけてお墓の墳頂部で行なわれていたとみられる飲食儀礼の変化を、お話いただきたいと思います。

禰宜田　方形周溝墓の周溝などから土器が出てきます。そうした土器には煤がついている場合があります。そこから考えられるのは、煮炊きが行なわれたということです。埋葬のある段階で、参加者が一緒に飲み食いするようなことが行なわれたのかもしれません。もしかしたら、お酒を飲むようなこともあったかも。弥生時代の近畿地方の方形周溝墓では、そうした形で死者との別れがあったのではないかと想像しています。

今日も、見てきたかのようなことを言ってしまいましたが、参考となるのは中国の歴史書『魏志倭人伝』です。ここでは、倭国の三世紀のことが書かれていますが、「人が死ぬと一〇日ほどは喪に服し、その間は肉を食べず、喪主は大声で泣いて、人々は歌舞飲食する」と記載されています（図2）。今のお葬式でも死者との別れに涙を流し、それが終わると供養ということで共に飲み食いをして家族等の団結を図るわけですが、同じようなことが行なわれたのかもしれません。いずれにしても、方形周溝墓においては、参列者が共飲共食するような儀礼があった可能性が考えられると言うことです。

興味深いのは、煮炊きが終わった後、すべての土器とは限りませんが、土器に穴を空ける点です。使ったあと、ただ捨てるだけではないというところが非常に面白いですね。その土器に穴を空

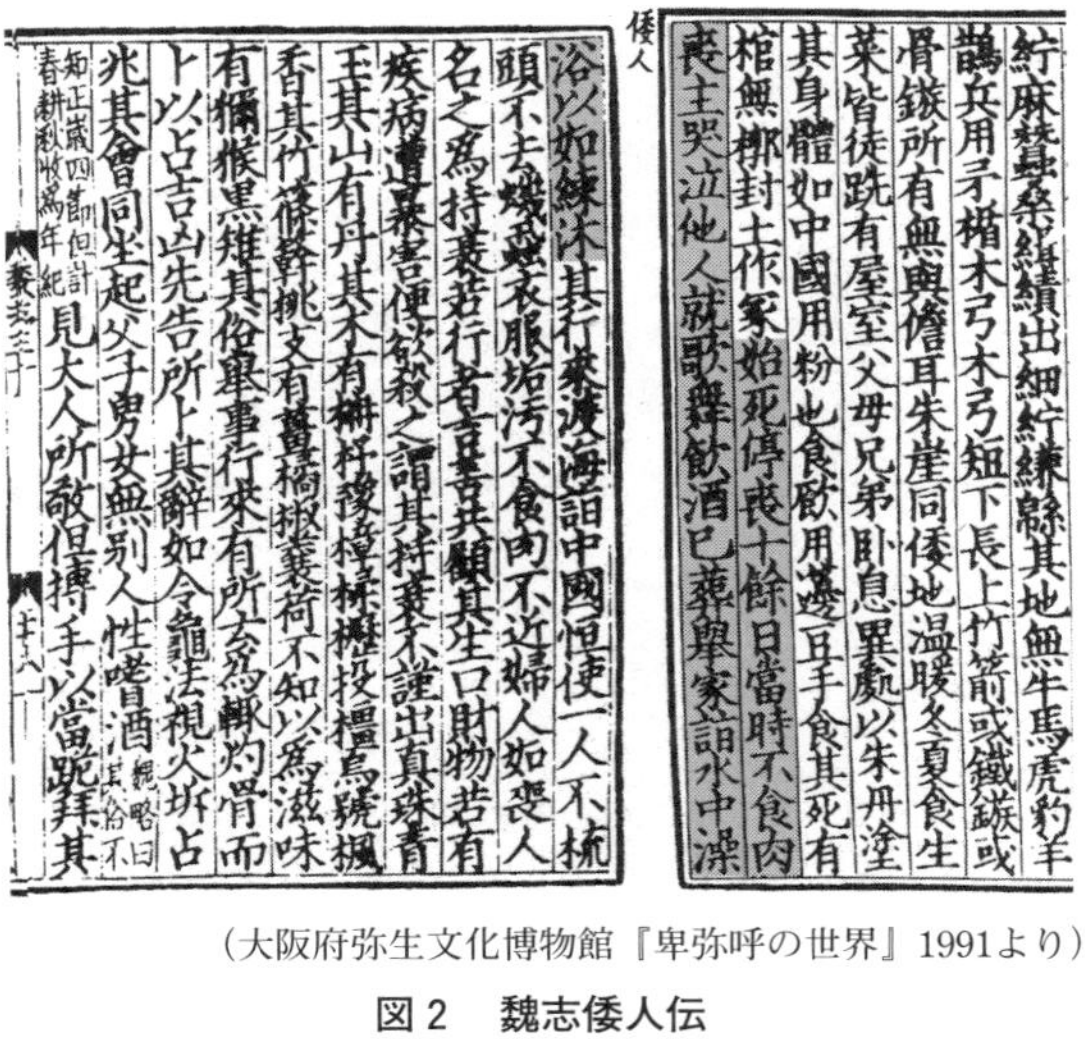
紵麻蠶桑緝績出細紵縑緜其地無牛馬虎豹羊
鵲兵用矛楯木弓木弓短下長上竹箭或鐵鏃或
骨鏃所有無與儋耳朱崖同倭地温暖冬夏食生
菜皆徒跣有屋室父母兄弟卧息異處以朱丹塗
其身體如中國用粉也食飲用籩豆手食其死有
棺無槨封土作冢始死停喪十餘日當時不食肉
喪主哭泣他人就歌舞飲酒已葬舉家詣水中澡
倭人
浴以如練沐其行來渡海詣中國恒使一人不梳
頭不去蟣蝨衣服垢汚不食肉不近婦人如喪人
名之爲持衰若行者吉善共顧其生口財物若有
疾病遭暴害便欲殺之謂其持衰不謹出真珠青
玉其山有丹其木有柟杼豫樟楺櫪投橿烏號楓
香其竹篠簳桃支有薑橘椒蘘荷不知以爲滋味
有獼猴黑雉其俗舉事行來有所云爲輒灼骨而
卜以占吉凶先告所卜其辭如令龜法視火坼占
兆其會同坐起父子男女無別人性嗜酒魏略曰其俗不知正歲四節但計春耕秋收爲年紀見大人所敬但搏手以當跪拜其

（大阪府弥生文化博物館『卑弥呼の世界』1991より）

図2　魏志倭人伝

ける行為ですが、細心の注意を払ってやらないと、穴はうまく空きません。私は不器用なんですが、力を入れてやると、ガシャッと割れてしまったはずです。おそらく、先の尖った石の錐や鉄のナイフのようなもので、こつこつと小さい動作で穴を穿っていたはずで（写真2）、そうしたことも、一つの儀礼であったのではないかと考えられています。[4]

こうした土器ですが方形周溝墓の周溝から出土します。方形周溝墓の墳丘の上に立て並べられていたのが、長い年月が経って転がってしまったと見られています。しかし、溝から多数の土器が出てくることもあるので、儀礼が終わった後にまとめて捨てられた場合もあったようです。

次に、こうしたお祭りがその後の時代にどうつながっていくのか、ということなんですが、現在のところ、弥生時代の後期になると、近畿地方では方形周溝墓の数が減ってしまいます。土生田さんが、今後どのように議論を進められるのかわかりませんが、弥生時代後期に近畿地方では大きなお墓がないことは問題です。大きなお墓がないから有力者がいなかったといえるのかどうかとも関わってきます。お墓の意味が、弥生時代と古墳時代では異なっていたことを考える必要があるのではないかとも思っています。

ということで、土器を使った儀礼ということになりますと、昨日も少し触れた弥生時代終末期のホケノ山墳墓があります。ここでは完形の壺が出てきました。やはり穴は空けられていたようですが、煤はついてはいないようで、そうした土器が埋葬施設に立てられていた状態が考えられます。

この時期には、北部九州からの葬送儀礼が入ってきたと考えていますので、方形周溝墓での儀礼の意味が変わっていたことが予想されます。そして、古墳になりますと、墳頂上に埴輪が樹立されるようになるのです。

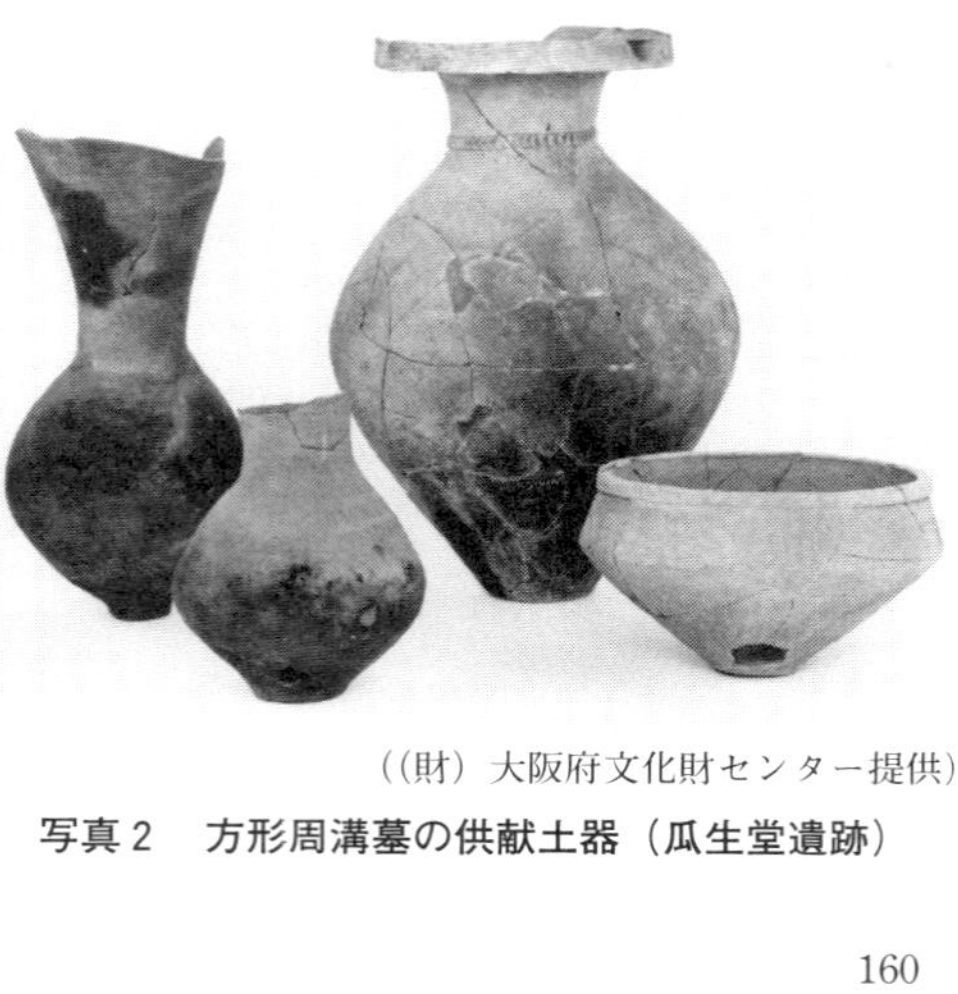

（（財）大阪府文化財センター提供）

写真2　方形周溝墓の供献土器（瓜生堂遺跡）

お墓が見つからない地域と時期

土生田　弥生の後期、二世紀中心だと思いますが、その頃の近畿地方中枢のお墓があまり見つかっていないということは私も存じておりますが、住居はどうなんでしょうか。

禰冝田　弥生時代後期初頭~前半のお墓は、ほんとうに少ないです。集落も大阪府に古曽部・芝谷遺跡や観音寺山遺跡など比較的大規模な高地性の環濠集落などはありますが、総じて少ないと思います。で、方形周溝墓は、終末期になると、また、出るところではどーっと出てくるのです。なお、後期のはじめの頃に遺構が少なくなり、状況がわからなくなるというのは、北部九州でもそうですし、関東でもそうではないのでしょうか。列島規模で何か変化があったようにも思うのですが。

土生田　先ほど、南関東は五世紀になると大きな古墳がなくなるということもあったので伺いたいのですが、住居はどうですか、浜田さん。

浜田　四世紀と比べると、五世紀の遺跡は少なくなっていると思います。ただ関東の場合、古墳時代前期の集落を含めて、集落の多くが台地の上のような高いところで見つかっています。そういった関係上、低地のほうの調査はほとんど行なわれてはいません。そういう意味で考えると、低地のほうに集落が降りてきていて、それが発見できていないだけなのかもしれません。ですから極端に少なくなっていくというふうに一概には決めつけられないという状況です。

土生田　弥生後期の近畿地方中枢も五世紀の関東もそうなんですが、古墳とかお墓がないから人が住んでいないという極端なことを言う方がいます。例えば住居域の場合、それまで私たちが認識していないようなところに移っているとしたら、話の展開も変わってくるわけです。考古学では「ある」ことからものを語りますが、「ない」場合でも、その理由を考えなければいけないと思います。民俗学でもおそらく同じことがいえるのではないでしょうか。ただ、「ない」ものを無理やり「ある」とすることは間違っていますが。私は人口の増減はあったと思いますけれども、ま

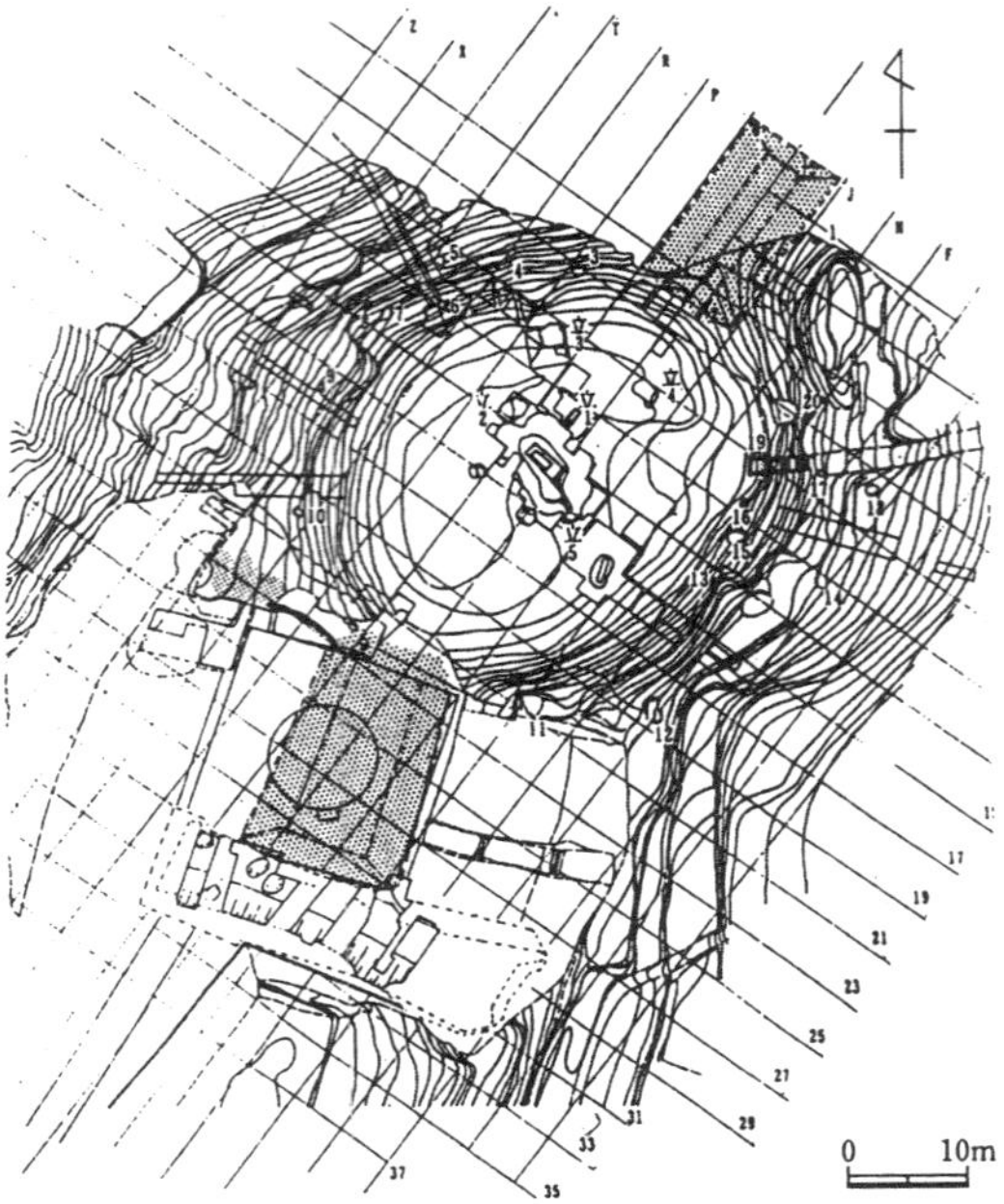

図３　楯築墳墓の墳丘平面図
（アミの部分は突出部想定復元）

ったく人が住まなくなるという事はまずないと思っています。

禰宜田さんにもう少し伺いたいのですが、畿内では弥生後期の墓自体が少ないので飲食儀礼の実態がわからないというのは、そのとおりであると思います。ただ、中国地方や北陸地方などの各地の調査では楯築、西谷、小羽山などといった遺跡で畿内の空白を補強できるような弥生後期から終末にかけての飲食儀礼の事例が見つかっているようです。そこで使われている儀礼に用いられている飲食器や方法などについてはどうお考えでしょうか。

禰宜田　今、あげていただきましたのは、楯築墳墓が岡山県、西谷墳墓群が島根県、小羽山墳墓群が福井県です。その中で、楯築墳墓は墳長が八〇メートルという非常に大きな墳丘をもっています（図３）。西谷墳墓群と小羽山墳墓群は四隅突出型墳丘墓と呼ばれる墳墓で、方形の墳丘の四隅が文字通り飛び出ている形、今ではあまり目にしないかもしれませんが、いわゆる糸巻き形をしたお墓です（図４）。そのうち、楯築墳墓や西谷墳墓群の三号墓では、墳丘上に土器がバラバラになって出土しました。埋葬が終わった後、儀礼で使った土器などが壊されたようです。楯築墳墓では、割れた土製の人形や勾玉など多数のものが出土しました。これらは、埋葬の後に叩き割るということが行なわれたと考えられますが、古墳にはつながらなかった儀礼です。

ところで、大阪湾岸では、先ほども言いましたが、この時期の大きなお墓が見つかっていないんです。方形周溝墓はあるにはありますが、規模の大きいものはなく地域を特徴づけるような首長墓がないわけです。

今から言うことは、土生田さんの質問の意味とは異なるのかもしれませんが、弥生時代においては、共同体、集団がまとまるシンボルとしてお墓を作る地域がある反面、そうではない地域があったとは考えられないのでしょうか。集団近畿では、お墓とは異なるものが、集団をとりまとめる役割を果たしていた、だから大きな墓がつくられなかったと考えたらどうかと思うのです。昨日、土生田さんはご発表の中で、「五世紀の南関東に古墳以外のほかのモニュメントはなかったのか」ということをおっしゃいました。弥生時代と古墳時代では違うのかもしれませんが、弥生時代後期の近畿は、まだ大きな墳丘をもつ墓を必要としなかった時代と見てはどうかということです。

もし、そういうことになると、弥生時代から古墳時代への変遷を考える際、お墓だけを考えていてはダメということになってしまい、なかなか一筋縄ではいかないことになりますが。

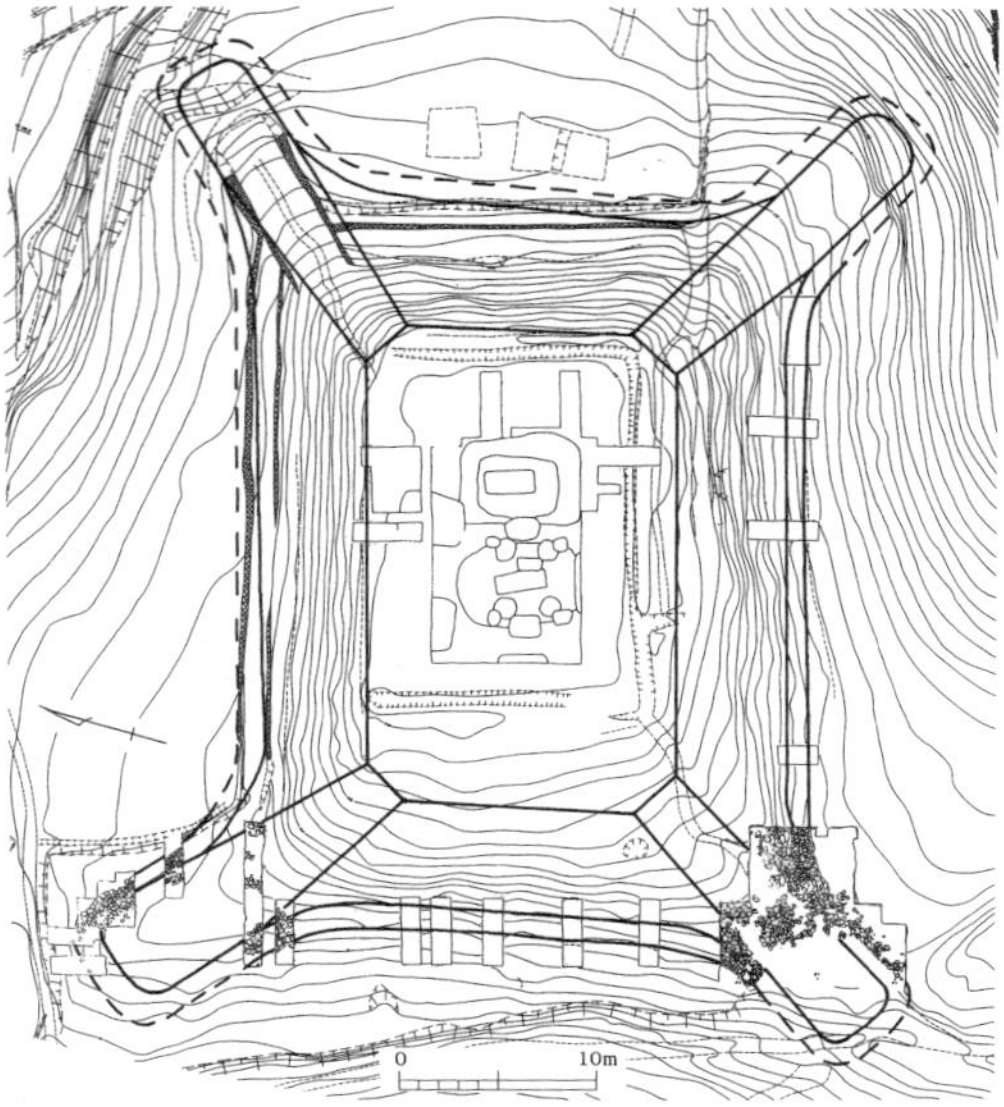

図４　西谷３号墓の墳丘復元図

土生田　よくぞ言ってくれました。私は昨日南関東の五世紀段階に大きな古墳がないのは本当に造れなかったのか、それとも別のもので同じような意義をもつモニュメントを作って代用したのではないかという話をしました。それを引用してお話ししていただき、まさに我が意を得たりといった答えをいただきました。

禰宜田　これについては、すでに指摘されていることではありますが、お墓をシンボルとしていたのは山陽地域・山陰地域で、近畿では銅鐸、突線鈕式銅鐸がシンボルであったのではないかということです（写真３）。

（羽曳野市教育委員会提供）

写真3　突線鈕式銅鐸（大阪府西浦遺跡）

祭祀儀礼の斉一化

土生田　さて、土器を使った飲食などに関して非常に細かく研究をして、最近博士論文をお書きになった方がいらっしゃいます。東京の北区飛鳥山博物館の古屋紀之さんですが、本日会場にみえています。せっかくですので、その内容の要点をお話ししていただけないでしょうか。

古屋　北区飛鳥山博物館の古屋と申します。私は弥生時代から古墳時代にかけてのお墓の土器の研究をやっております。その立場からお話させていただきたいと思います。かいつまんで紹介させていただきますと、弥生時代のお墓での祭祀儀礼がピークを迎えるのがおそらく弥生後期でも後葉の段階だと思います。この段階で北部九州、吉備、山陰、北陸、丹後、四国の北東部といった地域で独自の祭祀が行なわれております。そして禰宜田先生がおっしゃったように、この時期の畿内ではほとんどお墓の様相がわかっていないという状況です。先にあげた多くの地域でお墓を発掘いたしますと墓壙の上から、おそらく祭祀に使われたと思われる土器が大量に出てくることが多いわけですが、この土器群には当時食器として使われていたものが多く含まれています。先ほどから土生田先生が何度か触れられているように、おそらく飲食儀礼が行なわれていたであろうというふうに考えています。そしてこうした土器を一つ一つ丹念に見ていきますと、ちょっとおもしろいことが確認できるんですね。それが禰宜田先生のおっしゃっていた土器に孔を空けるといった行為です。これは畿内ではおそらく壺の胴部や底に空けられることが多いと思うんですけれども、吉備などでは、高坏などの食器類にも孔が空けられています。おそらく飲食儀礼に使用したあとになんらかの破壊行為を行なったのでしょう。逆に山陰では土器を壊さないまま墓壙上に置いている。北陸に関してはまだ調べている途中なんですが、どうやら土器自体を叩き壊して置いているような場合があるようです。なぜこうした破壊行為を行なうのかといいますと、先ほど新谷先生のお話の中にもありましたとおり、葬式の中で使った道具というのは、おそらく穢れを忌避する目的で、もう日常生活では使えないぞという状態にするために壊したり、孔を空けたりしたのではないかというふうに考えております。ところが古墳時代になりますと、ちょっと様相が変わってきます。古墳時代の古墳から出てくる食器というのは、弥生時代のものとは異なり、始めから孔が空けられているんですね。つまり土器を粘土で形作った後で、火を入れて焼く前に孔を穿ち、孔の空いた状態で土器を焼き上げて完成させる。これはもう意識としては土器を使っての飲食儀礼のようなものは考えず、お墓に供えることだけを意図して作ったというふうに考えられます。ですから、古墳時代になって飲食儀礼が省略されたのではないかとよく言われるわけなんです。ただ、私はもう一つほかに可能性があると考えています。それは飲食儀礼自体はおそらく行なわれ続けているのだけれども、そこで使われていた土器をお墓に入れるのではなくて、始めからお墓用の土器を作っておいて、別途お墓に納めたのではないかということなんです。つまり古墳時代に入ると集落での共同祭祀とお墓での共同祭祀とが分離してくるのではないか、というふうに私は最近考えております。

土生田　ありがとうございます。今の話をまとめさせていただくと、要するに弥生時代のお墓はそこで行なわれる儀礼行為に地域差があり、古墳になると実際に儀礼行為の中で使ったものではないものがお墓に置かれる、あるいは儀礼の内容が形骸化するなどといった形で、概ね斉一化されるということですね。このことに関して会場からの質問に私と禰宜田さん宛のものがありましたので取り上げさせていただきたいと思います。「何故儀礼を斉一化する必要があったのでしょうか？」これに関する回答としては、私は政治だけで古墳を考えるのはよくないという立場ですが、やはり一つは政治的な関係ができたからであろうと思います。

さて、この問いは、あえて考古学以外の方に伺いたいと思います。まず新谷さんのご意見を伺いたいと思います。弥生時代にも権力は生じていますが、お墓の形や儀礼の仕方などがバラバラで地域差がみられます。しかし古墳時代になるとお墓が前方後円墳を頂点として一つに斉一化されたものになり、そして儀礼のあり方も統一化されていく。これには私が言ったように政治的なものがまず頭に浮かびますが、それ以外に何か可能性があるものでしょうか。

新谷　難しい問題だと思います。これは社会学の嶋根さんのほうが適任であるかと思いますが。儀礼というものには何より社会統合という意味があります。人気がなくなりそうな県知事や府知事や都知事が県や府や都をあげていろいろなイベントや体育大会などを催して世論での人気を維持しようとします。内部ではそれに協力的でない職員を冷遇するとかします。マスコミはイベント情報でそれへの参加感覚をあおります。一般人へもその影響が大いにあります。また、労働組合の活動などでもそれに参加しないと立場が悪くなるなど、それらが現代的な事例でしょうか。やはり儀礼というものを共有するということは統合と連帯につながるという一般論があります。例えばまた出雲大社の例になりますが、国造《こくそう》家の古伝新嘗祭《こでんしんじょうさい》という祭式は天皇家の新嘗祭《にいなめさい》というものと共通します。それをもち伝えることによって、神代以来の結束をまた明治になってリバイバルさせているということがあります。一方で龍蛇様を迎える神無月の神在祭など出雲独自の祭祀伝承も伝えています。

むしろこれは私が聞きたいことなのですが、ヤマトの王権と密接に結びついた場合、不思議なほど同じ形をした前方後円墳が全国的に広がっていきますが、ヤマト以外の人たち、各地の首長層はその流れに逆らえなかったのでしょうか。またもう一つは、神社の建築様式では神明造りや大社造りといったいろいろな形が許容されているのに、それ以前の古墳にはそれが許されなかったのでしょうか。少し話がぶれていますが、私は古代から現代までの精神史や政治史というものを何とか通史的に考えてみたい欲求を強くもっております。なぜかと言うと、死の発見は霊魂観の発生でもあるわけです。ということは、神も霊的存在であるし、寺社仏閣も霊的存在である。むしろ死の穢れ観念が別物として分かれるのであって、そのほかはそれなりに通底しているスピリッチュアル・ビーイングズ（霊的存在）であることには間違いないと思います。そう考えると、古墳祭祀であれば、神社祭祀との関連があるかもしれない。また古墳をもって祭祀を行なっていた時代にも、それ以前では先ほど銅鐸というのも出てきましたが、三、四、五世紀にはまだいろいろな霊的存在に対する祭祀という行為に関連するものがあったと思われます。その中の代表が古墳であったのかと思います。質問にあった儀礼の共通性については今のように権力的に服属関係になったときにはやはり共通した形をお互いに採ることによって彼我の連帯を強めるというのが一般論です。そういうことから社会学の嶋根さんに儀礼と統合というテーマでタッチしたいと思います。

嶋根　ノルベルト・エリアスという社会学者がいます。この人は「文明化」ということに関して述べています。ヨーロッパ社会というのは、昔は大変野蛮で、貴族と呼ばれる人々も実際には戦士の生き残りで、力づくで人の領地をもぎ取るということをやっていました。彼らがフランスのルイ王朝辺りで宮廷に集められてきます。そうするとだんだんと飼いならされていって非常に規律正しい階級になっていきます。非常に丁寧な言葉を使ったり、礼儀正しく振舞ったり、あるいは怒りをすぐにぶちまけるようなことは避け、王様からいくら怒られても頭を下げ続けなければいけないといった人間になっていきます。これをある種の文明化であるといったわけなんです。もともと力でもってもぎ取らなければならなかった権力とか権威とか威信といったものが、何らかの儀礼によって取って代わられていく。つまり威信である王権に近いということは、王に対して同じような儀礼、同じような儀式、同じような言葉を使って振舞えること、あるいは礼儀正しくダンスが踊れるとか、食事のときにきちんとナイフとフォークが使えることが必要になってくる。そしてこういったことが発達してくることによって血なまぐさい闘争を避けることができるようになるといったことをエリアスは言っています。こうしたことを考えますと、新谷さんのお話のとおり、儀礼の拡散は社会の統合と連帯につながるのだと思います。野蛮な方法に頼らず、社会統合と社会的な連帯、そしてある種の権威や権力というものを、きちんと文明化された方法で示すことができる一つの手段が儀礼であったのではないかという気がしております。

土生田　社会人類学なんかの研究では桃木至朗さんが東南アジア、クリフォード・ギアツがインドネシアのバリ島をフィールドとした研究を行なっています。それらの研究によれば、前近代的な社会でもその構成員が皆で認めている宗教的ともいえる権威があって、そこの儀礼を周辺の権威がまた真似ることによってその中央の権威のいくばくかを共有することができるとしています。必ずしも野蛮な戦争や人殺しということではない共通の言語、共通の記号、所作、儀礼といったものをもつことによって血なまぐさい戦争を避けるといったシステムもあったのではないか。おそらく新谷さんと嶋根さんのお話もそういった方向にあると考えてよいのではないでしょうか。

コラム②

弥生墳墓から古墳へ──葬送儀礼に見る変化──

古屋紀之

1　墳墓における儀礼とは？

弥生時代・古墳時代の墓を発掘すると多くの場合土器が出土する。これらの土器の中には、墓を造った人々が休憩中に食事を摂るのに使用され、そのまま捨てられたものもあるやもしれない。しかし、中には特定の場所を意識して配列されていたり、故意に打ち割られたと考えられる出土状況を示す場合がある。このような状況に出くわすと、考古学者は埋葬に関連して何らかの儀礼が行なわれたにちがいないと認識するのである。

これまでの墳墓の発掘成果からは整地、築造、埋葬、埋葬終了後、などの各段階において儀礼の痕跡が確認されている。ここでは、もっとも多く確認されている埋葬施設の直上や墳丘の各所に置かれた土器について述べることとする。これらの土器は埋葬終了後に墓に置かれた土器と考えられるが、問題はそれだけにとどまらず、葬送儀礼の中でもっともセレモニアルな場面である飲食儀礼や供献儀礼の具体的な姿を復元するのにきわめて有効な土器群である。以下に弥生時代から古墳時代の儀礼の変化を、これらの土器の分析を中心に見ていこう。

2　弥生時代後期における葬送儀礼の地域性

弥生時代後期という時代は西日本を中心とする地域で巨大な墳丘墓が営まれるようになり、中期から継続する階級分化が一つの到達点を迎えたと考えられる。葬送の場における儀礼はそうした階級社会において一種の社会的セレモニーとして重要だったようで、中期から後期にかけて弥生墳墓における土器の出土量は飛躍的に増加する傾向がある。同時に、各地域で大変個性的な儀礼が行なわれていたようだ。それは土器の組み合わせや、最終的な土器の処理のされ方を調べることによって浮かび上がってくる。地域ごとに概観してみよう。

北部九州では、中期には甕棺墓や石蓋土壙墓などからなる集団墓が営まれ、その集団墓をとりまくよう営まれた「祭祀土坑」と呼ばれる浅い穴に儀礼に使用した土器を廃棄していた（佐賀県上峰町・吉野ヶ里町二塚山遺跡など）。土器の組み合わせから、小規模な飲食儀礼が想定される。ところが後期の福岡市宮の前C地点墳丘墓のような例では墳丘裾の数ヶ所に高杯を数個体埋納している。なにか飲食物を高杯に盛って供えたかのようである。

吉備では後期後葉の倉敷市楯築墳丘墓の出現を契機として、特殊器台・特殊壺と呼ばれる大型で装飾性の強い儀器が登場する。これらは真っ赤に塗られ、派手な文様で飾られる。まるで吉備のアイデンティティを主張するかのような特徴的な儀器で、後期から移行期（庄内式併行期）を通して使用され、古墳時代にいたって多量生産に対応するために円筒埴輪に変化する。弥生時代後期の吉備ではこれら特殊土器類とともに多量の飲食器が発見されるため、首長の死に際して盛大な飲食儀礼が挙行されたと考えられるのである。また、吉備の儀礼の特徴として儀礼に使用された土器を墓に埋納する際に、必ず孔を空けることが挙げられる。こ

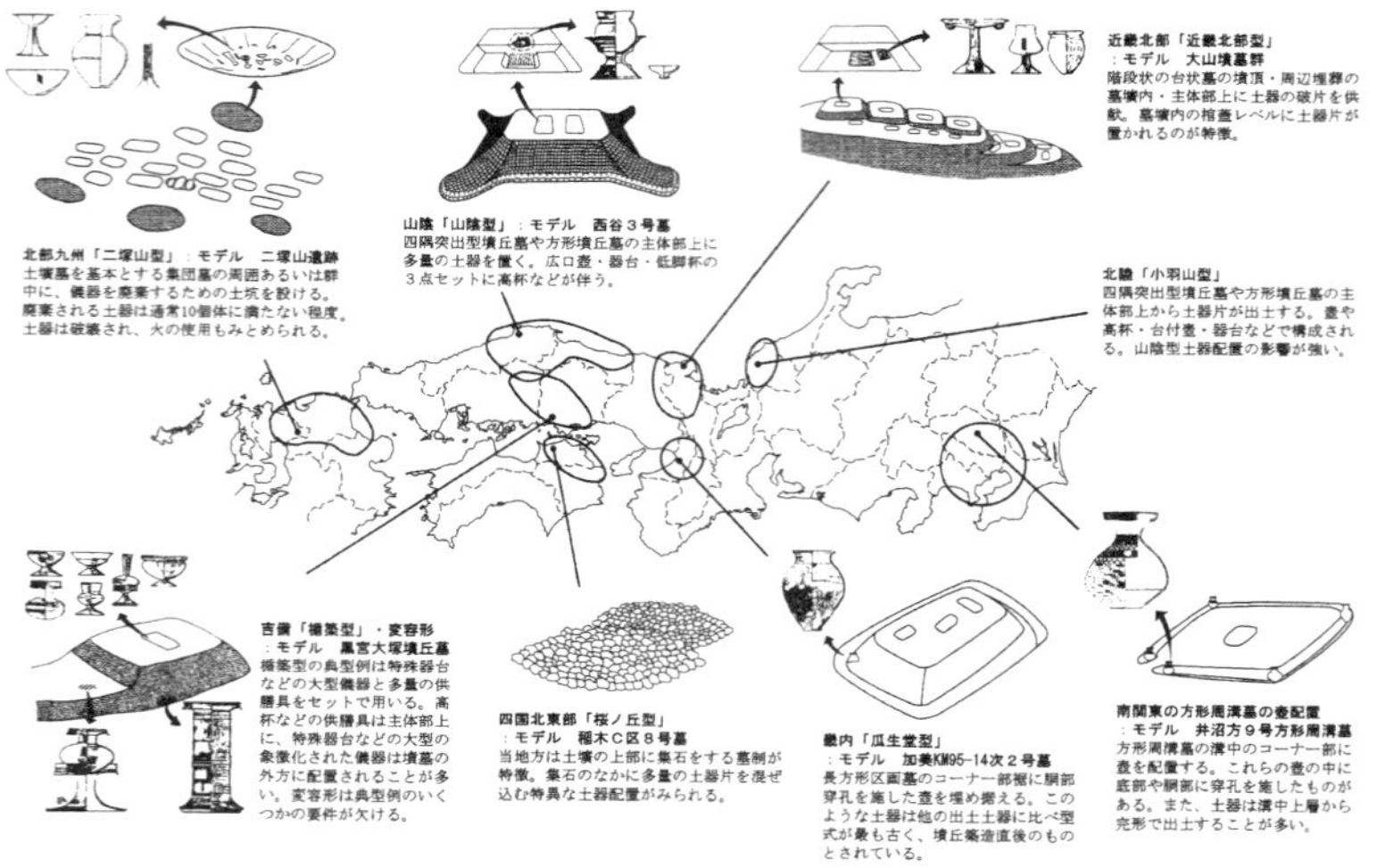

図１　各地域における弥生墳墓の土器配置（古屋 2007）

れは器としての機能を失わせるためであり、葬送儀礼に使用されて穢れた土器を二度と使用できなくするためと考えられている。

　山陰地方でも島根県出雲市西谷三号墓に代表される墳丘墓において、墓壙の上層から多量の土器が出土する。山陰特有の広口の壺、鼓の形をした器台、高台のついた杯の三点セットからなる飲食器が複数セットあり、これに若干の高杯や壺、液体を注ぐための注口付土器などが出土する。ここでも盛大な飲食儀礼が行なわれたようだ。西谷三号墓ではおもしろいことに吉備や北陸南西部の土器がいくつか、地元の土器にまじって出土している。山陰の首長の死に際して吉備・北陸から人が駆けつけたようで、当時の遠隔地の首長同士の間で交流があったことがわかる。

　旧国名で丹波や丹後に相当する近畿北部地方においても個性的な儀礼の痕跡が認められる。それは墓壙の中に遺骸を納めた棺を安置してから、土をかける前に、棺の脇か上に、打ち割った土器の破片を置き添えているのである。これを研究者は「墓壙内破砕土器供献」と呼んでいる。これら打ち割られた土器片を接合して復元すると、甕や水差しの形をした土器が多いことがわかる。この水差し形の土器は一般集落から出土する場合は煤がついていることはほとんどないが、墓から出土する場合は外側に煤が付着しているものが多く、葬送儀礼の場面では何かを温めるために火にかけられたことがわかっている。どうも飲食儀礼に使用された煮沸具を打ち割って破片を棺のそばに納めるというのが、この地方の儀礼の特徴であったようだ。

紙数の都合で詳細は述べられないが、ほかに福井県域を中心とする北陸南西部や徳島・香川県域の四国北東部においても特徴的な儀礼の痕跡が確認されている。また、畿内や関東地方では方形周溝墓のコーナー部に孔を空けた壺(穿孔壺)を置いている場合がある。墓に悪霊などが侵入するのを防ぐための呪術的な行為と考えられる。

以上をまとめると弥生時代の墓における儀礼は首長墓が巨大化する後期(とくに後期後葉)にピークを迎え、山陰や吉備では多量な飲食器が出土することから盛大な飲食儀礼が挙行されたと考えられる。

3 前期古墳の葬送儀礼

定型化した前方後円墳は弥生墳墓からの飛躍を前提に大和において突如出現したと考えられているが、その中に含まれる各要素は各地の弥生墳墓にその源流をたどれることも定説となりつつある。土器類に関していえば、吉備における特殊土器類の変遷の延長上に円筒埴輪が創出されることは著名であるし、畿内における初期の前方後円墳のいくつかから山陰系土器の系譜を引く儀器が出土していることもそうした現象の一つにかぞえられるだろう。

では弥生墳丘墓の儀礼がそのまま古墳に受け継がれたかというとそうではない。山陰地域のようにほぼ変わらぬ姿で弥生墳墓の儀礼が古墳に受け継がれた地域はまれで、畿内に出現した定型化した古墳に代表されるように、変質した形で受け継がれることが一般的であったようだ。ここでは代表的な事例として、神戸市西求女塚古墳の事例をみてみよう。

西求女塚古墳は墳丘長推定九八メートルの前方後方墳である。一九九二～九三年の調査で後方部墳頂の竪穴式石室が調査され、三角縁神獣鏡七面、浮彫式獣帯鏡二面、画文帯環状乳神獣鏡二面、画像鏡一面を含む計一二面の中国鏡のほか鉄製武器類、鉄製工具・漁具など豊富な副葬品が出土して注目された。しかし、西求女塚古墳を特徴付けるものはむしろ、石室上と墳丘各所から出土した多量の山陰系土器であろう。とくに石室上に置かれていたと推測されている土器群は山陰系鼓形器台が多量に含まれているほか、それらの器台と組み合うものとして、小型丸底土器がやはり多くある。小型丸底土器というと古式土師器を象徴する土器として一般的には畿内系としてとらえられているが、西求女塚古墳出土のものは口縁部が屈曲したもので、山陰系土器の影響下につくられていることがわかる。そして、注目すべきはこれらのほとんどに焼成前の底部穿孔が施されていることである。

弥生時代の儀器にはたいてい焼成後の穿孔が施されている。焼成後穿孔とはつまり土器を粘土でかたちづくり、焼き上げてから何か鋭利なもので土器の一部を打ち欠いて孔を空けることである。この場合、飲食など実際に土器を容器として使用した後に、孔を空けて使用不可の状態にしたと一般的には考えられている。穿孔土器は墓から出土する割合が圧倒的に多いので、おそらく葬送儀礼に使用して穢れたものを二度と使えなくするため、というのが穿孔を施す主な理由であっただろう。

ところが、弥生時代の最末期から古墳時代にかけての時期に急速に焼成前穿孔が普及する。焼成前穿孔とは土器を焼き上げて完成させる前に孔を空けてしまう事で、ようするにはじめから容器として機能しない状態で土器をつくることである。西求女塚古墳から出土した多くの小型丸底土器もこのようにはじめから底に孔を空けた状態でつくられている。なぜこのようなことをするのであろうか。

このことについては諸説あるが、おそらくこれらの土器を使って飲食儀礼を挙行することが行なわれなく

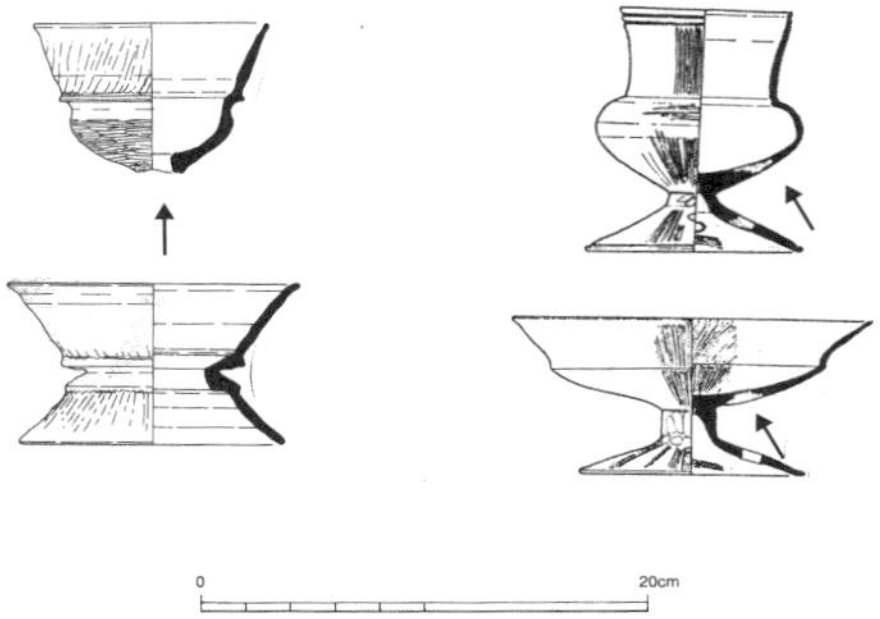

図２　弥生墳丘墓と古墳の儀器
右：岡山県黒宮大塚墳丘墓出土（焼成後穿孔、弥生後期後葉）左：兵庫県西求女塚古墳出土（焼成前穿孔、古墳前期）

なったのではないかと考えられる。弥生時代の後期後葉に葬送儀礼がピークを迎えたとき盛大な飲食儀礼が行なわれ、そこで使用された儀器は焼成後穿孔されて墓壙上やそのほかの場所に埋納される。この孔を空けて埋納するという行為自体が次第に儀礼化され、飲食儀礼から独立して別途行なわれるようになったとき、はじめから墓に埋納するための土器としてつくられはじめたのだろう。そうなれば容器の機能は不必要であり、むしろ打ち欠くという不確実性を含むやり方ではなく、焼き上げる前に丁寧に粘土を切り抜いて孔を空け、穿孔土器を完成させたのではないだろうか。つまり、古墳時代には墓における飲食儀礼は行なわれなくなり、かわりに土器自身を供献する儀礼へと変化したと考えられる。このことは古墳が弥生墳墓に比べ、より聖域化された施設であるためと、私は考えている。

これまで述べたような、飲食器の変化とともに、底部穿孔壺や円筒埴輪を埋葬施設や墳丘を取り囲むように立て並べることが、古墳の波及とともに全国的に盛んに行なわれるようになる。ここに弥生時代以来の地域色豊かな儀礼は形骸化し、次第に埴輪を中心とした外表装飾へと形を変え、斉一化されていったと考えられる。

主要参考文献

近藤義郎　二〇〇二『楯築弥生墳丘墓』吉備考古ライブラリィ、八
土生田純之　二〇〇二「弥生王墓から古墳へ―墳頂部出土飲食器の検討―」専修人文論集、七〇
古屋紀之　二〇〇七『古墳の成立と葬送祭祀』雄山閣

古墳時代の儀礼の変化

土生田　そこで、古墳時代になってからはどのように変化していったのかということが重要になってきます。実は遺物から古墳時代の研究をしている専修大学講師の中條英樹さんが本日会場にいます。そこで副葬品などを含めて、古墳時代における儀礼の変化とそこから考えられる可能性についてお話いただけないでしょうか。

中條　中條と申します。土生田先生から与えられた課題ですが、短い時間ですべての側面を議論することは不可能ですので、まず古墳における儀礼に関して副葬品の出土の仕方を中心に話をしたいと思います。まず、そこには多様性があることが一ついえます。およそ三〜四世紀頃の前期古墳で言えば、先ほど古屋さんが話されたような土器から復元される飲食儀礼もあれば、卑弥呼の鏡と呼ばれる三角縁神獣鏡といった鏡を埋葬施設の中に配置するという儀礼行為もあります。私が専門としております金属器、主に鉄製の遺物ですと前期古墳では副葬される数がそれほど多くはありませんが、五世紀頃の中期古墳では大量に副葬するという行為を見ることができるわけです。ただしこれは畿内の古墳に多く見られる現象であって、日本列島のすべての地域で必ずしも儀礼が斉一化しているわけではなく、地域差があります。このように古墳における儀礼には副葬品の種類や行為の時間的変化、地域差が認められるため多様性があるのですが、ここでは、金属製遺物、とくに鉄製品の副葬行為を中心にお話を進めたいと思います。

先ほども申しましたが前期古墳では鏡の大量副葬などが認められますが、それに対して中期古墳では鉄製品の大量副葬が行なわれます。大量副葬はどのようなものかといいますと、古墳には埋葬施設があり、そこに人体の埋葬、これは人体埋葬ではない場合もあると考えますが、施設の内外に鉄器を大量に副葬します。畿内の古墳に多い例ですが、例えば大阪府のアリ山古墳の北側施設では大体一五〇〇本もの鉄鏃が副葬されております。このような現象は前期古墳には見られない例です。同じく大阪府の河内野中古墳では一〇両以上の甲冑を並べ置くという儀礼も見られます。また同じく畿内で京都府にある恵解山古墳でも約五〇〇本もの鉄鏃の大量埋納がみられます。おそらく当時は鉄の製品自体が貴重なものであったはずです。このような鉄器の出土状況から、次代の権力者になると考えられる儀礼執行者が、同じ集団内の儀礼参列者に対して、貴重品である鉄の製品を大量に副葬するという行為を見せることで、権威や武威を表わしたと考えられるわけです。

一方、大体六世紀頃の後期になりますと古墳における儀礼や鉄製品の出土状況にも変化が認められます。これは、まず埋葬施設の変化が大きく関わっていると考えます。中期まで多く見られた追葬しない竪穴系の埋葬施設から、追葬が可能な横穴式石室や横穴墓といった横方向に入っていく埋葬施設が各地で見られるようになります。こうした埋葬施設に黄泉国の観念の成立がみられると説明がされていますが、この死への観念の変化が大きな違いです。後期古墳の儀礼は実際には非常に多様で一律化できないさまざまな側面がありますし、このほかにも検討しなければならないさまざまな要素がありますので一概にはいえないのですが、後期古墳では中期に見られた武器・武具などの鉄製品を大量に副葬する行為が、まったくないわけではありませんが基本的には見られなくなります。

もう一つ大きな変化としてあげておきたいことは、後期になると群集墳と呼ばれる一定の領域・区画に前方後円墳を中心として小規模な円墳などがまとまって築かれている様相が見てとれます。群集墳を構成する各古墳を見ますと、小規模な儀礼行為が繰り返し行なわれ続け、副葬品が徐々に少なくなっていく様相を見てとることができます。これは、中期の儀礼が比較的大規模な集団によって限られた古墳において特定の人物に対して行なわれている一方で、後期ではより小規模ないわば家族的な集団による造墓活動が行なわれ、各々のお墓で儀礼を行なうようになったためだと考えています。群集墳が盛行する後期では、自然と個別の儀礼が行なわれる機会が多くなったと考えられます。それは同時に儀礼行為に各集団の独自性や変化を生む要因になったのではないかと考えるわけで、おそらくお墓で行なわれる儀礼が大規模な集団のためのものから、家族的な小規模集団のものに変化していくようになったと、大雑把に考えています。鉄製品の大量埋納が基本的に見られなくなるのも群集墳の盛行と無関係ではないと考えます。そして古墳時代の終末期、およそ七世紀になると、今度は仏教という新しい宗教観念が入ってきます。その浸透にしたがって、また地域ごとに儀礼が変化していくと考えます。先ほど禰宜田先生から弥生のお墓の中でも、近畿地方の儀礼では銅鐸が重要であり、墳丘という舞台装置はそれほど重要ではなかったかもしれないというお話がありました。それと同じように古墳以外のものに転換していくためではないかと考えます。少し長い話になってしまいましたが、以上が古墳における儀礼の前期から終末期にかけての大まかな流れであると考えております。

土生田　どうもありがとうございました。

群集墳にとっての巨大古墳

土生田　とくに今お話のあったところで、中には大きいものもありますが、後期の古墳は小さくなります。かつて白石太一郎さんが指摘したことですが、前期や中期の巨大古墳のそばに何百年も後に築かれた小さな後期古墳がたくさん見られることがあります。先ほど中條さんはこれら小さな古墳は家族墓的なものだと言いましたが、おそらくそうであると思います。ただし、群集墳を全体的にみるとそこには氏族といったような紐帯があったのだろうと思います。私はこうした後期の群集墳を結び付ける一つの文化的な装置として、古い大きな古墳をモニュメントに見立てて使っているのではないかという解釈を昨日提起しました。お墓が必要以上に大きいということは、モニュメントとして必要だったからというわけなんです。単に葬るということだけならここまで大きなものは必要ありません。

嶋根さんは、人が亡くなるということには、生物的に亡くなるという面のほかに社会的に亡くなるという面があるということを指摘しています。私の話はそのうちでも社会的な生命を終わらせないためにもモニュメント、あるいは何か儀礼のようなものが必要であったのだということに当たると思います。私の仮説は先ほど申したように白石太一郎さんがいったものに基づいていますが、嶋根さんにお聞きしたいのですが、こういった考え方は社会学の立場からみて共鳴できるものでしょうか。

嶋根　大きなモニュメントが社会的な生命を維持することに役に立っているか、という質問だと理解してよろしいのでしょうか。

土生田　そうですね。典型的なものを一つあげてみましょう。奈良県室宮山古墳と巨勢山古墳群という群集墳が隣接してあります。この地域は現在では御所市というところですが、葛城氏の本拠地に当たります。室宮山古墳は二百何十メートルもあるような巨大古墳でありまして、築造は大体四世紀末から五世紀初頭に当たると思われます。そして巨勢山古墳群というのは中にはちょっと古いものもありますが概ね六世紀後半以降の古墳群です。両者の間には何百年かの隔たりがあるのですが、おそらく巨大な古墳を見通せるところに古墳を造るということは、それを造った人たちは自分たちが巨大な古墳に葬られた人につながっていると考えていた。実際に血縁的なつながりがあったかどうかは不明ですが、おそらく後になって小さな古墳を造った人々は巨大古墳の被葬者について、科学的ではなく、信念として自分たちの先祖の墓だと確信していたと思います。そのためのモニュメントとしてこの巨大な墳墓には有用性があったのでしょう。四、五世紀の大きな古墳は後々になって人々を結びつけるためにも必要だったんですね。こうしたことを考えると、このお墓に葬られた人はまだ社会的生命の面では生きているのだとも考えられるのですが、これについて嶋根さんはどう思われますか。

嶋根　今のお話ですが、おっしゃるとおりではないかと思います。土生田さんのお話の重点は大きなモニュメントが、ある社会集団のシンボルとなっているということだと思います。その可能性は十分にあると思います。昨日新谷さんが葬儀や墓場の機能としてたんなる遺体処理ではなく、魂の鎮めという役目があるだろうということをおっしゃっていました。私もそのとおりだと思っていますが、私は無神論者ですので魂というものをあまり考えに入れません。説明概念として魂を用いることはありますが、それが実在するとは思っていません。では死んだ後に何が残っているのかといいますと、魂が祟るとか、魂が存在するというふうに思っている集団の考えがそこに残っているのです。あるいはそこにいたある人が、化け物になって蘇ってくるかもしれないということにつながる集合的な記憶などです。

これらは社会学でいうところの「集合表象」です。死んでしまって人の心はどこに行くかは知りませんが、おそらく消えてしまうわけです。残っているものがあるとすれば、それは社会的な記憶であり、社会的な儀式が残っていくのであろうというように考えています。

人が死ぬということがなぜ社会にとって危機であるかというと、やはり人間というものは社会の中で生まれ、育ち、そしてその中で死んでいくからです。これは物質的にも同じです。我々は一人で生きていくことができないので、誰かに養ってもらわなくてはいけない。母親から母乳をもらわなければ生きていけないですし、私がものを考えられるのは誰かから言葉や概念といったものを教わったからです。昨日新谷さんが言っていたように死というものも同じようにして教わります。それによって私たちは初めて「ヒト」という動物から「人間」という意識をもった存在に変わっていくわけです。ですからそこには当然他者というものが、私の意識の中に存在しているわけです。ですから土生田さんが何かの考えを示したら、私の意識の中にはそれを教えてくれた土生田さんという人が存在することになります。私の心の中には、父や母、兄弟、友人というようにいろいろな他者がいて、「私」というものはそうしたいろいろな人の意識の複合によって出来上がっているわけなのです。つまり人間は、いろんな人の記憶や意識によって出来上がっているんですね。その中で「人」が死ぬということは、意識の中にある一部分が実際にいなくなってしまうというわけです。

自分の中には記憶があるのに、ある日ぱったりと自分の存在の一部でもある重要な他者がいなくなってしまう。これがとても人間を苦しめるのであり、それと同時にそういう記憶を残している社会を傷つけるのではないかと思うわけです。そうした危機的な状況を乗り越えさせるのが葬儀といった儀礼であり、そのための世界観を作ってきたのが宗教であり、そうした人々の想いというものが結実したものが墓なのではないかなと考えているわけです。話は随分それてしまいましたが、先ほど土生田さんが言われたように、ある墓を仰ぎ見て生きている集団がいる。それはそうすることによって社会の統合が保たれるのであり、社会が活力をもつことができたのであり、そういうことが必要とされている社会状況というのがおそらく当時にはあったのだろうと思います。

ところでちょっと私のほうにも教えていただきたいことがあるのですが、なぜこの時代になると小さなお墓ができるようになったのでしょうか？それまでは大きな古墳はあったわけですよね？けれども個人の小さなお墓というのは見つからないわけですよね？ところがこの時代になると大きな古墳の周りに小さなお墓が見つかる。私のように社会学をやっている人間はそれを「個人」というものが生まれた兆候ではないかなどとすぐ考えてしまいます。それまではそこにある社会や部族を束ねるようなずば抜けた権力をもった人という人だけが、ある個性をもった「人物」だったわけですけれども、そのほかの衆生である普通の人たちは、かつてのモンゴルと同じように亡くなればどこかに消えてしまうような存在でしかなかった。だから墓が見つからない。けれどもここで墓が出てくるということはそこに「個」というものが生まれてきて、私はあなたとは違う個性的な存在であるということが初めて認識されることによって、これはだれそれの墓であるという概念が生まれてくるのではないかなと思うのですけれども、いかがでしょうか。

土生田　いくつかの論点があると思うのですが、最初に大きなお墓が集団を結びつけるためのモニュメントとして機能するだろうというお話は国文学の西郷信綱先生の説とほぼ同じであると思います。次の小さなお墓が六世紀に現われてくるということに関してですが、実は三、四世紀といった古墳時代前期の段階にも小さなお墓がないというわけではないんですね。ただし後に残るようなしっかりしたお墓というものが全体的にあるかというと確かにほとんどありません。そういう意味で個人が発生したということまではちょっと言い切ることができません。そのあとの国家とまではいかないまでもその前身となるような体制ができてきた時期に、人に対する把握の仕方が個人レベルに近いところまでいき、結果として小さな古墳が造られるようになったというように解釈しています。つまり文献史学で言う部民ぐらいの単位で人々を把握したのではないでしょうか。そしてその中の有力者達が小古墳を築造するようになったものと考えています。つまり、在地の論理と結びついた段階から中央との結合に基づいた制度への変化が、古墳にも表われているのだと考えているのです。部民は四世紀ぐらいからあったと昔はいわれていましたが、今は大体六世紀ぐらいといわれているようでありますので、その意味ではおそらく符合すると思います。この件でほかに何か禰宜田さん辺りには異論などあるでしょうか？

禰宜田　とくにありませんが、弥生時代では首長と民衆という区分だけだという考え方と、首長と民衆の間に中間層という階層を想定する考え方があり、そういうことと、どう関わってくるのかなと思っていました。

コラム③

古墳の副葬品・埋納品にみる儀礼—中期古墳出土の鉄製品を中心に—

中條英樹

およそ三世紀中頃から七世紀初頭まで続く古墳時代は、「古墳」が時代名称であるとおり墳墓が社会的に重要視されたと考えられている時代である。古墳は死者を埋葬する施設であると同時に、のちに生きた人々が儀礼を行なう場でもあった。この死者の埋葬・儀礼の場としての古墳には埋葬施設があり、被葬者に対して供えられたと考えられる品々が多かれ少なかれ見られる。この副葬品の量の多寡や墳墓・埋葬施設の大きさによって古墳時代の階層構造が論じられるなど、古墳そのものが持つ情報量は多く、研究の方向性は多種多様である。ここでは、古墳出土品の中でも墳丘に構築された木棺や石室（石槨）などの施設内、あるいは施設周辺から出土する遺物のあり方に着目してみたい。なお、古墳時代は大きく二時期に区分する場合がある。（前・後期）と三時期に区分する案（前・中・後期）があり、さらにこれに続いて終末期を設定する場合がある。ここでは古墳時代を三時期に区分し、かつ終末期を加えて話を進めたい。また、同一時期であっても、日本列島に見られる古墳には各地で遺物の種類や出土量も異なる。小稿では古墳時代に政治的な中心地域であった近畿地方の事例を扱う。さらに、古墳における副葬品・埋納品は多種多様であり、ここでは特定の品目に限って論ずることをお断りしておく。

1　時期別に見た古墳における遺物の出土状況

さて、古墳時代前期に位置づけられる古墳（およそ三世紀中頃から四世紀末の古墳。以下、前期古墳）では、いわゆる卑弥呼の鏡と呼ばれる三角縁神獣鏡などの青銅鏡を木棺の外側で遺体を囲うように配置する副葬形態が見られたり、棺内では遺体の頭部付近に画文帯神獣鏡などの舶載鏡を副葬する形態がいくつかの古墳で認められる。何人かの研究者により、鏡の副葬形態には多様性がありいくつかの類型に分類され分析されている（用田一九八〇、今尾一九八四、岩本二〇〇四など）。鏡は辟邪の意味をもつとされ、遺体を邪なものから守護する役目を担っていたと考えられるが、次に述べる中期に位置づけられる古墳（およそ四世紀末から五世紀の古墳。以下、中期古墳）と比べると前期古墳では鏡などの呪術的な副葬品が一つの埋葬施設に大量に副葬されたことが特徴としてあげられよう。銅鏃・鉄鏃や鉄刀・鉄剣などの武器類もかなりの量が副葬される場合があるが、一埋葬施設内の副次的施設から出土することが多く中期古墳と比べると出土状況に違いがあり、遺物のもつ意味や扱いが異なっていた可能性がある。三角縁神獣鏡を大量に出土した奈良県黒塚古墳などの例が著名であろう。

次に中期古墳であるが、前期古墳とは異なり一古墳において鉄器が膨大に出土する例が見られるようになる。この鉄器が大量に出土する現象は、人体埋葬を伴わない施設において見られることが指摘されており、大量副葬ではなく、大量埋納と呼べる現象である。代表的な例として大阪府アリ山古墳、野中古墳、黒姫山古墳や京都府の恵解山古墳などが著名である。

具体例をみてみると、大阪府アリ山古墳の北側施設では約一五〇〇本もの鉄鏃が、同じく畿内の京都府恵解山古墳でも鉄鏃四七二本の大量埋納が確認されている（図1）。この鉄器の大量埋納は鉄鏃に限ったことではない。例えば先の京都府の恵解山古墳では、鉄刀・鉄剣が二一〇本埋納され、また大阪府の黒姫山古墳では短甲・冑が二四領ずつ副葬されている。同じく大阪府野中古墳でも一〇両以上の甲冑を並べ置くという儀礼行為も確認されている（図2）。

次の古墳時代後期の古墳（およそ六世紀の古墳。以下、後期古墳）では、中期古墳に見られた鉄器の大量埋納が基本的に確認されなくなる。これには、主に埋葬施設の変化が大きく関わっていると考えられる。中期古墳まで一般的であった竪穴系の埋葬施設から横穴式石室や横穴墓といった追葬が可能な埋葬施設が各地で見られるようになる点である。こうした埋葬施設の変化は日本列島における黄泉国の観念の成立が見られると説明されており、死への観念に変化が生じたことが遺物の品目や量に大きな影響を及ぼしたと考えられよう。

そして古墳時代の終末期（およそ七世紀）になると、古墳における副葬品が大幅に減少する。これは、文

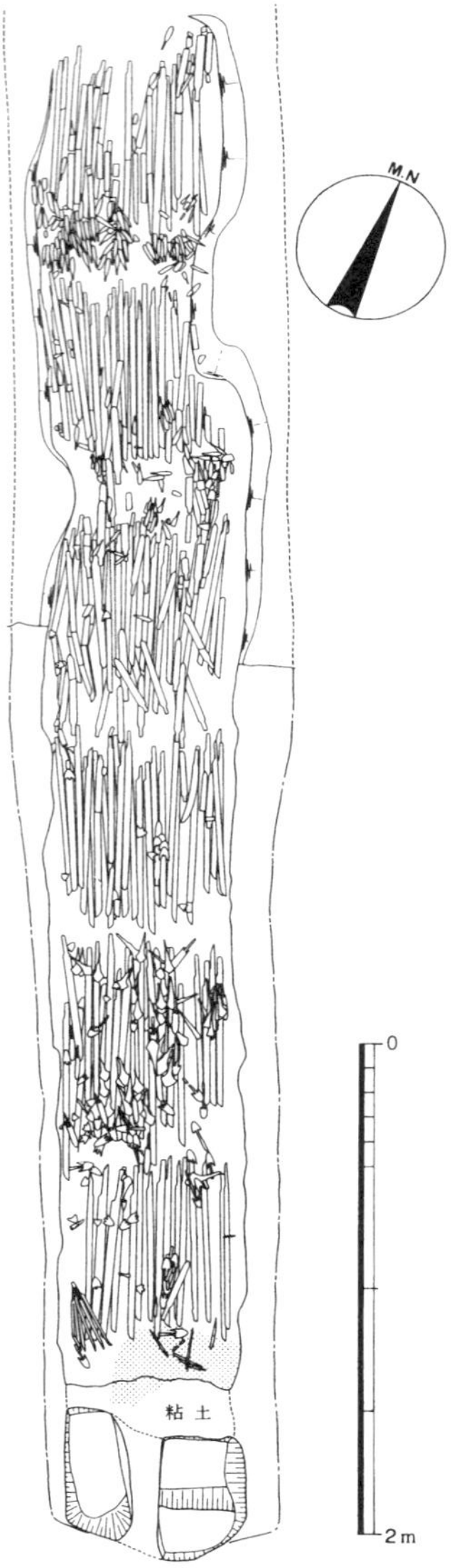

図1　恵解山古墳の鉄器埋納施設

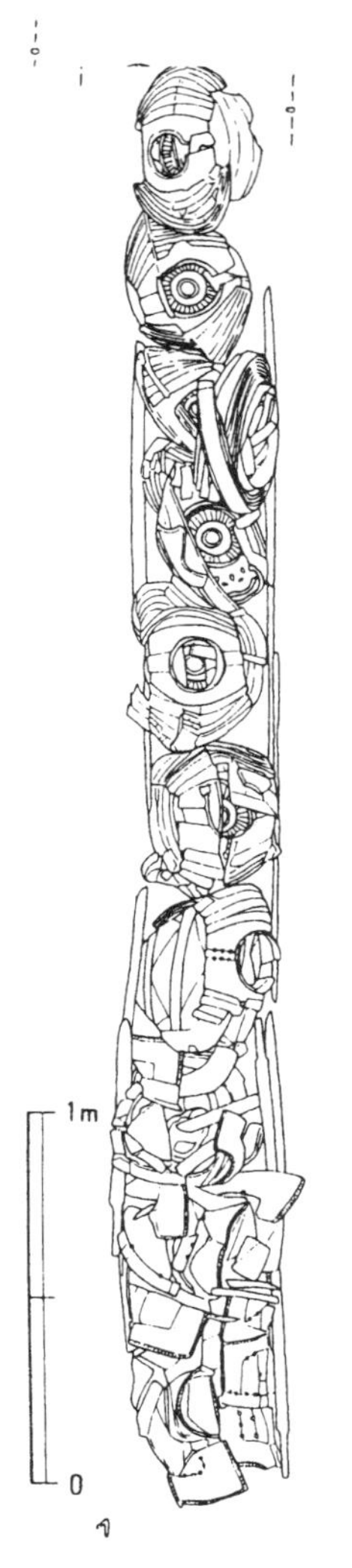

図2　野中古墳の甲冑出土状況

献資料にも伺えるように日本列島への仏教という新しい宗教観念の流入に伴った現象と考えられている。また、古墳時代終末期古墳は、後期まで造営されていた時代を象徴する前方後円墳が消滅し、また古墳自体の規模も著しく縮小する。そして次第に古墳そのものも造営されなくなっていくのである。

2　古墳における儀礼行為の変遷とその解釈

それでは、以上の古墳における遺物の出土状況はどのように解釈されるのだろうか。とくに、古墳時代を通じて鉄器が大量に副葬・埋納されるという特異な儀礼行為が見られる中期古墳の事例から考えてみたい。

まず、中期古墳における鉄器の大量埋納は、先に紹介したようにその中心品目が鉄鏃・鉄刀・鉄剣などの武器類や甲冑などの武具類であることから、しばしば古墳時代中期における軍事組織との関連で論じられてきた。主に武器類の分析を中心とした豊島直博氏の研究によると鉄器の大量埋納には、主に刀剣類、鉄鏃、農耕具を埋納する「武器型」と少量の甲冑と武器を埋納する「甲冑型」に分類されることが指摘されており、また刀剣類の詳細な時期的変遷の検討により、前期末葉の古墳において副葬される鉄器に増加傾向が認められ、中期前葉になると先の大阪府アリ山古墳北施設や京都府恵解山古墳などのような「武器型」の大量埋納が認められるようになる。ついで中期中葉頃に野中古墳などの「甲冑型」が出現し、続く中期後葉に到って副葬・埋納鉄器の出土量が減少していくことを指摘している（豊島二〇〇〇）。

とくに豊島氏は鉄器の大量埋納を施設内における非実用的な刀剣類・鉄鏃やミニチュア農工具が存在することから、儀礼において大量の鉄製品を用意することがより重要であり、儀礼参加者に多量の鉄器を埋納する行為を見せることに大きな意義があったであろうと考える。そして、その背景に当時の東アジアにおける対外的な緊張関係によって鉄製武器の受容が拡大したことを想定する。また、中期後葉に副葬・埋納鉄器が減少していく現象に関して、この時期に出現する初期群集墳（一定の領域・区画に前方後円墳を中心として小規模な円墳などがまとまって築かれる現象）において鉄器の副葬が確認されるなど、武器の受容の拡大が鉄製品の浪費に歯止めをかけたと考える。豊島氏の論は、鉄器の大量副葬・埋納行為を考える際に副葬・埋納鉄器の詳細な編年を前提に論を展開していることから説得力に富むものであり、筆者もこの意見には賛成である。

そして、先述したように後期になると追葬可能な埋葬施設の登場に加えて、さらに群集墳が盛行することが大きな変化として指摘できる。追葬可能な埋葬施設の登場に加えて、各地の群集墳における度重なる儀礼行為の拡張によって、古墳における儀礼行為の多様性が生み出されたと考えることも可能である。中期古墳における儀礼行為が比較的大規模な集団により特定の人物に対して行なわれたのとは異なり、より小規模な

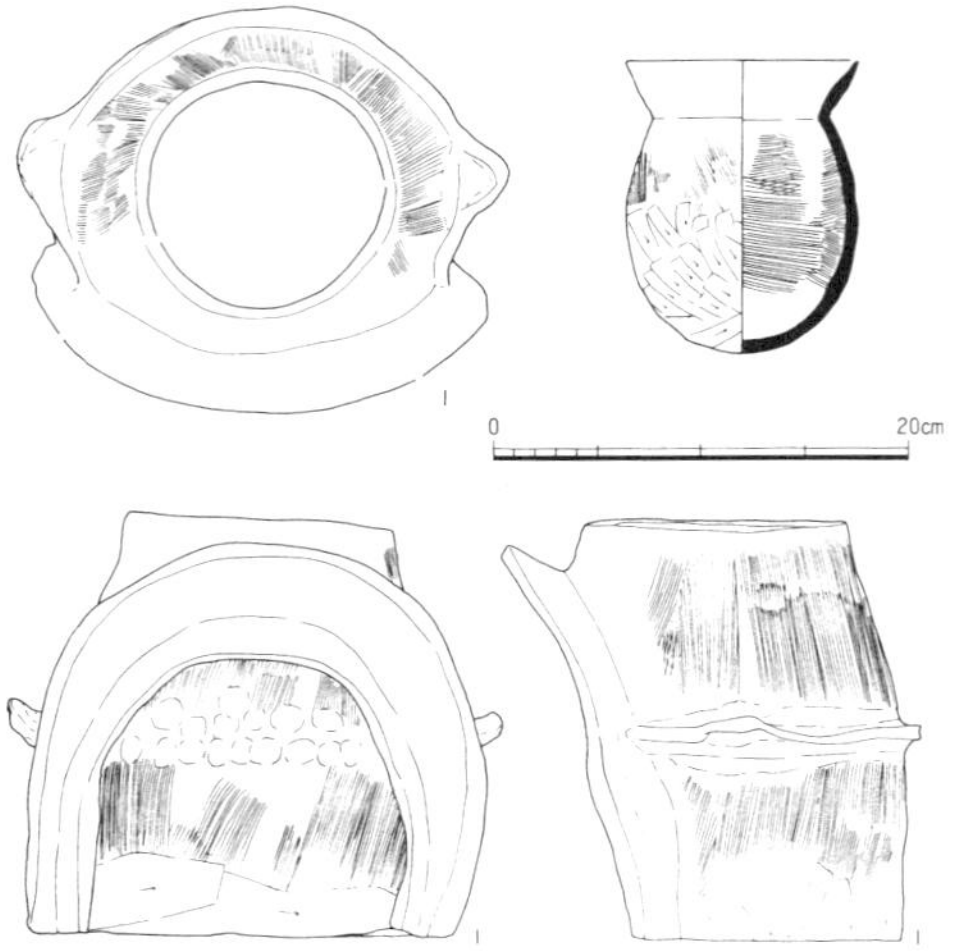

図3　滋賀県太鼓塚遺跡（22号墳）出土のミニチュア竈と甕形土器

いわば家族的な集団による造墓活動が相次いで行なわれることにより、自然と個別の儀礼が行なわれる機会が多くなったことで儀礼行為に各集団の独自性や変化が生じたのではないかという可能性が高い。例えば、大阪府の一須賀古墳群や滋賀県大津市に所在する後期の群集墳（太鼓塚遺跡など）では、土師器のミニチュア竈が出土するなど、他地域と比べて特異な儀礼行為が確認できる（図3）。この土師器ミニチュア竈は、朝鮮半島からの渡来人との関連も指摘されており、儀礼行為の多様化に新来の渡来人が関与していた側面を指摘できよう。

以上のように鉄製品の大量埋納が基本的に見られなくなる現象は、先の豊島氏の解釈とともに群集墳の盛行と無関係ではないと考えている。

次に、古墳時代の終末期における前方後円墳の消滅、古墳の規模や造墓活動自体の縮小化傾向、副葬遺物の大幅な減少は、仏教という新たな宗教観念の流入とその拡充政策によって、王権の権力を誇示する儀礼行為の舞台装置が寺院などの古墳以外の施設に転換していくためではないかと解釈することが可能であろう。

以上、古墳時代前期から終末期にわたって古墳の副葬品・埋納品から見た儀礼行為とその変遷、そして儀礼行為から読み取れる社会的背景に関して可能性のある解釈を述べた。紙幅の関係で、詳細を述べることが叶わなかったが、最近際立って資料が増加し続けている朝鮮半島の事例を考慮に入れた議論が今後の重要な視点となるであろう。

参考文献（五十音順）

岩本　崇　二〇〇四「副葬品配置からみた三角縁神獣鏡と前期古墳」古代、一一六、早稲田大学考古学会、八七―一一二頁

今尾文昭　一九八四「古墳祭祀の画一性と非画一性」『橿原考古学研究所論集』六、吉川弘文館、一一一―一六六頁

豊島直博　二〇〇〇ａ「鉄器埋納施設の性格」考古学研究、四六―四、七六―九二頁

豊島直博　二〇〇〇b「大量副葬」『第七回鉄器文化研究集会　表象としての鉄器副葬』鉄器文化研究会、一四一―一五二頁
用田政晴　一九八〇「前期古墳における副葬品配置」考古学研究、二七―三、考古学研究会、三七―五四頁
※図版は各報告書・論文から転載。紙幅の関係上、各遺跡の報告書は割愛させていただいた。

生前墓と王の霊魂観

新谷　質問してもよろしいですか？今の話題に関して私がふだん考えていることを専門の方に伺いたいと思います。一口に古墳時代と言ってもいろいろと難しい問題があるということですが、前期・中期の巨大な墳墓はそれ自体が権力、もしくは権力者の表象であり、政治的表象であるということで大丈夫でしょうか、そういう解釈でよろしいのでしょうか？　そうすると私はその墳墓というものは権力者の生前から造り始めたのだろうと思います。つまり亡くなる前に作ったお墓があの巨大な前方後円墳ではないかということです。それをまずお聞きしたいのです。

加えて、あんな大きな何百メートルもあるお墓を造るにはそれなりの年数と時間をかけて一定の労働力が注入されていると思います。仮に私が王であるとすると、あの辺りにこういう形で私の王墓を造りなさいと命じる。それを受けて誰かに発注してお墓が作られます。そのお墓は私が亡くなる前に出来上がり、自分でそれを確認でき、そして亡くなった後に殯の儀礼などが行なわれてお墓に入れられるということになると思います。次に登場した王もまた別に自分の墓を造ります。王が生前、残りの寿命があるのに自分の墓地というものを先に造っているということは、まさに現世でも来世でもその次になっても自分は霊的存在として生きているかのごとく権威を後世に発揮し続けるという共通する観念があったのでしょう。イメージですが、それが彼らの霊魂観だと思います。そうするとそこには非常に

特別な霊魂観とかあるいは生に対する死という世界、他界観を共有していなければいけません。ところが横穴式石室の群集墳というのはいわゆる墳墓が権力の象徴ではないようですね。ということは古墳時代の後期というのは、もはや古墳時代ではないのではないかというような疑問が出てきます。その辺はいかがでしょうか？

土生田　非常に手厳しい質問を頂きました。生きている間に造られるお墓には寿陵、寿墓という言葉があてはまると思います。本来の意味は生前に墓を造ることで逆に寿命を延ばすと思われていたお墓です。このような生前から用意する墓は間違いなく日本にもありました。というのは日本書紀にもそれに関する記述があるからです。それは仁徳天皇に関するもので、自分のお墓を造るための土地を探しに現在の大阪府堺市の辺りに行ったら、鹿が突然出てきて、百舌鳥がその鹿の耳を喰いちぎって去っていったというものです。ある人によると、耳というのは精霊の宿る部分なのでこれは土地の神様に出て行ってもらうことで場所を譲ってもらい、そこにお墓を造ったということを象徴している話だそうです。鎌倉市教育委員会の青木敬さんという人がいますが、技術的な話から墳丘を造るにはどれくらいの時間をかけているのかといったことを研究なさっています。本日会場にいらっしゃるようですので、寿墓というものがあったかどうかといったことも含めて、墳丘築造のお話をかいつまんで紹介していただけないでしょうか。

青木　鎌倉市教育委員会の青木と申します。まず一つ質問にあった墳丘築造の問題で完成以前の話ですが、先ほどまでのお話の中で何度か出てきました「墓壙」という埋葬施設を設ける際に造られた大きな穴があります。これはきわめて急傾斜で掘り込まれたもので、基本的な土木レベルの問題でとらえますと、造ってすぐにそうした急傾斜の状態ですと崩れてしまいます。基本的にはそれを三～五年ほど雨ざらしにして放置しておかないと墓壙はしっかりしません。そうしたことから考えますと、少なくとも葬られる前の数年間は墳丘を雨ざらしにしておいたのだろうと思います。したがって私は大型の古墳というものは生前から造られていたものだったと見てほぼ間違いないと推定しています。もう一つ古墳の造り方ということに関わることなのですが、私個人の見解といたしましては古墳には、とくに前方後円墳ですが、列島の中で大きく二通りの造り方があります。一つが古墳の外側から土を盛って作り上げていく造り方で、これは西日本の前方後円墳を中心として見られる造り方です。一方で東日本の古墳はと申しますと、古墳の中心部分の骨組みに当たるような部分を造り、その後肉付けするような形で外へ外へと広げるように土を盛っていく造り方をしています。その造り方をさらに細かく見ていきますと、東日本の作り方というのは外側へ土を盛っていくととりあえず形としては古墳が造れてしまうのですが、西日本の古墳はテーブル状の低い丘を何度も積み重ねていくことによって古墳を造ります。そのテーブル状に造られた段差と段差の間には黒い土が残されています。これは草木が腐ってできる腐葉土の層です。このことから古墳を造っている途中、土を盛ることを中断し、草木が生えるほどの期間ほったらかしにしていたことがわかります。こうしたことから見ると、土を盛っている途中の段階である程度放置し、草木が茂り、その後被葬者が葬られるような段階になると、上に土を積んでかさ増ししていくという工程があることが考えられます。このような明らかに途中で古墳の築造が中断するこの現象は多々見られますので、私自身は寿墓というものがあった可能性はきわめて高いのであろうと見ております。ただ、それは東日本の古墳でも前期や中期の段階の古墳に関していいますと、途中の段階で築造を中断したという痕跡がないんですね。そうしますと寿墓（生前墓）である断言がしづらいといえます。また先ほどお話ししました墓壙という施設なんですが、東日本の古墳には設けられていないという事例が多く見られます。とくに三、四世紀といった前期の時期には墓壙がない前方後円墳が非常に多いです。ですので私自身は東日本の一部には寿墓という感覚をもたない地域があり、一方西日本では寿墓という感覚が当初から存在していたという多様な地域性が見られるのではないかという見通しを持っています。

土生田　どうもありがとうございました。古墳の造り方からみて東日本に寿墓がないのではないかということに関して私自身の立場としてはまだはっきりと肯定していないのですが、地域差こそあれ古墳時代には寿墓というものがかなり一般的であったということは間違いないと思います。次の問題に行きたいと思いますが…。

新谷　ちょっといいですか。私は寿墓という概念を捨てたほうがいいのではないかという提案をしたいのです。寿墓というと寿命が長いとかめでたいとかいうものとなってしまい、それは古墳時代の観念とは異なるのではないかと思います。つまり、古墳が首長や王のスピリチュアル・パワー（霊威力）の表象として築造されたものであるか否かという問題が、寿墓という言葉を使うことによってあいまいになってしまうのではないかと思いますので。

土生田　そのことですが、実は考古学の側に適当な言葉がなかったので、言葉を借りているんですね。民俗学でいう寿墓や中国などにありますものとは違うということは十分に認識しているのですが、ちょうどよい言葉がなかったので仮に使っています。ここでは古墳は死んでから急に造ったのではないということを述べておきたいと思います。

古墳の変化と墓の個人化

土生田　さて次に六世紀になって小さい古墳がたくさん出てくることから、そこにはモニュメントとしての古墳の価値が変わってしまっているのではないかということに関して、もしそうであるならば、極端にいうと、古墳時代という言葉を用いるのは止めてしまったほうがよいのではないかということですが、私もその考えがよくわかります。しかし六世紀の段階では首長層はなお無視しがたい大きな古墳を築いているので、この時期は古墳の意義が変化する中間過程であると考えられます。地域によって違いますが、例えば群馬県の例をあげると、ほぼ後の郡となる単位ごとで一〇〇メートルあるいは七〇メートルぐらいの古墳が築かれています。これはやはりモニュメント以外の何者でもないわけなんですね。畿内の大型古墳ですと思い出したかのように三〇〇メートルを超えるようなものが二基ほど造られます。私はその一つ（見瀬丸山古墳）が欽明天皇陵ではないかと考えています。そしてこうした伝統を捨てたのが七世紀であると思います。ただし、七世紀になってもなおしばらくの間は大きな古墳を造っています。

さて、今までの話の中で個人墓というお話がでましたが、そういう意味でいうと、現代ではお墓が個人化するという動きがあると思います。現代のそういった事情は考古学とは直接的には関係ありません。ただ本質に関わる部分の問題として、個人のお墓では社会性はどのようになるのでしょうか。残っているのであれば、それこそが墓の本質的なものになるのではないかなと予測はするのですが、その辺りのことに関して是非お話を聞きたいと思います。新谷さんは歴博で現在の多様なお墓のシンポジウムをなさっていますし、関係する本もお書きです。また嶋根さんもそのような研究をされていますので、お二人の見解をお聞きしたいのですが、いかがでしょうか？

嶋根　おっしゃるとおり、お墓の個人化、個性化は進んでいると思います。ただ、そのことで人から社会性が失われると一概にはいえないと思います。

例えば、私は有賀喜左衛門という人が残した一〇〇年ぐらい前の記録を調べてみました。そこでは葬儀の際、自分の村や近隣の農村から何百人もの人が香典として食べ物を持って集まってくるわけです。そうすることによって、村や共同体のイベントとして葬儀が執行されていました。そうでなければ葬儀などというものはできなかったわけです。ところが近代になり貨幣経済が浸透し近代化が進むと、私たちは見かけ上近隣に依存しなくてもよくなった。例えば食べ物はお金を出せば買うことができます。昔は穴掘りは大変な労働であったと聞いていますが、お金さえ出せば誰かが穴掘りに相当する仕事をやってくれます。あるいは火葬という仕事を誰かがしてくれます。ですから見かけ上物質的な依存や紐帯が薄れていて、それが葬儀というものを個人化、極小化させていくということはあると思います。

その一方で、例えばアメリカの例ですと、インターネット上にメモリアル・サイトというものがあります。人が亡くなるとその人の記憶、具体的には写真とか記録ですが、それをインターネット・サイトにアップします。そして仮に私がその人と知り合いで何とか墓参りしたいけれども、アメリカのお墓まで花を持っていけないような場合、そのインターネットでそのサイトに入り、クレジット・カードでお金を引き落としてもらえば、業者さんがお墓に行ってお花を供えてくれるんですね。あるいは葬式に出られなかったけれども、一言その人の思い出について語りたいときにも、コメントを打ち込むと、それを故人に捧げてくれて思い出をほかの人と共有することもできます。

つまりこれまでは直接的なコミュニケーションでしか私たちは人と助け合うことができませんでしたし、人との関係が確認できませんでしたが、社会の有り様が変わってくると、人との結びつきは決して近隣だけ、家族だけではなく、いろいろなところでいろいろな人たちと結びついています。これが見かけ上で墓や葬儀が小さくなっていくということの一つの原因ではないかと思っています。ですから、お墓や葬儀が小さくなっていくから人との関わりが薄れていくのではないのであって、私たちは何かを介して相変わらず人と繋がっていますし、そうでないとてもこの世の中は生きていけないという本質的な事態は変わっていません。ただ私はそこに社会関係の姿が急速に変わっているという現代社会の有り様があるのだと感じています。

新谷　嶋根さんが今おっしゃったとおり、私も同じように思います。ですから付け加えることはあまりありません。個人化しているということに関してみますと、例えば納骨ペンダントとかあるいは樹木葬というような新しい形のものがみられます。そうしたものはますます広がっていく可能性があると思います。もう一方で集合的、集団的あるいは統合的な生活をしていた社会的な地位にある人というのは、個人差はありますが、一定の表象をもつ表現度の高いお墓を造ります。それに対して社会的な集合性や集団性や統合性の低い、もしくは高く表象されることを望まないような人たちはそれなりにあまり表現力をもたないお墓を造る。そういう二つのタイプに分かれていくだろうと思われます。そして、いわゆるスピリチュアルな、霊的な存在というようなものを考えるような人たちとそうではなく故人の個性というものを考えそれを記憶しようとするタイプの二通りがあると思います。

前者の場合は供養であるとか、慰霊や祭祀といった言葉がふさわしいようなモニュメントが造られます。つまり何かしらの霊魂の安らぎを求めます。また慰霊とかの場合は、このような悲しいことがありましたが安らかに休んでくださいということで、集合的な慰霊碑とかができて名前を連ねるようなことがあります。一方そうではない人たちは、むしろ追悼や顕彰などで故人にはこういう功績があり、そのことを忘れないといった形を採ります。ただ、最近では社葬もなくなっていますし、大きく統合できるようなものがこれからはあまり見られなくなるかもしれません。今はそうしたものがどんどんと少なくなっているといった時代です。逆にいえばあまりこだわらないような時代になっているのではないかなと思います。ただ、全員同じというのではなく、故人の社会的な地位によって墓の形も強調されるような場合と静かにひっそりとさりげなくといった形とに分かれると思います。

土生田　お二人ともありがとうございました。やはり人間は社会的存在であるということと、その社会のあり方やそれとの関わり方によって墳墓の形も変わってくるようです。なぜ古墳があれほど大きくて、数百年の間造られ続けたのかということに関するヒントはそういったところにあるのではないかと思われます。

コラム④

古墳築造からみた生前墓

青木　敬

1　生前墓と古墳

生前墓は寿墓あるいは寿陵とも呼ばれ、生前に自分のために築造した墓のことをさす。仏教では生前墓のことを逆修墓と呼ぶ。聖徳太子は死の数年前に自らの墓を巡察したとの記事が、九一七年（延喜一七）に藤原兼輔によって著された『聖徳太子伝暦』にあるが、真偽の程は定かではない。このほか、『日本書紀』の記述をもとに大王の殯期間が一〇ヵ月前後と短いことから、生前に古墳を築造していた可能性が高いことは以前より認識されていた。

そうした中で、古墳を生前墓としてはじめて考古学的に考察したのは堅田直氏である。(1)その後、大場磐雄氏は埋葬施設が発見されない古墳を空墓と推定し、(2)大場氏の考えを発展させた茂木雅博氏の研究、(3)また伊達宗泰氏や、(4)楠本哲夫氏(5)の優れた指摘もある。中でも、茂木氏は空墓の存在に注目し、空墓が存在すること自体が、古墳は生前墓であるとの性格を端的に示し、死後に次期首長が築造した訳ではないと説く。

本稿は、小林行雄・近藤義郎両氏の考え(6)に導かれて、埋葬施設の構造差から古墳を前期・後期と二大別する。具体的には、竪穴系の埋葬施設（竪穴式石室・粘土槨・木炭槨など）が主として構築された古墳を前期古墳と呼び、横穴系の埋葬施設（横穴式石室など）が主として構築された時期の古墳を後期古墳と呼ぶ。これは説明を容易にするための区分であり、中期古墳の概念を否定するものではない。

それでは本論に入るため、前期・後期古墳の築造方法を概観し、生前墓、あるいは生前墓でないとみなしうる痕跡をたどり、双方の構造的特徴を紹介しながら、古墳と生前墓との関わりあいについて考えてみたい。

2 前期古墳の構築法と生前墓

東日本的工法と西日本的工法 前期古墳は墳丘を先に築いた後、竪穴系の埋葬施設を墳頂部の下に構築するのを構造的特徴とするが、墳丘自体の構築方法を観察すると、列島の東西で大きくふたつに分けられる。簡単にいえば、ひとつは古墳の外側から段階的に土を盛っていく西日本的工法、もうひとつは古墳の中心部から土を盛っていく東日本的工法と、顕著に認められる地域名をつけた名称で筆者は呼んでいる。(7) テーブルマウンテン状の単位を何段か重ねて構築する西日本的工法は、築造の中断が容易な工法であり、古墳を生前墓とするに適した築造法である。大阪府藤井寺市岡古墳のように、西日本的工法で行なっていた墳丘築造を一旦中断し、中断時に面上に生えた草木を焼いてから墳丘盛土を再開したと見られる炭化物混じりの層が認められる事例がある（図1）。整然と段階的に盛土する西日本的工法は築造を中断しやすい工法であり、生前墓として築造するに好適な構築方法といえる。一方、東日本的工法の古墳は断面凸レンズ状に盛土され、あたかも墳丘中心から一挙に土を流しこんで盛土したようであり、築造を中断したような痕跡はまず認められない。したがって工法から見ると、東日本の古墳は生前墓でない事例も存在するのではないかという推論が導き出せる。

墓壙の存在 これまで大型の古墳は、必ず墓壙が構築されると考えられてきた。事実、西日本の古墳を中心としてほとんどの前期古墳に墓壙が認められる（図2）。しかし、墓壙の法面は八〇度近い急傾斜であり、この傾斜を安定させるには、余程入念にたたきしめて盛土しないかぎり、二年以上放置しないと法面が安定しないといわれる。[8] すなわち、墓壙の構築後に古墳の構築を中断していた可能性が高く、古墳は生前墓との推定を補強する要素となる。茂木氏が古墳は生前墓であると結論づけた根拠のひとつに墓壙の存在がある。

ところが、静岡県浜松市（旧浜北市）赤門上古墳（前方後円墳・墳丘長五六・三メートル）の墳丘土層断面図を見ても、墓壙と見られる落ち込みのラインがない（図3）。東日本地域ではこのほかにも、千葉県木更津市手古塚古墳（前方後円墳・墳丘長約六〇メートル）・市原市大厩浅間様古墳（円墳・径四五・二メートル）や東京都大田区扇塚古墳（円墳？・径約二〇メートル）、横浜市港北区新羽南古墳（円墳・径約二〇メートル）など、前期古墳の一部には、規模の大小を問わず墓壙が認められない事例が多い。となると、墓壙が認められない古墳は、生前墓を示す根拠のひとつがないことになる。これらの事例が東日本地域に集中し、先に触れた東日本的工法の技術的特徴も含めて考えると、東日本の前期古墳は、すべてとはいわないが、そもそも生前墓という意識をもたずに古墳を築造した可能性がある。また墓壙がある古墳でも、福岡県小郡市三国の鼻一号墳（前方後円墳・墳丘長六六メートル）や、愛媛県

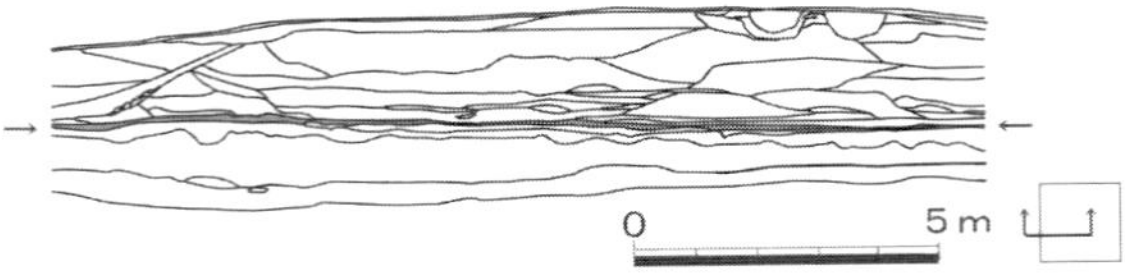

図1　藤井寺市岡古墳にみられる炭化物混じりの層
（『岡古墳』第24図を筆者改変・トレース）

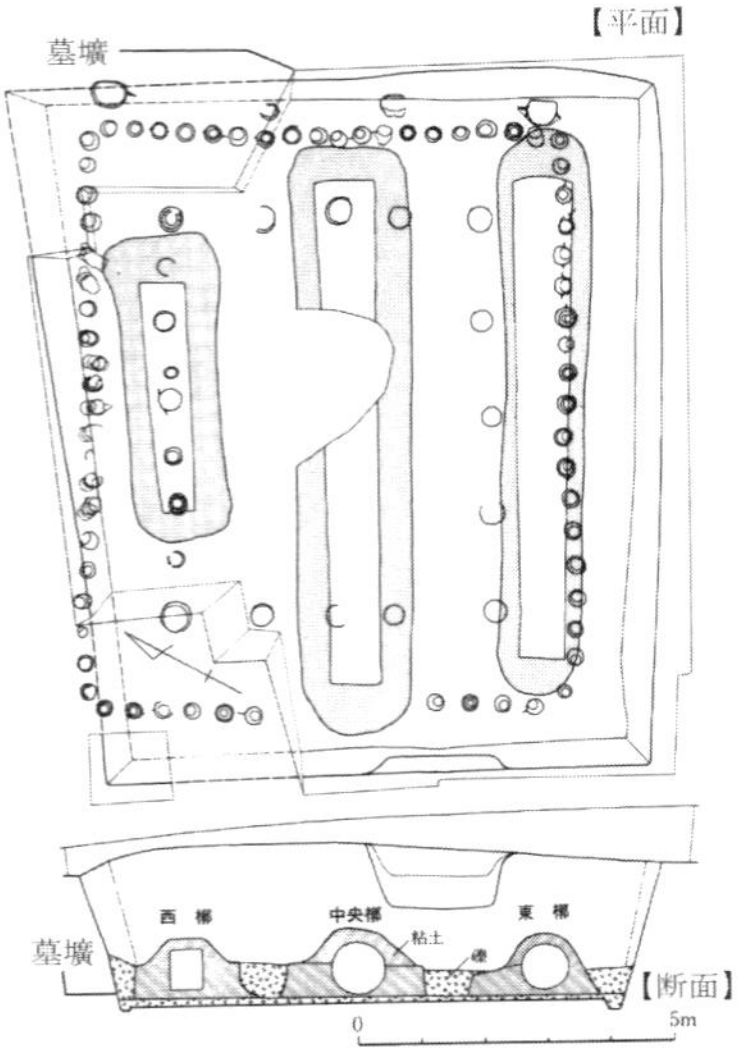

図2　上野市石山古墳の墓壙
（『紫金山古墳と石山古墳』137-1より引用、一部改変）

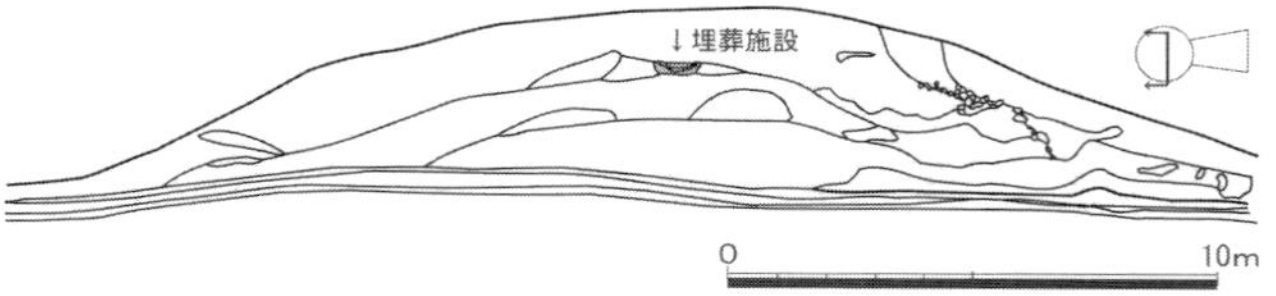

図３　浜松市赤門上古墳の墳丘土層断面図
（『赤門上古墳』第６図を筆者改変・トレース）

松山市朝日谷二号墳（前方後円墳・墳丘長二五・五メートル）では、古墳築造の比較的早い段階で設置し、埋葬を完了させてから本格的に盛土を行なっていく事例がある。こうした事例は古墳築造からあまり時間を経ないで埋葬するため、被葬者の死から古墳を築造した可能性も否定できない。このように、東日本地域や近畿地方から離れた地域の前期古墳は、被葬者の死後にその後継者が築造したこともありうるのである。もちろんすべての事例が該当する訳ではなかろうが、古墳はみな生前墓と言い切れないことがおわかりいただけるだろう。

生前墓でない西日本の古墳　では、生前墓でない古墳は東日本地域など、近畿地方から離れた地域に限定されるかというとそうではない。その一例として、大阪府柏原市玉手山七号墳は、墳丘の盛土量と樹立された埴輪の量がきわめて少なく、葺石がいくつもの作業集団によって一斉かつ性急に構築されたと考えられ、被葬者の特殊な事情（急死など）のため、死後に急遽築造された可能性を筆者が指摘したことがある[9]。このように西日本地域においてもすべての古墳が生前墓と断言はできないため、前期古墳は生前墓、およびそうでない事例の両方があったのだろう。

3　後期古墳の構築法と生前墓

付加羨道と横穴式石室　後期古墳や前方後円墳終焉後の古墳の墳丘築造工程を観察すると、大きく二つの段階に分かれることが山口県下関市岩谷古墳の調査以降、指摘されるようになった。

具体的には、石室の大半を被覆する第一次墳丘、外表側を最終的に構築する第二次墳丘である。第一次墳丘と第二次墳丘の間には築造に時間差が認められ、第一次墳丘上では須恵器の大甕が発見され、なんらかの儀礼を行なった痕跡が確認されている。このことから、古墳築造時には何度も儀礼を行ないながら時間をかけて構築を進めたと理解されるため、埋葬時に古墳が完成していたと考えると、後期古墳も生前墓として営造された可能性が高いだろう。前期古墳以来、古墳を生前にある程度つくりあげておく伝統は、横穴式石室の導入という埋葬施設面の大変革があったにも関わらず後期古墳にひきつがれる。

ここで申し添えたいのは、古墳は生前までにある程度つくりあげておく記念物であって、生前に完成した訳ではないということである。というのも、前期古墳などの場合、墳頂部に埋葬した後でないと埴輪列をめぐらせることはできないためである。よって、本稿で使用する生前墓とは、厳密には生前から築造に着手したという意味で使用している点をお断りしておく。

話を横穴式石室に戻すと、石積み方法が羨道前半とその奥以降で異なることが多い。土生田純之氏の言葉を借りると、羨道の構築が「玄室と一体的な奥半部と、それとは独立して築造された閉塞部に分けられ」ることから、「横穴式古墳の構築が一挙になされるのではなく、複数の工程に分離される」[10]のである。いいかえると、羨道部前半が墳丘の外表部を構築する段階に付加されると考えられるため、土生田氏は付加羨道と呼ぶ。想像をたくましくすると、被葬者の生前に玄室から羨道後半部までを築造し、没後、埋葬前に羨道前半を付加し、あわせて墳丘の表面を築造して古墳を完成させた可能性もあるだろう。

殯の期間　そうなると、被葬者が亡くなっていざ古墳へ埋葬する間の期間、すなわち殯の期間がどれくらいなのかが問題となってくる。古墳出土人骨に付着したハエや便の分析を行なった田中良之氏は、一般的な殯は数日〜一週間を超えて数日程度と結論づけた[11]。死から埋葬までの間隔は通常二週間以内となると、その間に最終的に古墳を完成させることになるため、期日からいって古墳を完成させる仕上げの工程をこの二週間弱で行なったと考えられる。ちなみに、大王をのぞく各地の大豪族の長クラスであっても、殯は一ヵ月以内〜数ヵ月程度でそれほど長くない。とはいえ、数ヶ月程度で巨大な古墳が完成するとは考えにくく、やはり生前から古墳の築造を行ない、殯の期間あるいは埋葬完了後、最終的に古墳を完成させたと見るのが妥当であろう。

4 まとめ

本稿では、先行研究を概観しながら、日本列島の古墳の多くが生前墓である可能性を指摘した。その一方で、生前墓か否かという観点に注目して古墳構築法などを検討すると、古墳に対する東西日本の意識差が歴然としていることがあきらかになった。すなわち、生前墓という意識がある程度透徹していた西日本と、そういった意識が古墳導入期にはなさそうな東日本の地域差が明瞭に存在するのである。

ただし、生前墓といっても、生前に古墳が完成していたという意味での生前墓ではなく、生前に築造が着手され、埋葬の前後に完成するといった事例が多い。今回の検討でも、古墳が生前墓か否かを見きわめるには、墳丘や埋葬施設にそれを解く鍵が眠っていることがおわかりいただけたと思う。こうした検証をさらに進めていけば、「古墳とは何か」という究極的な命題について明確にこたえられる日がくるかもしれない。

註

(1) 堅田 直 一九六四『池田市茶臼山古墳の研究』大阪古文化研究会
(2) 大場磐雄 一九六六『信濃浅間古墳』長野県東筑摩郡本郷村教育委員会、同一九七二『常陸大生古墳群』
(3) 茂木雅博 一九九四『古墳時代寿陵の研究』雄山閣
(4) 伊達宗泰 一九八一「寿陵について」花園史学、二
(5) 楠本哲夫 一九八八「ひとを葬らない古墳」『考古学と技術』同志社大学考古学シリーズ刊行会
(6) 小林行雄・近藤義郎 一九五九「古墳の変遷」『世界考古学大系』Ⅲ平凡社、一一―五〇頁
(7) 青木 敬 二〇〇三『古墳築造の研究』六一書房
(8) 前掲(1)、五二頁

(9) 青木　敬　二〇〇四「盛土と葺石」『玉手山7号墳の研究』大阪市立大学日本史研究室、一三七―一四六頁
(10) 土生田純之　二〇〇三「横穴式古墳構築過程の復原」『古墳構築の復元的研究』雄山閣、三四・八三頁
(11) 田中良之　二〇〇四「殯再考」『福岡大学考古学論集』小田富士夫先生退職記念事業会、六六一―六七八頁
※　紙幅の都合上、引用報告書類は割愛させていただいた。御寛恕を請う次第である。

古墳の終わりと柿本人麻呂

土生田　それでは次に古墳の終わりのほうの話をしたいと思います。なぜ古墳造りが終わるのかということですが、ここでは古墳時代は六世紀の終わり頃、古墳の中でも象徴的で一番影響力があると考えられている前方後円墳が造られなくなる頃をもって一応終わりとして話をしたいと思います。つまり権力の象徴が古墳ではなくなって別のものになるということです。七世紀になると冠位十二階とか十七条憲法などが段々と整えられて、律令制にたどり着くのでそういったものを中心に考えるということですが、古墳時代が終わったといっても七世紀の中葉ぐらいまで、まだ王者の墓としての大きな古墳が造られている場所があるわけですね。うんと小さくなるのは七世紀後半になってからだと思います。昨日私はパフォーマンスする場、つまり死者を記念して、社会的な生を終わらせない場、人々に故人を記憶させる場としての古墳の意味が喪失したのではないかということをお話しました。さきほど話に出た群集墳なんかはすでに変わってしまっていたのかもしれませんが、権力者のお墓はなおもそれなりのものが続いて造られるわけで、八角形の天皇陵が造られたりしていました。それが七世紀の後半になると突如小さくなります。その事に関して柿本人麻呂の和歌、挽歌を引き合いにして、どうもそういった儀礼の場が変わったのではないかということを申し上げました。これはまだ思いつきに過ぎません。

ここで、ちょっと話が迂回してしまうかもしれませんが、会場に中国の古典文学を研究なさっていて先ごろ中国の離別詩の成立を扱った大著をお出しになられた専修大学の松原朗先生がいらっしゃっています。新谷さんのお話で死はいつから認識されるようになったかということがございました。それと同じで、生別、死別と人の別れはいくつかありますが、そうした別れというものは意識されて初めてそれを考えるようになります。その件で松原先生は中国でも別れが意識されて文学の題材になるのは、原初の時代ではないようだというようなことをお示しになっています。突然で申し訳ありませんが、そのお話をしていただけないでしょうか。

松原　私は中国の古典文学でもとくに唐の時代の李白や杜甫といった人たちの漢詩が専門でありまして、お墓のことは門外漢ですが、昨日入口で手に入れましたレジメの19ページ上段に柿本人麻呂の挽歌が載っていまして（本冊215頁①③④）、それが私の関心を引きました。私は柿本人麻呂の長歌が好きで、一番覚えていた大学生の頃には三、四篇は諳んじていました。その柿本人麻呂の長歌の形をとった挽歌が古墳の終焉と関わっているというのはとてもおもしろいと思いました。実はこの『文選』は天武・持統朝の頃には日本にやって来ているらしい。その中に収められた「宋の文皇帝の元皇后の哀策文」は、文帝がその皇后の死を悼んで史臣の顔延之に作らせたものです。そしていよいよ殯が終わって埋葬という時に、殯宮において読み上げさせたものです。哀策は、一句が四字で、詩歌のようにリズムを取った韻文です。これは人麻呂の長歌、殯宮挽歌と似たところがあります。レジメ19ページ（本冊215頁①③④）には人麻呂の挽歌が三つあるので、ご覧いただければいいのですが、殯宮において柿本人麻呂が作ったということなんですね。ですからこの場合の挽歌というものは哀策が中国で書かれたのと同じ場面で作られたと考えられます。ですからもし影響関係があるとすれば、この線を探らなければいけないということになってきます。少なくとも非常におもしろい平行関係や類似関係があると、散漫になってしまいましたが、そんなことを考えています。

土生田　日本であれ、中国であれ、哀惜の念は同じものであって、天皇といわず、皇帝といわず、その権力を高め、誇示するためにそういう国が殯の詩を歌うということはまさしく相似例であると私は思います。中国でいう「誄《るい》」というのは日本で言う「誄《しのびごと》」であろうと思います。この誄は墳墓で行なう行事ですから、それが盛んな時は墳墓がそれなりに大きいものである必要があります。例えば天武天皇は氏や僧侶を代表するようなあらゆる人たちから何回も誄をされています。天武天皇陵は持統天皇との合葬陵で、一時期の大規模古墳と比べると小さいのですが、なおも無視できないような大きさをもっています。天武陵は対辺間三〇メートルほどの八角墳です。その次の段階のお墓になりますと、一〇数メートルのものになってしまうんですね。皆さんがご存知の高松塚古墳（円墳）もそうです。そうなってくる頃には先ほど松原先生からお話があったような文学的作品が日本に影響してくる。柿本人麻呂という人は身分は高くありませんが歌を歌うことによって朝廷に仕えていた。そして葬送儀礼の際などには、殯宮《もがりのみや》というようなところで天皇につながるような人たちの徳を讃えるような歌を詠んでいた。したがって葬送儀礼では、墳墓の地におけるものよりも、殯宮の占める割合のほうが大きかったのではないかという予測がつきます。そしてもしそうであるのならば、この時期に急速に墳丘が小さくなることと何か関係があるのではないかと考えられます。従来は、仏教の浸透によって墳丘の規模が小さくなるといわれていました。仏教から大きな影響があったことは確かだと思います。しかし仏教が入ってきたからといって、急速にお墓が小さくなるわけではないんですね。むしろ先ほどから話にあがっているように、墳墓には社会的な存在としての意味合いがあった。それはその中に葬られた権力者とそれを葬る側の人間の両方の社会的な存在を誇示するためのパフォーマンスとして儀礼を執り行なう場です。しかしそうした墳墓とは別の地における儀礼のほうが重要視されるようになった結果、墳墓が急速に小さくなっていったのではないだろうかというのが私の今考えていることです。

会場からの質問

土生田　さて、だいぶ時間も押してきましたが、会場にいらっしゃった皆様にせっかく書いていただいた質問がまだございます。一問一答といった感じでもう少しお答えしたいと思います。まず私と新谷さんにですね。

●『祭祀と儀礼とありますが、どう違うのでしょうか？』

土生田　私の考えでは「祭祀」というのはカミマツリであります。古墳の被葬者がカミかどうかはわかりません。ですから古墳祭祀という言葉を使っている方もいますが、私は使いません。対して「儀礼」というのはあることを行なうための決められた所作のことだと思っています。ですので古墳祭祀ではなく、古墳での儀礼という言葉を私は使っています。新谷さんはいかがでしょうか？

新谷　はい、同じです。「まつる」という言葉が非常に曖昧な日本語であるためですが、漢語では「祭祀」にあたります。「儀礼」というのも漢語ですが、民俗学や文化人類学の人たちでも曖昧な言葉を使う人が多いようです。死者儀礼とか死者祭祀とかですね。もともと死者を祭祀するということなど考えられませんでした。死者は遺体と死霊でありそれは供養や慰霊や追悼の対象です。死者を「まつる」という言葉があるために研究者もルーズな使い方をしています。ですから言葉が非常に乱れている、それは学問の世界でも同じです。慰霊と追悼は決定的に違うのだということは、私も論文で書いているのですけれども、これはいくら言っても駄目ですね。英語では慰霊という言葉はなくあえていえば、comfort the spiritsでしょうが、あまり使われる言葉ではありません。追悼や哀悼にはモーンニングmourningという言葉があるのですけれども、やっぱりそれらは日本の慰霊とはニュアンスが違います。今日の話題の考古学上の問題とは違うのですけれども、靖国神社の問題ともつながるような非常に重要な問題が慰霊と追悼とメモリアリズムの翻訳との混乱の中で起こっています。あえて申しますと、「祭祀」とは先ほど土生田さんがおっしゃったように、霊的存在の中でもとくにカミと意識されるものを「まつる」行為で、それはさまざまな儀礼から成り立っています。「儀礼」というのは加入儀礼とか通過儀礼とかがわかりやすいかと思うのですが、行為が様式化されたものとして儀礼が発生しています。神様にいろいろなものを奉納する場合には様式化された行為で構成されますので、奉納という神事儀礼が行なわれます。ところが相手が死者の場合はどうでしょうか。私たちは死者の前で飲食をする際、ルールの上で決まった形式があればそれは儀礼です。お盆の墓参りで、墓地で飲食する風習は東北地方や九州地方では見られます。しかし、極端なまでに死穢を忌避する伝統を歴史的に伝えていた平安京の近くの近畿地方の農村では、今日でもお盆に墓地で飲食する風習などありえません。

柳田國男がお盆の死者のまつりについて、たいへん重要な指摘をしています。お盆の死者や先祖への供物はホカイである、それに対して神社の神様への供物はマツリであると。この両者には決定的なちがいがあるというのです。新しい死者への供物、それは餓鬼や無縁への供物と一緒で、施しのための飲食物であり、決してそれらは人間が下げて食べることはしない。ホカスという言い方があるようにそれはホカイ、つまり捨てる飲食物だからです。それに対して神様への供物はマツリの供物であり、ご神霊への奉献ののちにうやうやしく下ろして神様とともに人間もそれをいただく意味でナオライ（直会）といって食べるのです。祭祀とはご神霊への祝詞の奏上と供物の奉献から撤饌そして直会の共食のまでの全体系を言うのであって、さまざまな儀礼を祭祀と言い換えるのはまちがいです。

ただし、供物を盛った飲食器を割るというのには、このホカイとマツリの両方の場合が想定可能です。飲食器の破壊には、「忌避」と「聖別」の両方の意味が含まれうるからです。「祭祀」というのは相手が神様に限定されているはずなのですが、現在では死者祭祀とか古墳祭祀とかいうように、その言葉がもう止めようもないほどに使われてしまっているのが現状です。「儀礼」というのは、古墳儀礼、墓前儀礼、墳墓儀礼というように何にでも使われていて、それはそれでいいと思います。儀礼は幅広く用いられてもよい言葉ですから。ですから本来はこうでありましたということを言っても、何か虚しいものを感じますが、繰り返しますと、「儀礼」というのは行為の様式化されたものであり、「祭祀」というのはカミマツリ（神祭り）に限定すべきだということです。それは土生田さんの意見と同じです。

土生田　少なくとも古墳祭祀という言葉は使えないということですね。もし古墳祭祀と言いたいのであれば、その前に古墳に葬られた人がカミとして見られていたということを書く必要があるということですね。

では次の質問。禰宜田さんにお伺いします。

●『墓に身分の差による階層性が生じたのはいつからでしょうか？』

禰宜田　難しい問題です。階層差を問題にする場合、お墓にモノを入れるか入れないかということが注目されます。ただし、副葬品をもつ墓は縄文時代の墓にも認められます。したがって、すでに縄文時代から階層差があるという考え方もあります。

いま、問題となるのは西日本の弥生時代ですね。弥生時代に水田稲作がはじまりますが、それを指揮する人物＝首長は、最初からいたとする考え方、それがある程度定着した頃に集団を束ねるうえで出現したという考え方があります。

問題は、それが、どう墓に反映されるかということです。北部九州では、弥生時代早期から副葬品をもつ墓があります。このことは、当初から集団内に格差があったことを示しています。そして、弥生時代前期末から中期初頭になると、墳丘をもつうえに副葬品をもつ墓が出現してきます。吉武高木遺跡や吉野ヶ里遺跡などの墓の出現はひとつの画期ではないかと思います（写真4）。この段階になると、集団間に格差が出てきたものと考えられます。

土生田　次に浜田さんにお伺いします。

●『古墳の大きさの規模は長さとか直径とかで表わされています。このほかに高さが必要だと思いますが、なぜ高さをいれないのでしょうか？』

浜田　例外はありますが、古墳を造るときは基本的に周囲に溝を巡らせます。古墳の墳丘は後の世に崩されて、古墳自体が地上から消えてしまうという例がよくあります。この場合、知りたくても高さの情報は残されていないということになります。しかしこうした古墳の跡でも調査をすると地面に掘り込んでいる周囲の溝の跡は残っていることが多くあります。それによって古墳の形と大きさとがはっきりわかってくるんですね。確かに

（佐賀県教育委員会提供）

写真4　巨大な墳丘墓
（佐賀県吉野ヶ里遺跡）

高さも重要な要素なのですが、その高さを加えるにしても、その際には現在残されている古墳が造られたときの高さをそのまま残しているかどうかということがもっとも重要になってくるわけです。もしも比較する要素に高さを加えるとするならば、造った当時の高さを比較しなければほとんど意味がないんですね。ところが今、我々の目の前にある古墳というものが果たして造られたときそのままの高さを示しているかどうか。おそらく示していない例が多いのではないかと思います。実際に我々が掘った古墳でも当時の高さがわからないものがありました。例えば六世紀以降この辺りでは横穴式石室をもつ古墳が多く見られますが、それらを調査してみますと、天井の部分がなくなっていて、石室も高さが半分ぐらいになっているんですね。こうした例は結構多く見られます。そうしますとこうした古墳の高さはもはや比較する対象とはなりえないというふうに考えます。その結果古墳を比較する時には古墳の形や大きさといった要素で比較しています。ただ高さが重要な要素であるということは確かにそのとおりであるとは思っています。

土生田　ありがとうございます。次は私にですね。

●『古墳の土を上げたり葺石を運んだりする作業員はどうしたのか。これは戦争の敗者が使われたのではないか？』

土生田　先ほどから新谷さんや嶋根さんとの議論をお聞きになられておわかりになったかもしれませんが、自らの意思で作業に参加した可能性は十分にあったのではないかと思っています。つまり偉大な王者の墓造りに参加することによって、自分たちもその記憶の一部となるという場合もあるということなんです。もう一つは文化人類学の研究例からですが、「王の気前良さ」といった言葉があるということを昨日言いましたが、その作業に参加した人たちには何らかの給付があり、何かいろいろなものが与えられるといったこともあると思います。また後期の小古墳は状況が違って、近親者や近隣の人々による造墓が考えられます。古墳とかピラミッドとかの築造では奴隷が無理矢理働かされていたのではないかと考える人がいますが、そうではないと思います。もちろん中にはそういった人たちもいたとは思います。それから西アジアとか加耶、今の朝鮮南部ですね。こういった地域では死にたくないのに殺されて埋められる殉葬といった行為が行なわれています。この殉葬ですが、日本では確実にあったという例は証明されていません。『日本書紀』垂仁天皇の条の、殉葬は野蛮なので代わりに埴輪を作ったという記述に左右されている方がいますが、人形をした埴輪というのは埴輪の中でももっともあとのものの一つでありまして、それが埴輪の起源であると書いていること事態が自己矛盾しているんですね。ピラミッドでいいますと、農閑期にすることがないので公共事業として墓造りを行なって、農民たちに反対給付を行なったという説も出ています。これが本当であったかどうかはわかりませんが、それと同じように日本でも巨大な古墳を自ら進んで造り、反対給付を得る。そしてそこで王は「気前良さ」を披露し、それができない王は王足りえないということもあったのではないかと私は思います。

さいごに

土生田　では時間も無くなってきましたので最後にお一人ずつ今の時点でのご意見を集約して披露していただきたいと思います。では私から述べさせていただきます。『地中海』という本を書いている有名な歴史家でブローデルという方がいますが、その人の説では、宗教が違っても庶民レベルでは実はそんなに違いは無いのだということです。希求するのは心の安らぎであったり、現世利益であったりで変わらないというんですね。それが宗教の対立によっておかしくなるのは宗教エリートがそう仕向けたのだといっているんですね。まさにその言葉が象徴するように、仏教が入ろうが、墓の本質というのは依然として続いていたのではないでしょうか。それとその本質ではないその時代の特出したものとを見分けることでまた古墳の特質が現われてくるのではないかというふうに思います。今回のシンポジウムは私自身そうした視点でこれから古墳を研究するきっかけにしたいと思います。では禰宜田さんから順にまとめをお願いします。

禰宜田　ふだん、考古学しか勉強する機会がない中、二日間にわたって歴史民俗学、社会学の先生のお話が聞けて、さらにご一緒に議論ができて楽しかったです。とくに、昨日の嶋根さんのお話でお墓には、①死体処理の場、②社会経済的な継承、③社会関係の修復・継承、④記憶の共有という四つの要素があるという指摘が印象に残っています。

考古学では、副葬品がどうだ、墓の形がこうだ、という議論を進めるわけですが、古代社会において墓はどのような意味をもっていたのか、この四つの要素を墓にあてはめるとどうなるのか、ということを思っていました。これを縄文・弥生・古墳ごとに整理し、また通史的に整理すると何か見えてこないものかということです。

弥生時代でいえば、墓ということですから①はあたり前ですね。そのやり方には地域差があったのですが、昨日、今日の話で弥生時代終末期には広範囲に統一的なものになったことを申しました。その際には葬送儀礼があったはずです。②③は死んだ人が誰であれ、葬送儀礼のあり方が問題となるでしょう。死んだ人が首長であればその継承は非常に大きな意味をもつことになるはずです。④は、祖霊と関係するのでしょうか。これについては、いま考えはありませんが、墓が築造された後、墓はそのままの状態にされているのではないかと思われます。このことが④とどう関わるのかが気になりました。いずれにせよ、今後の課題です。

最後にもう一言。私は弥生時代から古墳時代にかけて、墓は基本的に死者の再生を願う場であること、したがって、それは集団の再生の場でもあると申しました。ところで、昨日、今日と土生田さんは、「古墳は祭祀の場ではない。それは、古墳はカミのいる場ではないからだ」とおっしゃられました。用語を用いる上で非常に重要な指摘だと思いました。

その一方で、世界的に見ると、国家の形成期には、先ほど話のあがったピラミッドのように大きなお墓が出てきます。そして、そこに葬られた人はカミとして神格化された存在と考えられています[5]。また、前方後円墳は被葬者がカミとなる場という意見もあります[6]。比較考古学という点から見直しをする必要もあるのではないかということも思いました。私は、「古墳祭祀」という言葉は使いませんでしたが、そういった観点での研究もできればと思った次第です。

土生田　では私からもどうしても言いたいことがあります。納得がいかないところもありますが、基本的にはおっしゃられたとおりであると思います。ただその場合にも古墳すべてが祭祀ということにはなりませんので、どの部分がカミとして認められて祭祀として考えられるのかという区別が相当難しい問題になってくると思います。ですから依然として難しい問題は誤解を避けて祭祀という語を使わないほうがよいのではないかと、私は思います。

禰宜田　ご指導、ありがとうございます。カミ観念については、いま考古学的に研究されている方がいらっしゃいますので勉強してみます。

嶋根　私は最後に四つの機能の話に戻ろうと思っていましたが禰宜田さんのほうで触れていただけたので、別の話をさせていただきます。

最近下火になってきましたが一〇年ほど前から社会学では複雑系という議論がはやってまいりました。一見複雑に見えそうな社会現象や自然現象もごく簡単な数式モデルに戻してしまうと説明できてしまうかもしれないということがいわれています。わかりやすい例を挙げますと「ボイド」という言葉があります。それはバードもどき、鳥もどきというモデルなんですが、個体同士をあまり近づけないし、離さない。適当に近づけて適当に離れさせるというアルゴリズムで一羽放してやる。そうすると鳥の群れで何か物にぶつかりそうになると二つに分かれたり、また一箇所に集まったり、一羽が反転すると皆が反転するというとても複雑に見えるあの動きが説明できてしまうという研究があります。私たちもそれに乗っかって複雑そうに見えるこの社会も単純な数式に置き換えられるのではないかということで一〇年ほど前から研究会を行なっています。私はへそ曲がりですのでそういう研究会に所属しながらそれは無理だと言い続けてきたのですが、同僚の一人が非常におもしろいモデルを作りました。それは非常に未開な社会でそれぞれ海にいる人は海の幸を、山にいる人は山の幸をというようにいくつかの特産物を生産することができる人たちがいて、それぞれが特産物を何日かに一回市場に来て交換し合って自分の住んでいるところに戻って消費するということを非常に単純な要素の中で単純な式を使ってモデル化したもので、それがどのように成長していくかということを時間をかけて計算させてみたんですね。そして次に生産して、交換して、消費するというモデルの中に少し変化を加えてみました。それは市場でものを交換する時に税金を取ってみたんですね。私は「お祭りモデル」と言いましたが彼は「税金モデル」と言っていました。要は市場でのアガリの一部を税として徴収します。そしてそれを貯め、半年に一回みんなに自由に消費させるという要素を数式に加えたんですね。これと最初の単純なモデルとを競走させたところ、税金を取って一度に消費させるというモデルのほうが成長が早いということに彼は気が付きました。これが本当にどんな社会にでもあてはまるとか、どういった条件ならあてはまるのかということはまだまだいろいろな検討の余地があります。ですから余汰話だと思って聞いてください。

このモデルが社会にあてはまるとするならば、私たちはコツコツと働いてそれを自分たちだけで消費する生活を送るよりも、否応無く誰かに取り立てられる、あるいは何かのためにためておいて年に一度とか二度とか何かの際にワッと使うということをしたほうが社会の発展の度合いが早くなる、あるいは富の蓄積の度合いが早くなるということになるという示唆を与えてくれているわけです。

今は行革の時代なのに、こうしたことを言うとこれまで日本がやってきた公共事業への投資の仕方はまちがっていなかったのではないかということになってしまってまずいのですが、どうも古墳というものを考えていく時、こうした視点も活用できるのではないかなということです。実際当時の人々がどういうつもりで働いていたのかはわかりませんが、自分が生きて死ぬためだけに生産して消費するのではなく、何か自分を超越したもののために働いて、その後、何か儀礼なり報酬なりといった形で消費したというほうが、その当時の社会の発展には貢献していたのかもしれません。今から見ると一人の死人のためにこんなに大きなものを造って、なんて無駄なことをしたのだろうと思いますが、この当時の社会の在り方としては何らかの意味（＝社会的機能）があったのかもしれない。これが社会学の考え方です。つまり存在するものには意味がある、あったものにも意味があったのだけれども今はそれが失われてしまっているから我々にはわからなくなってしまい理解できないのだろうということです。

新谷　二つのことをお話して終わりたいと思います。一つは古代社会と古墳文化です。これを考える上で、これはまったくの妄想かもしれませんが、国家的なものができていく前段階には必ず大量殺戮がある。殺人の善悪ではなく、大量殺戮が国家的な統合、国家といえるかどうかは別としてもある体制を造っていく。これは地球上に蔓延し、自分で自分を殺すことでしか数量チェックができなくなったホモ・サピエンスの宿命かもしれません。これほどの増殖力があるのは癌細胞以外にはないだろうというぐらいホモ・サピエンスは増殖しています。少子化といわれていますが、それは自分たちが楽をしようとしているから利己的に少子化と言っているだけであって、ぜんぜん問題はありませんし、地球資源の消費から見ればまだまだ人類は多すぎるかもしれません。そこで古代社会と古墳文化というようなものはワールドワイドに起こっている現象のように見えますが、エジプトだとか中国の秦とかアンデスであるとかいったある局地的な部分でしか起こっていません。地球上の人類が共通して古代社会で起こした文化現象ではありません。私はおそらくそれは大量殺戮の後に起こった文化ではないかと思います。これは仮説です。ただ、A．アインシュタインも実験室が無くても相対性理論を考えつきました。この妄想ももっと偉くてまじめな人たちにコツコツとやっていただくと証明されるかもしれません。

そこで申し上げておきたいのは、古代社会になぜ古墳文化、というかあのような巨大な墳墓を築いて特定の死者を表象するような文化があったのか、という問いかけに対してですが、そこにはその前提として大量殺戮があった社会であるからというのが一つの仮説です。

そしてもう一つは、そうしてできたピラミッドや万里の長城のような建造物を大事にして今日まで伝える文化と、日本の伊勢神宮のように遷宮を重ねるために、どんなに荘厳化しても二〇年に一度は必ず壊してしまうような祭り方もあります。それは東北のねぶた祭りでも京都の祇園祭でも同じです。

このように文化にも二つのタイプがあるのではないかと思います。遺物を重視してピサの斜塔などずっと保存し守っていく。これが世界遺産の価値観です。世界遺産の価値観は「もの」重視です。ところが民俗学は壊してしまっても造りかえるものにも注目します。壊してしまう場合、ではそこで何が伝わるのか。技術が伝わるのです。建築の技能は壊して造って伝えないと伝わりません。修復技能は伝わりますが建築技能はそうしないといけません。もったいないとかケチなことを言わずにどんどん造りかえる。そうすることで技と心が継承されていくと考えるわけです。ユネスコ的な文化や価値観は西ヨーロッパや彼らの先祖が移住したアメリカとかに現在ある有力な支配的な価値観です。しかし南半球とか日本とかには容赦なく壊してしまいまた造るといった文化があります。そういう欧米社会とは違う伊勢神宮の遷宮などの造りかえる文化でありながら、古墳だけは大陸の影響からかよく似た古代史を歩んだという非常に特異な様相を示していると思うのです。ただ古墳を造ったのであればそのまま中国のコピーのように同じように冥界を考え、あの世のいろいろな冥器を造っていけばよかったのですが、そうはしませんでした。

というように日本の古代史の中にはまだまだいろいろと明らかにしなければいけない問題がたくさんあると思います。古墳といっても、古墳の専門ということだけに囚われずに古代社会というものを考えていくと、古墳文化と呼ぶべきではないぐらいの大きな社会的な動きが群集墳の盛行の中で起こるのが五世紀から六世紀と考えられます。しかし、巨大な墳墓は伝敏達陵の前方後円墳や天武・持統陵ぐらいまで残る。そしてその六世紀には一方では、もうすでに飛鳥寺のように寺院建築の建造といった新しい歩みを始めている。七世紀には神社建築も現われてきます。というように五世紀における古墳の後半時期、六世紀の寺院建築の初段階、七世紀の神社建築の初段階と考えてみますと、五、六、七世紀といった古代の三〇〇年間には非常にダイナミックな展開を感じます。

浜田　このシンポジウムを土生田さんにコーディネートしていただいて企画したものとして感じたことをお話したいと思います。墓から探る社会ということで、今回の展覧会は当然のように考古学的な手法で考古資料を並べているのですが、そこには今まで考古学を研究されてきた方の積み重ねがあって考古学の定説となっているものがバックグラウンドにあります。そして我々考古学をやっているものはそれによっていろいろな考え方を導いているといったような常識があります。ところが今回のように異種格闘技というような形で、別の研究分野で別の手法をもって研究している方たちの意見を聞いて、もう一度私たちが研究している考古学というものを見てみると、意外と見落としていたこと、あるいは思い込みすぎていたことがあるのではないかというようなことに気が付きます。それは経験しなくても、別の分野の本を読んだりしますとなんとなくはわかるのですが、このようにシンポジウムの形で実際にリングに立つとその差が鮮明に出てくるので、非常に大きな意味があったと思います。

私個人でいいますと、例えば嶋根さんのお話では、ここ数十年のモンゴルではお墓がまずソビエトの影響で変わり、それがまた次に衛生的な問題で変わらざるをえないために変わっているそうです。そしてそれがすごく短い間に起こっている。これは現実に起こっていることでして、人間が社会生活を営んでいく上で、例えば古墳時代に起こっていてもおかしくはない。ただそれを直接的にあてはめるということは非常に問題があるのでその間を埋めるような何かの理屈や理論なんかがあるかどうかということを考える必要があります。あるいは民俗学の手法を参考にすることも考えられます。民俗学で実際に行なわれている儀礼を参考にして古墳時代の儀礼をもう一度見直してみる。これも直接適用することはやはり危ないことですが、その間に何か根本的なところで共通するものがあるのではないかということを探っていき、そこからあてはめていくことは可能なのかもしれません。我々が古墳の開始とか終末とかいったように物事が大きく変わっていく時、とくに古墳の場合は伝統的に政治的な面から見ることが多くありました。あるいは権力というものを大きく考えてきました。それは決して間違いとはいえないのですが、このようなシンポジウムにおいて出てきた違う分野の考え方を見るともう少しひねって考えてみる、あるいはそうしたほかの分野の考え方も取り入れてみるということも必要ではないのかなと考えさせられます。今後そうすることで新たな社会像や歴史観が生まれてくると思います。そういった意味でもこのシンポジウムを行なってよかったですし、あと何年かで古墳時代の時代像が変わってくるかもしれません。このシンポジウムがそのきっかけとなれば大変うれしいですね。それではこれでシンポジウムを終わらせていただきたいと思います。みなさんありがとうございました。

註

(1) 海部陽介 二〇〇五『人類がたどってきた道』日本放送出版協会

（2）那須孝悌　一九八四『野尻湖の発掘3』
（3）ルース・ベネディクト『菊と刀』
（4）深沢芳樹　一九九六「墓に土器を供えるという行為について（下）」京都府埋蔵文化財情報、六二、京都府埋蔵文化財調査研究センター
（5）都出比呂志　二〇〇〇『王陵の考古学』岩波書店
（6）広瀬和雄　二〇〇三『前方後円墳国家』角川書店

第三部　特　論

柿本人麻呂の殯宮挽歌と中国古代の誄

松原　朗

柿本人麻呂には、一般に殯宮挽歌と称される三首の皇子や皇女の死を悼む挽歌が存在する。『万葉集』を見れば、挽歌は、人麻呂以前からすでに存在していた。しかし人麻呂の長篇の挽歌は、それら額田王らによって細々と作られてきた小品の挽歌とは明らかに異なる地平に立つものである。万葉集の最大の作品である「高市皇子《たけちのみこ》の城上《きのへ》の殯宮《あらきのみや》の時に、柿本朝臣人麻呂の作る歌一首」などは、単に従来の挽歌の細部が水ぶくれした結果ではなく、その規模を必要とする独自の新たな挽歌の出現と理解すべきものである。しかもその長篇の挽歌は、人麻呂以後、にわかに衰退することになる。長篇挽歌の突然の登場と退場、そこには自然的に積み上げられてきた挽歌の一つの場面と考えるだけでは済まない、特殊なあるいは人為的な事情の存在を窺わせるものである。人麻呂の挽歌を、以下に掲げよう。

① 日並皇子尊《ひなみしのみこのみこと》の殯宮の時に、柿本人麻呂の作る歌一首　并せて短歌
② 柿本朝臣人麻呂、泊瀬部皇女《はつせべのひめみこ》と忍壁皇子《おさかべのみこと》に献る歌一首　并せて短歌
③ 高市皇子の城上《きのへ》の殯宮の時に、柿本朝臣人麻呂の作る歌一首　并せて短歌
④ 明日香皇女の城上の殯宮の時に、柿本朝臣人麻呂の作る歌一首　并せて短歌
⑤ 柿本朝臣人麻呂、妻死にし後に、泣血哀慟《きふけつあいどう》して作る歌二首　并せて短歌
⑥ 吉備津采女《きびつのうねめ》が死にし時に、柿本朝臣人麻呂の作る歌一首　并せて短歌
⑦ 讃岐の狭岑《さみね》の島にして、石の中の死人《しにひと》を見て、柿本朝臣人麻呂の作る歌一首　并せて短歌

⑧　土形娘子《ひぢかたのをとめ》を泊瀬の山に火葬せる時に、柿本朝臣人麻呂の作る歌一首

注目したいのは、①③④歌題に見える「殯宮の時」の文句である。殯宮とは、最終的な埋葬に先立って、柩を安置する喪屋のことである。ちなみに『古事記』上巻に、伊邪那岐命《いざなぎのみこと》は死んだ伊邪那美命《いざなみのみこと》を呼びもどそうとして黄泉国へと赴き、視るなと言われていた伊邪那美命を視ると、肉体は腐乱し蛆《うじ》がたかっていたとあるのは、原初的な殯の光景を描いたものとされる。古代日本の「殯《もがり》」の習俗について、百科事典の説明を引用しよう。

　人の死後、本格的に埋葬するまでの間、遺体をひつぎに納めて喪屋内に安置し、あるいは仮埋葬して、近親の者が諸儀礼を尽くして幽魂を慰める習俗。……殯についてとくに注目されるのは、大王の没後、殯宮《もがりのみや》が新たに造営されて、殯宮の内や殯宮を取り囲む空間（殯庭《もがりのにわ》）で、各種の諸儀礼が行われたことである。殯宮内では、女性の近親者や土師《はじ》氏、遊部《あそびべ》などが、亡き大王に奉仕する私的儀礼の側面が濃いのに対し、殯庭で繰り広げられる歌舞や誄《しのびごと》の奏上には、亡き大王、さらには新しい大王継承者に対する服属の誓約といった公的儀礼の色彩が濃厚である。（平凡社『世界大百科事典』項目執筆―和田萃）

なお持統天皇の当時には、大王（天皇）だけではなく、皇子・皇女にも殯が行なわれたことは、上の人麻呂の挽歌からも確認できる[1]。

この殯の習俗は、そもそも漢字に「殯」があるように、中国でも行なわれた習俗であり、『礼記』『儀礼』『周礼』のような儒教の経典に葬礼についての規定がある中で、殯についても厳格な規定が残されている。

また中国では、殯は太古の習俗にとどまるものではなかった。土葬が中心であった中国では、後代に至るまで姿を変えながら殯の習俗は引き継がれることになる。一例として、偃師《えんし》（洛陽東郊）に一族の墳墓の地があった杜甫（七一二～七七〇）の場合、洞庭湖の南（湖南省）で客死し、その柩は四三年の後に、孫の杜嗣業《としぎょう》によって偃師の地に埋葬された。柩はその間、おそらく寺院などの一隅に殯葬（安置）されていたのであろう。

一　挽歌の歌人　柿本人麻呂

そもそも七世紀後半から八世紀にかけては、大規模古墳が消滅していく時代である。その背景には、仏教の普及とそれに伴う火葬の浸透があったといわれている。[2] あるいは律令官制の確立によって大規模墳墓の造営による権力誇示の必要性が減じたことなど、さまざまな要因も絡んでいるだろう。柿本人麻呂が登場し、殯宮挽歌と呼ばれる皇族追悼の文学を提示した時期が、あたかもこの大規模古墳消滅の時期にも当たっていたことは、見過ごされてはなるまい。

いったい柿本人麻呂は、死者を追悼する文学において、傑出した歌人であった。柿本人麻呂の作品は、『万葉集』に長歌・短歌・旋頭歌を合わせて約八〇首が収められている（「人麻呂歌集」所収歌を除く）。その内の三〇首（長歌・短歌を含む）が、直接に死者を哀しむ作品である。[3]

しかもこれら以外にも、挽歌と同様の気分をもって作られた歌がなお多く見られる。例えば今は廃墟となった天智天皇の近江京を詠じた「近江荒都の歌」（二九長歌・三〇・三一）および「近江歌」（二六四・二六六）は、廃都を、あたかも死者を悼むかのように描き取る。また「安騎野の歌」は、すでに亡き日並皇子の追憶の中で安騎野に一晩を過ごした時の作であり、先立つ「日並皇子の挽歌」と呼応する、表裏の作である。このような関連する作品を加えるならば、実は柿本人麻呂の作品の半分以上が、かつて在りしものの喪失を哀悼する「挽歌」によって占められることになる。[4]

人麻呂についてもう一つ注意すべきは、活動時期である。柿本人麻呂の作と確認される最初のものが、六八九年の「日並皇子《ひなみしのみこ》の殯宮挽歌」であり、最後が七〇〇年の「明日香皇女の殯宮挽歌」である。この全期間が、持統天皇統治の時期（六八六〜七〇〇）と重なっている。しかもそれは時間の単なる偶然の一致ではなく、持統天皇の公的な要請を背景に、いわば職業的宮廷歌人の職務として人麻呂の主要な挽歌は作られたものと考えるべきものである。歌題に「殯宮の時」という文字を含んだ殯宮挽歌は、私人としての立場で作りうるものではない。つまり柿本人麻呂は、持統天皇の用意した舞台に、挽歌の歌人として登場し、また挽歌の歌人として退場したらしいのである。

二　殯宮挽歌が作られた意味

柿本人麻呂が、この時期に殯宮挽歌を含む多くの挽歌を作ったことは、どういう歴史的意味をもつものであろうか。天武天皇は、天皇中心の政治体制を確立しようと努めた。天皇中心史としての「国史」の編纂も[5]、日本で初めて条坊制を採用した本格的都城である藤原京の建設も、その一環であった。

持統天皇には、天武朝で成立した天皇中心の政治体制を、確実に継承することが課題となった。またそのためにも、亡き天武天皇の権威を高めることが必要だった。天武天皇の喪葬儀礼を極限的に荘厳化したのは、そのためである。天武天皇の葬儀の盛大さは、日本書紀に詳述されている。約二年間の長い殯宮期間を設定し、その間に追悼の儀式を繰り返したのである。持統朝は、いわば天武天皇を神聖化することで、天皇神権政治ともいうべき政治体制を作り上げようと企図したのである。

その上で持統天皇は、皇位を、天武天皇と自らの間に生まれた草壁皇子（日並皇子）に伝えようとした。しかしその期待を一身に担うべき草壁皇子は、天武天皇の死後四年にして、世を去ることになる。この時、草壁皇子に献げられた挽歌が、柿本人麻呂の「日並皇子の挽歌」だったということは、重大な意味をもつであろう。持統天皇の権力をもってしても、天皇にまだ即位していない草壁皇子に、天武天皇と同等に盛大な殯宮儀礼を備えることはできなかった。その皇太子の殯宮を荘厳化するために、しかもおそらくは持統天皇の発案によって、挽歌という形式を取ったそれまでにはないまったく新しい皇室讃仰の形式が生み出されたのである。この挽歌は、柿本人麻呂の制作時期が確認される最初の作である。また歌題に「殯宮の時」と明記されることから、この作が持統天皇の要請によって、正式な葬礼の一環として制作された公的作品であることは、疑い得ないであろう。わかりやすくいえば、柿本人麻呂は、持統天皇によって皇太子の挽歌を作るべく格別に抜擢された職能歌人だったのである。

「日並皇子の挽歌」は、その大部分が、皇室の由緒を語ることに費やされている。それは人間である皇太子の死を哀しむものではなく、神話に連なる皇室の聖なる系譜に日並皇子を書き加えようとするものであり、いわば新しい神話の一頁の創出である。

日並皇子尊《ひなみしのみこのみこと》の殯宮《あらきのみや》の時に、柿本人麻呂の作る歌一首 并せて短歌

天地《あめつち》の　初めの時し　ひさかたの　天《あま》の河原に　八百万《やほよろづ》　千万神《ちよろづがみ》の　神集《かむつど》ひ　集ひいまして　神分《かむはか》り　はかりし時に　天照らす　日女《ひるめ》の命《みこと》　天《あめ》をば　知らしめすと　葦原の　瑞穂《みづほ》の国を　天地《あめつち》の　寄り合ひの極み　知らしめす　神の命《みこと》と　天雲の　八重かきわけて　神下《かむくだ》し　いませまつりし　高照らす　日の皇子は　飛鳥の　清御《きよみ》の宮に　神ながら　太敷きまして　天皇《すめろき》の　敷きます国と　天の原　石門《いはと》を開き　神上《かむあが》り　上りいましぬ　我が大君　皇子の命《みこと》の　天の下　知らしめしせば　春花の　貴くあらむと　望月の　満《たた》はしけむと　天の下　四方の人の　大船の　思ひ頼みて　天《あま》つ水　仰《あふ》ぎて待つに　いかさまに　思ほしめせか　つれもなき　真弓《まゆみ》の岡に　宮柱　太敷きいまし　御殿《みあらか》を　高知りまして　朝言《あさこと》に　御言《みこと》問はさず　日月《ひつき》の　数多《まね》くなりぬる　そこ故に　皇子《みこ》の宮人《みやひと》　ゆくへ知らずも（二―一六七）

反歌二首

ひさかたの天《あめ》見るごとく仰《あふ》ぎ見し皇子の御門《みかど》の荒れまく惜しも（二―一六八）

あかねさす日は照らせれどぬば玉の夜渡る月の隠らく惜しも（二―一六九）

草壁皇子の神聖化と、その草壁皇子の子である軽皇子（後の文武天皇）の皇位継承権の正当化こそ、この挽歌の趣旨であり、それがそのまま、柿本人麻呂にこの挽歌を作らせた持統天皇の意図であったと考えてよかろう。この「日並皇子の挽歌」は、持統天皇の意図を完璧に実現したものであったと思われる。それが証拠に、数年後の太政大臣・

高市皇子の死に際しても、またさらに数年後の明日香皇女の死に際しても、柿本人麻呂は同様の殯宮挽歌を献げることが許された。その時の手法が、亡き皇子と皇女を、聖なる皇室の系譜に書き加えるという神話的手法を用いるものであったことは、いうまでもなかろう。

「殯宮の時」に作られた柿本人麻呂の三首の挽歌は、殯宮、あるいは殯宮の外部施設である殯庭において宣読されたと考えられてきた。しかし最近の研究では、殯宮ではなく、死者の生前居所を宣読の場とする説が有力である。[6] 火葬の普及は、殯宮儀礼の縮小を促した。この趨勢の中で、従来は生前居所の一角に設置された殯宮は、生前居所から切り離された陵墓に近いところに設置される（陵墓完成までの一時待避）。そしてかつて殯宮で行なわれた儀礼のうち、殯庭で行なわれた外廷の儀礼は殯宮に附随して去ったが、殯宮の内部で行なわれた内廷（家内的・私的）の儀礼は、そのまま生前居所で執り行なわれることになった。挽歌がその例であり、本来は殯宮の私的空間で残された女性たちによって歌われたものだが、人麻呂に至って「殯宮の時の挽歌」と姿を改め、男性の手に成る規模壮麗な公的挽歌として再創出されたと見るのである。

人麻呂の挽歌が宣読された場面については、生前の居所で催された仏教の斎会であろうという推測がある（前註の身崎壽説）。また生前居所から殯宮へと柩が移される「宮遷り」の場面と見る立場もある（前註の上野誠説）。柿本人麻呂のいわゆる殯宮挽歌がどういう場面で宣読されたかは今後に研究すべき重要な問題となるであろう。ただ一つ確認すべきは、いずれにしても人麻呂のいわゆる殯宮挽歌は、喪葬儀礼の中に位置づけられる公的機能をもつものであり、個人の哀傷の思いを綴る単なる抒情歌ではなかったということである。

三　中国文学からの影響

人麻呂の挽歌については、中国文学からの影響をいかにしても無視することはできない。この辺の問題を確認するために、以下数条にわたって、西郷信綱『詩の発生』（未来社、一九六〇年）から引用してみよう。

・私などもそうだが、従来我々は人麿をあまりにも伝統主義的に解しすぎていると思う。彼が前代からの伝統を綜合した地点にいるのは否定できないにしても、あのような形で彼が伝統を綜合しえたのは、中国文学という異質の新しい契機との芳烈なであいがはじめて彼において経験されたことと無関係ではなく、ずるずるべったりと伝統が開花したという筋のものでは決してあるまい。(一九一頁)

しかしその西郷氏にして、中国文学の影響をどの程度に見積もるべきか、逡巡している。

・(人麻呂の挽歌は)むろん漢文学の影響などもあるであろうが、彼の歌のリズムや修辞も、原型としては誄をやはりうけつぎ、それを独自に、おそらく抒情詩的に芸術化したものにちがいなく、(一四六頁)

・むろん、人麿挽歌の資源は誄だけであるはずがない。祝詞や歌謡や中国の詩賦等、その他いろんな資源を芸術の鍛冶場で利用し鍛えたのであろう。私のいいたいのは、人麿の挽歌がいかに突如と、しかも異常に新しい姿であらわれていようと、彼は純粋に新しい形式を発明したのではなく、その基本は誄という前芸術形式を芸術的に変形したことによって新しいのだということ、(一四九頁)

・天武天皇の殯宮がいかに荘厳に執行されたかが察せられるだろう。……殯宮儀礼における最も重要な要素は発哀(発哭)と誄に他ならぬことを正当に抽出できないであろうか。……人麿の殯宮挽歌がその誄と密接な類縁を有すること、否むしろ、誄の永い歴史のなかにこそ人麻呂挽歌が生まれ出るべき必然性は受胎されてきていたのではないかという事実に気づくはずである。(一三七〜一三八頁)

このように西郷氏は、中国文学からの影響を認めつつも、それを深層レベルの影響として位置づけ、人麻呂挽歌の具体的な継承関係については、日本に伝統的な喪葬の詞章様式である「誄《しのひごと》」の影響を特筆する。その上で、とくに天武天皇の殯宮における誄と、人麻呂挽歌の具体的な継承関係に関心を絞っていく。確認すれば、西郷信綱のいう「誄」は、便宜的に漢字で表記されてはいるが、その実体はあくまでも日本に固有の「しのひごと」なのである。そしてその「しのひごと」が、中国の「誄」とどのような関係にあるかは、あえて曖昧なままに置かれているように見える。

そもそも人麻呂の殯宮挽歌の成熟に、「誄」の存在が大きな意味をもっているとは、戦前の折口信夫以来、誰もが主張することである。しかしその誄の内実となると、多くの場合はそれを吟味することもなくただ「誄」といい、あるいはそこに「しのひごと」と和訓を付けて済ませている。つまり問題は、その「誄《しのひごと》」なるものが、日本固有のものなのか、そこに中国文学の影響が加味されたものなのか、また純然中国のものなのかが不問に付されているためである。あるいはその辺を曖昧にすることで、問題を単純化しているフシもないわけではない。

この点については、身崎壽『宮廷挽歌の世界』（塙選書、一九九四年）が注意を喚起している。

・（中国の）このような誄を、やまとことばの「しのひごと（しのびごと）」にあてはめたわけだが、……もともとわがくににこの誄に対応するような葬礼の詞章が存在したかどうか、かならずしも確実とはいえないようにおもわれる。というのも、「誄」が資料に登場するのは『日本書紀』敏達十四年（五八五）八月に、「是時起殯宮於広瀬。馬子宿禰大臣佩刀而誄。物部弓削守屋大連听然而咲曰。如中猟箭之雀鳥焉。次弓削守屋大連手脚揺震而誄」とあるのをはじめとして、すべて六世紀以降で、先進中国の儀式・典礼の輸入につとめていた大和国家の支配層が、宮廷儀礼の拡充の一環として、在来の葬礼にはない要素を導入したものともかんがえられるからだ。もっとも、いわゆる大化の「薄葬令」（『孝徳紀』大化二年三月二十二日条）に「或為亡人断髪刺股而誄。如此旧俗、一皆悉断」という記述のあるのが、六世紀以前からの民間あるいは宮廷での習俗をさしているのならば、「しのひごと」の伝統はなんらかのかたちでたしかに存在していたものとみなければならない。そのばあいには、信友のいうように、在来の「しのひごと」に中国の同種の儀礼をあらわす「誄」の字をあてはめたことになる。それにしても、みぎの「薄葬令」の文言、あるいは『敏達紀』の記述からかいまみられるように、在来の「しのひごと」は、身体的な要素、所作の要素のまさったもののようにおもわれ、漢土の「誄」との接触等の結果、「しのひごと」の性格がおおきく変容を余儀なくされた可能性は否定できないだろう。（一〇四頁）

このような次第であれば、「しのひごと」の人麻呂挽歌に対する影響を考えるときに、中国の「誄」を中心とした葬礼文学の影響を考えることは、不可欠の作業となる。

四　具体的な影響関係――挽歌その他

殯宮で奉上される「しのひごと」に対して、「誄」の漢字を当てた、その妥当性はいかに。そもそも中国の誄とは、いかなる文体であったのか。また誄と近接するところに、ほかのいかなる文体があったのか。結論を先取りすれば、「誄」を当てたことは、もっとも妥当な判断だったとしなければならない。しかしそのことをいう前に、少し具体的に、中国の死者を哀悼する文学の全体を説明しなければならないだろう。

中国の葬礼文学の全体を説明しなければならないだろう。

中国の死者を哀悼する文学として、まず思い当たるのは「挽歌」である。しかしその挽歌が、上代日本の喪葬文学に与えた影響の可能性は、結論を先取りすれば、絶無である。

挽歌は、霊柩を挽《ひ》くときに歌う、その意味では本来、一種の労働歌であった。ところで儒家の伝統的な葬礼においては、歌を歌うことは禁止されていた。葬儀では、笑ってはいけない、歌を歌ってもいけないのである。

喪に臨んでは笑わず、柩を望んでは歌わず。（『礼記』曲禮・上）

しかしその一方で、喪葬の歌の存在を示唆する資料も残されている。

春秋時代には、『春秋左氏伝』の哀公一〇年の条に、魯の武将公孫夏が、決戦を前に、部下に決死の覚悟を促すために「虞殯《ぐひん》」を歌わせたとある。また戦国時代には、『荘子』（『世説新語』の劉孝標の注に引く逸文）に、「紼謳《ふつおう》」は、柩を挽くときの辛さを払いのけるために歌われたとある。この「虞殯」「紼謳」は、いずれも挽歌と見られるものである。

前漢になると、もう少し具体的になる。斉の田横が高祖劉邦に召し出されたとき、誅殺されるものと覚悟し、自刎して果てた。門人たちは主人の死を悼んで、悲歌を作った。それが後世「薤露《かいろ》」「蒿里《こうり》」とよばれる挽歌である。

（『文選』陸機「挽歌三首」の李善注に引く崔豹『古今注』）。

もっとも「薤露」の曲名は、戦国時代の楚の文人・宋玉の作品「対楚王問」（『楚辞』所収）にも見えるので、この説話の信憑性は低い。それゆえに「薤露」「蒿里」が田横の門人に出るかどうかは疑わしいとしても、漢代の楽府（民間歌謡）には、確かにその名の挽歌が残っている。

薤露　　無名氏

薤上露　何易晞
露晞明朝更復落
人死一去何時帰

薤露《かいろ》

薤上の露　何ぞ晞《かわ》き易き
露は晞くも　明朝　さらに復《ま》た落つ
人死して一たび去れば　何《いず》れの時にか帰らん

以上を総じていえば、前漢までの挽歌には、関連の説話の真偽からしてよくわからないところが多い。下って後漢になると、挽歌は朝廷の葬祭儀礼の中に定着していたことが確認され、しかも大臣以上の葬礼では規定の一部となっていたようである。(7) しかしながら、その挽歌は伝存していない。

伝存する挽歌についてみれば、「薤露」「蒿里」は、実際の葬礼の場面で柩を挽くときに歌われた挽歌であった可能性が高い。しかしその分量や表現手法を見れば、人麻呂挽歌と余りにも異質である。またこれ以外で今日に残っている魏晋・南北朝時代の挽歌（西晋・陸機の「挽歌三首」、東晋・陶淵明の「挽歌三首」など）は、いずれも文人による創作詩であり、葬礼の場で歌われることを想定せずに作られた文学作品である。つまり篇名こそ挽歌であっても、柩を挽くときに歌われる挽歌としての実質を備えない創作抒情詩だった。このような創作抒情詩としての挽歌が、人麻呂の殯宮挽歌に影響を与えた可能性はないと見なければならない。

人麻呂の挽歌に影響を与えた中国の葬礼の文体は、挽歌以外のものでなければならない。では挽歌以外に、いかな

るものが存在したのか。(8)

『芸文類聚』（第四〇巻「礼部・下」）には「弔」「冢墓」の項目を設け、死者追悼の文学を採録している。しかし「弔」は、遠い過去の人物を取り上げるものであり、現在の死者を葬送する文学ではない。また「冢墓」は、古い墳墓の前に足を止めて感慨を詠じたものであり、これも葬送の文学に数えることはできない。

『芸文類聚』は巻三四に、「哀傷」の項目を設ける。一例として、魏の王粲の「七哀詩」は、戦乱で身寄りを失った女が、我が子を棄てる光景を描く。このように「哀傷」には、具体的な知人の死とは直接結び付かない作品もある。別の例として、西晋・潘岳が妻の死を哀しむ「悼亡詩」や、子の死を哀しむ「思子詩」がある。また劉宋・顔延之が弟の喪が明けて作った「除弟服詩」などもある。しかしこれら潘岳や顔延之の身近な者の死を悼んだ作品も、厳密には、葬礼の文学ではない。これらは、具体的な儀礼と無関係である。いわば儀礼の客観的な空間の外にある、主観的な哀悼の思いを綴った抒情詩なのである（なお「哀傷」の部立に含まれる「哀辞」については後述）。

これ以外の葬送の文体には、墓碑・誄・墓誌がある。

このうち、墓碑と墓誌は、死者の出身（諱・字・姓・本籍・先祖）を説明し、功績（事業・官歴）を賛美し、最期（卒日・享年・妻子・葬日・葬地）を記録して、哀悼の意を表明する。両者の違いは、墓碑が地上に立て、墓誌は墓中に埋めることにある。墓碑は、後漢の後半期に大いに行なわれて、蔡邕のように墓碑の達人として傑出する者も現れた。

しかしこの墓碑と墓誌にしても、厳密には葬礼の文体ではない。つまり葬礼を進行する手続きの中に、墓碑や墓誌の披露（宣読）は含まれていないのである。これらに対して誄が決定的に異なるのは、啓殯（仮埋葬を終えて出棺する儀式）の際に宣読される、正規の葬礼の文体だという点である。人麻呂が葬礼の中で機能する挽歌を制作しようとするならば、また中国の葬礼文学について正確な認識をもっていたとするならば、人麻呂がこの誄に注目したと考えるのは、きわめて自然な判断である。

五　誄

誄については、南斉の劉勰（四六六？～五三七？）が著した文学理論書『文心雕龍』（「誄碑」）の説明がしばしば引用される。

「誄とは、重ねる意味である。死者の徳行を重ねて述べて、永遠の未来に顕彰するのである。夏・殷以前は、誄辞は知られていない。周には誄があったが、（卿・大夫の上級貴族にだけ与えられ）士の身分には与えられなかった。下位者は、上位者のために誄を作ることはなく、年少者は、年長者のために誄を作ることはない。天子に対しては、天の名を借りて、天が誄を与えるという形式を取った。誄を読み上げて諡《おくりな》を定める。この誄のような典礼の文章は、重要である。」

この劉勰の説明に問題があるとすれば、後漢以降について、誄が辿った歴史的経緯が説明されていないことである。しかも誄は、この間にこそ大きな変貌を遂げている。

西晋の摯虞《しぐ》（？～三一一）に、文学の文体を分類説明した『文章流別論』があり、「詩・頌・箴・銘については、どれも過去の模範があるので、それに倣って作ることができる。しかし誄だけは模範がなく、作者ごとに違いが大きい」と述べている。これは興味深い指摘であって、西晋の摯虞の時代にあって、誄はまだ典型を確立せず、変化発展の只中にあったことを意味するものである。誄は、確かに由緒正しい文体ではあるが（『周礼』に「太祝六辞を作る、……其の六を誄と曰う」）、注目の文体となったのは、後漢以降、とくに魏晋になってのことである。したがって、どの時代の誰の誄を基準にするかによって、誄の説明はいくらでも違ってくる。『文心雕龍』の説明は便利であるが、このまま鵜呑みにしてはいけない。

誄の歴史は、三段階に分けられる。第一は、前漢以前。現存の誄はほとんど無いが、おそらく『文心雕龍』が「其の徳行を累《かさ》ねて、之を不朽に旌《あら》わすなり。……誄を読みて諡を定む」と述べるような、故人に諡を与えるために、彼の生前の功績を書き連ねて賛美することを趣旨とするものだっただろう。誄を読み上げるのは、啓殯（殯葬終了）のとき、つまり埋葬地に向かって出棺するときである。そして誄は吹き流し（旌）に書かれて、野辺送りの行列に掲げられ、埋葬の際には柩の上にかぶせられる。この段階の誄は、口誦性が強く、また葬礼における実用的機能に重きが置かれていたために、文字として記録保存され、言語作品として読み継がれることも少なかったものと思われる。

誄が言語作品へと飛躍するのは、揚雄（前五三〜後一八）が新の皇帝王莽の皇太后に献げた「元后誄」においてである。

そもそも誄は、口頭で称えられる、短い詞章だった。現存する最古の誄であり、哀公が孔子のために作った誄は、「天不遺耆老、莫相予位焉、嗚呼哀哉、尼父」（『礼記』檀弓上）（天は私を助けるために老人を生かしてはくれなかった。ああ哀しい哉。尼父よ）」という、わずか一六字に過ぎない。注釈によれば、「尼父」の尼は、哀公が孔子に与えた諡、父は、男子の美称だという。[9] それにしても素朴な詞章である。それが前漢から新に跨って生きた当時最大の文人揚雄の手の中で、誄は対句を駆使し、典故をちりばめる修辞的美文となり、当時の代表的な文学の形式である賦に匹敵する文学様式へと成長する。誄の基本型は、この時点で確立したと言ってよい。

「元后誄」は、新の皇帝王莽の勅命によって揚雄が作ったものである。[10] 揚雄の時代には、皇后に諡を与える規定はなかった。つまりこの誄は、諡を定めるという目的のためではなく、専ら元后の徳行を賛美し、その死を哀悼するために作られたことになる（黄金明『漢魏晋南北朝誄碑文研究』人民文学出版社、二〇〇五年）。この事実は、誄を作る目的が、当初の諡を定めるという実用性から、次第に喪葬儀礼を荘厳に飾るための演出へと重点を移しつつあることを物語るものである。そしてその演出効果は、誄の言語表現を鍛錬すること、つまり文学へと傾斜することによって高められることになる。

後漢の時代、誄の制作は活発化し、文人の表芸となる。一人の死に対して、複数の文人の誄が献呈されるのが常態化するのは、ここで評判を取ることが、文人としての名声を高める捷径と考えられていたためである。

興味深い話がある。後漢の杜篤（?〜七八）は、若くして博学で知られたが、ずぼらな性格で、郷里では大事にされなかった。美陽に赴任したとき、その土地の長官と付き合いがあったが、頼み事をしたのに聞き届けられず、不満を漏らした。これに腹を立てた長官は、杜篤を逮捕して都に送った。たまたま大司馬の呉漢が亡くなり、光武帝は文人たちに命じて誄を作らせた。杜篤は牢獄より誄を作って奉上したが、その優れた出来栄えに皇帝は称讃を惜しまず、褒美を与えた上に、刑も免除した。（『後漢書』杜篤伝）

この話は、いくつかの興味深い消息を伝えている。第一に、後漢初代の光武帝の時代に、すでに誄は単に諡を定めるための実用文体ではなくなっていたこと。諡を決めるためだけであれば、誄は一つあれば足りるのであり、二つ以上の誄はかえって混乱の原因となる。[11] 第二に、誄はすでに書記された「文学作品」として鑑賞されていたこと。皇帝が複数の誄を求めたのは、誄の優劣を競わせるためであり、[12] また誄の作者は、その作品の出来栄えによって社会的待遇も左右され、極端な場合には、杜篤のように刑罰も免除されたのである。誄は、楊雄の「元后誄」によって、実用文体から芸術文体へと脱皮する糸口を得たが、その直後の後漢の初代皇帝・光武帝の時代に、すでにその方向に確実に歩み出していたのである。

誄の第二の転機は、三国の魏の時代である。この時期、墓碑が誄を圧倒する勢いであったが、その墓碑が突如禁制されることによって、文人の創作エネルギーが、誄の一点に傾注されたのである。

後漢の後期は、墓碑の全盛期だった。『文心雕龍』には、「後漢以来、碑碣（碣は円形の墓碑）は雲のごとく起こる」と述べ、後漢末から魏にかけての蔡邕（一三三〜一九二）と孔融（一五三〜二〇八）をその頂点として特記している。しかし墓碑の制作は、まさにその頂点に達した建安一〇年（二〇五）、魏の曹操が出した墓碑禁令によって挫折される。[13] 墓碑に象徴される奢侈厚葬の風潮を抑止するのが目的だった。その禁令の効果は、明瞭である。

碑文の大家蔡邕を見ると、碑文は三〇余篇（断片含む）あるのに、誄はわずかに一篇である。これに対して墓碑禁令後の曹植（曹操の第三子・曹丕の弟）では、碑文は皆無、それでいて誄は九篇、また誄の別体である哀辞は三篇となっている。曹植における碑文の激減と、これに反比例する誄の増加は、墓碑禁令の結果でなくして何であろう。

誄の第三の転機は、六世紀（南朝の梁の時代）に訪れ、誄の制作は、一転して下降局面に入る。その理由の第一は、墓誌銘（墓中に入れる石版に刻まれた墓誌の銘文）の流行である。地上に立てられる墓碑は禁止されたが、それを巧みに避けるように、墓中に埋める墓誌が盛んに作られるようになる。その中で、誄の三百年の全盛期は終息することになる。

誄と墓誌銘の主役の交替を示す好例が、梁の後半期を代表する文人、簡文帝・蕭綱（五〇三～五五一）である。彼の作った墓誌銘は一四編の多きを数え、これに対して誄はわずか一篇にすぎない。誄と墓誌銘の消長は、見事なほどに対照的であり、しかもこの傾向は、隋唐以降にも長く引き継がれることになる。

三国・魏の時代に墓碑禁令が出て、碑文の制作が激減した。しかしこの時期の誄の制作の活発化は、単に碑文の減少を補完するためのものとみるだけでは不十分である。

魏の誄は、単に作品数が増すだけではなく、にわかに抒情性を強めている。この事実は、この時期（文学史にいう建安時代）が、文学における個性自覚の時代であったことと表裏の関係にある。建安時代が中国文学史の画期的時代と目される理由は、一つには、その後の古典詩の基本形となる五言詩がこの時に定着したためである。またそれ以後は文学史が間断なく発展する、その重要な出発点となったためでもある。しかしもっとも重要な理由は、個人の意識がこの時代に覚醒したことであり、その結果として、文学はその個性の発揮として、個人の作者名と共に伝えられるようになるためである。曹植らの誄は、後漢の、故人の徳行を記述し賛美する誄とは趣を異にし、哀悼の念を前面に押し出した主情的なものとなっている。個の人格に根ざした個性的感情は、とりわけ人の死に対する悲哀において自覚される。建安時代に、個人の名を刻んだ作品が出現したとき、死者を追悼する誄は、当時の文人の関心を強く惹く文学のジャンルとなって隆興したのである。(14)

六　哀辞

この時代、誄は文学の主要なジャンルに成長すると共に、哀策と哀辞という関連の文体を成熟させることになる。[15]「哀辞」は、「誄」と補完の関係にある。誄は、そもそもが権力者（天子・皇后・卿・大夫）に対して、生前の功績を数え上げて賛美し、その評価を踏まえて謚を定めるための実用文体だった。つまり生前の功績がない夭折者に対しては、誄を作ることはできなかった。[16]この誄の制約を破るために登場したのが、哀辞である。

哀辞は、三国・魏の曹植によって成熟した。「金瓠哀辞」「行女哀辞」「仲雍哀辞」は、いずれも幼少で亡くなった者を哀悼する。曹植は、一歳にも満たずに亡くなった金瓠と行女の二人の女児のために、これらの哀辞を制作した。また「仲雍哀辞」は、曹丕（曹植の兄）の次男が生後三箇月で亡くなったのを傷んだ作。曹植によって、哀辞は喪葬文学に新しい表現領域を切り拓くことに成功した。

西晋の潘岳は、死者を悼む哀傷文学に天才を発揮したが、哀辞にもすぐれた作品を残している（現存七篇）。潘岳の哀辞は、大筋としては曹植を継承して、幼少の死を哀悼するものである（「傷弱子辞」「金鹿哀辞」）。しかしその一方で対象年齢を拡大し、「陽城劉氏妹哀辞」「悲邢生辭」は、すでに成年に達した劉氏に嫁いだ妹と、友人の邢生の死を悼んだものとなっている。妻の死を悼んだ「哀永逝辞」は、その延長上に作られている。[17]潘岳においては、哀辞という文体は、年齢を主な条件とするのではなく、相手が私人か公人かを条件としているらしい。こうして西晋の潘岳に至って、誄は、哀辞を加えて、弱齢・老齢、公人・私人のすべての者の死を対象とする葬礼の文学へと成長した。

なお哀辞が、挽歌や、挽歌の一種と見るべき「悼亡詩」と異なっていることは、確認が必要である。挽歌や悼亡詩は、主観的な哀傷文学であり、葬礼と関わりのないところで作られる抒情詩である。しかし誄を母胎とする哀辞は、葬礼の一部に置かれて儀式の進行を促す、実用文体としての性格を留めるものであった。そのことは哀辞の多くが、誄と同様に、出棺・埋葬の情景を描くことからも知ることができる。

曹植の「金瓠の哀辞」には「父母の懐抱を去って、微骸を糞土に滅す」、「仲雍の哀辞」には「陰雲に素蓋（柩車）を廻らし、悲風は其の扶輪を動かす。埏闥《はかあな》に臨んで以て歔欷《きょき》（すすり泣く）し、涙は流射して巾を霑《うる》おす」という埋葬の描写が含まれる。また潘岳の「哀永逝辞」には「歸りて殯宮に反哭す」、「金鹿哀辞」には「子を中野《ちゅうや》（荒野）に捐《す》てて、我が歸路に遵《したが》う」、「悲邢生」には「死せるの日、奔る者は庭に盈《み》つ。余が車を停めて郊に在り、霊櫬を撫して以て悲しみを増す。轜容を瞻《み》て像《すがた》を想い、曾《すなわ》ち余輝を覩《み》ること無からん。子を境垂に送り、永く路岐に訣る」、「京陵女公子王氏哀辞」には「于《ここ》に闉庭に掖《よ》りて、于に以て之を送る。陵岡（墳墓）は崔嵬《さいかい》として、僕馬は廻《ふりかえ》りて眷《み》る。旗旐は旋《すなわ》ち飛び、夕陽は映《ひかり》を失う」とある。

とくに「悲邢生」では埋葬の道行きが具体的に述べられているので、見ておきたい。「逝去の日には、弔問者が屋敷に満ちた。いよいよ埋葬の時、自分の車を郊外に止めて、柩をさするとき悲しみがこみ上げる。柩車を見ては、在りし日の姿を思い出す。君はもう、日の光を見ることもないのだ。君を野辺に送り、分かれ道で永遠の別れを告げるのだ」。このような埋葬の描写を哀辞が決まって含んでいることは、哀辞が埋葬へと連続する葬礼の特定の段階において披露されたことを意味する重要な目印である。つまり葬礼と無関係に作られた、単なる抒情文学ではない。

「悲邢生」は、埋葬からの帰路も描く。また妻の死に献げた「哀永逝辞」には、反哭、つまり埋葬後に殯宮に帰って献げる哭礼が描かれている。(18) しかし誄の場合もそうであったように、これは出棺の儀式の時に、埋葬の光景を先取りして描くものである。哀辞が宣読されるのは、誄と同じく、出棺の時と考えられる。

七　哀策

哀策は、発生の経緯はともかくとして、実質的には、魏晋の時代に誄から派生したものであり、きわめて近い位置にある。(19)

哀策は、皇帝・皇后・太子について、その徳行を述べて、謚を定める文章である。哀策の記事はすでに『後漢書』

に見えているが、現存する最古の哀策は、魏の文帝・曹丕が父親の曹操のために作った「武帝哀策文」である。その後、西晋の張華が「武帝哀策文」「武元楊皇后策文」を作り、哀策は朝廷の葬礼の中に定着してゆく。

誄には、上位者が下位者に賜るという身分的制約がある。唯一の例外が皇帝に対する誄であり、その場合は、臣の立場ではなく、皇帝の上位者である天の名義を借りて誄を作るのである。[20] 哀策とは、その例外に当たる皇帝に対する誄が、誄から独立したものと考えるとわかりやすい。

哀策は、文人が個人の資格において自由に制作するものではない。詔勅を下された皇帝の分身である史臣が、皇帝の代筆をする。つまり哀策は、名義的には皇帝の制作なのである。その経緯を伝えるのが、『晋書』巻三一の「文明王皇后伝」、すなわち西晋の初代皇帝・武帝司馬炎の生母に関する記事である。

泰始四年（二六八）、皇太后が亡くなり、夫君である先代文帝の陵墓に合葬されることとなった。その時、武帝は自ら皇太后の徳行を書き記し、史官に命じてその資料を拠り所に哀策を制作させた。その哀策は、全文が『晋書』に記載されるが、実作者＝史官の名は不明である。

哀策が、皇帝の名義で作られることは、『文選』巻五八に収められる二篇の哀策でも確認できる。

顔延之の「宋文皇帝元皇后哀策文」は、宋の文帝（劉義隆）の皇后に対する哀策であり、「上甚だ相い悼み痛み、前の永嘉太守の顔延之に詔して哀策を為《つく》らしむ」とあるように、文帝が顔延之に詔して制作させた（『宋書』巻四一「文元袁皇后伝」）。

注目すべき点は二つある。第一は、哀策文中に「乃ち史臣に命じて、徳を累ね懐を述べしむ」とあって、顔延之が自らを史臣と称する点である。つまり顔延之は、個人ではなく、朝廷に仕える厳正で公平な史臣（皇帝の代理人）の立場で制作に当たったと表明している。第二に、哀策の制作主体は、皇帝自身である。末尾に見える「存《いくる》を撫《なぐさ》め亡《なき》を悼み、今を感じて昔を懐う」の八字は、『宋書』によれば、この哀策を読んだ文帝が、自ら加筆したものである。つまり皇帝は、史臣の顔延之《がんえんし》に代作を命じ、最後の仕上げには自分自身が当たったというスタンスを取っている。

もう一篇の哀策は、謝朓《しゃちょう》の「斉敬皇后哀策文」である。東昏侯蕭宝巻（在位四九八～五〇一）の詔を承けて、皇太后のために謝朓が制作したものである。ここでも二つの点に注目したい。第一は、哀策の冒頭に「旋《すなわ》ち左言（史官）に詔し、光《おおい》に聖善を敷《し》かしむ」（そこで史官に詔して、皇后の聖徳を述べさせた）と述べている点。第二に、哀策の後段に、「閔《あわ》れなるかな予が佑《さいわ》いならざること、慈訓に早く違《たが》う」（悲しいことに私は不幸にも、幼くして母の訓導を受けられなくなった）と述べるように、哀策における主体は皇帝・東昏侯であり、代作者・謝朓ではないことである。

この二つの哀策に共通するのは、冒頭の一節に置かれた「礼也」の二文字である。これは葬礼の進行が、礼の規定に則ることを、またこの哀策自体が、その葬礼の一部であることを確認するものである。

「礼也」を強調するのは、礼の規定から逸脱傾向にあった「誄」との差別化のためと思われる。誄は、本来は葬礼の一部として、厳格に規定されていた。しかし後漢以来、文人の自由な制作に任せられたことで、文学作品としての表現力は格段に増強されたが、礼の規定からしばしば逸脱することになった。

誄の逸脱は、二つの側面がある。一つは、葬礼の段取りからの逸脱である。『周礼』以来の規定によれば、誄は、啓殯（殯葬終了）の時、出棺を控えた遣奠という祭礼の場面で宣読されるものである。しかし曹植が生母の死を追悼した「卞太后誄」のように、任地にいて、葬礼に参加できない情況の中で作られる誄も、出現していた。

もう一つは、私誄の出現である。上位者が下位者に対して誄を与え、又それを根拠に諡号を与える、というのが礼の規定である。しかし後漢になると、親族同士で、また門人が師匠に対して誄を作り、それに基づいて諡号を定める習慣が定着する。私誄や私謚の出現である。このように葬礼の規定に違反する誄が作られるようになると、もはやそのままでは皇帝・皇后・皇太子の権威ある葬礼に相応しくなくなる。哀策という新しい文体が必要とされた理由は、ここにある。

哀策の宣読も、誄の本来の規定にならって、啓殯・遣奠の時である。『隋書』巻八「礼儀三」に尚書左丞の庾持《ゆじ》の発言として、「晋宋以来の皇帝の大喪儀礼では、祖（埋葬に先立つ出棺の祭礼）の前日に、南郊の太廟に至って、哀策と謚号を奉献する。梓宮（殯宮）から柩車に乗せるときに、侍中が版《いた》に記された皇帝の謚号を称える。出棺の献げものを奠え、棺を階下に下ろしたときに、哀策を読み上げる」とある。

八　重要文体としての誄・哀策

誄は、有史より南北朝時代に至るまで、重要文体としての地位を保ってきた。後漢の時代には、「辞・賦・碑・誄」が、文人の面目を施す場であった。魏晋になると、そこに「詩」が加わった。今日、中国の古典文学を「詩」を中心にとらえることが多いが、南北朝以前には、唐代以後のような詩独尊の状態は形成されておらず、文人たちはそれぞれの文体に才華を競っていた。誄はその間、一貫して文人がもっとも関心を注ぐ文体だったことを忘れてはならない。後漢の時代、誄の出来栄えが文人の評価を左右したことは、杜篤のエピソードで触れたとおりである。そして西晋以降、哀策が誄から独立する頃には、哀策の制作こそが「大手筆」、すなわち文人がもっとも力を振るうべき檜舞台となっていた。ここでは王珣《おうしゅん》（三四九〜四〇〇）を巡る二つの逸話を紹介しておきたい。

・東晋の簡文帝（司馬昱）は学芸に理解があり、王珣らは文学の才能によって可愛がられ、尚書令となった。ある時、椽《たるき》のごとく太くて立派な筆（文才の譬喩）を授けられた夢を見た。王珣は、目覚めてから人に語ると、「きっと国家の重要文書を起草する仕事（大手筆の事）が回ってきますよ」と予言された。果たせるかな、三七三年、突然簡文帝が崩御すると、哀策や謚議はどれも王珣が起草する運びとなった（『晋書』王珣伝）。

・王誕（三七五〜四一三）は、若くして文学の才能で頭角を露した。三九七年、東晋の孝武帝（司馬曜）が崩じたとき、従叔の王珣が哀策を作って王誕に見せたところ、王誕は「季節の情景描写が不足していますと言って、筆を執って「霜は広除に繫く、風は高殿を回る」と書き加えた。王珣は感心して、この表現を採用した。（『南史』王誕伝）

この二つの逸話から知られること、それは哀策の制作こそ、当代第一の文人に対して皇帝から与えられた非常の特権だったということである。またそれだけに、文人は哀策の制作に当たって、鏤骨砕心の労を惜しむことはなかった。誄・哀策がいかに重視されていたのかを見ることができるだろう。

人麻呂がその挽歌の制作に当たって、中国の誄（哀策・哀辞を含む）をどの程度意識し、それを実作に反映させたのか。これを考えるのは万葉学者の仕事である。しかしその時に、二つの点が考慮されなければならないように思われる。

九　結　語

第一に、誄は、葬礼中の文体だったことである。単に死者を悼むものが、葬礼の文体となるわけではない。陸機・陶淵明らの「挽歌」、あるいは潘岳の「悼亡詩」は、主観的な抒情詩であり、客観的な葬礼の場で宣読されるためのものではなかった。誄は、葬礼の進行に不可欠の機能を持つ、実用的文体だったのである。

誄が宣読されるのは、啓殯（殯葬終了）の時である。柩を殯宮から引き出して柩車に載せるときに、誄が宣読されるのである。また哀策は、誄を対象を限定（皇帝・皇后・太子）しながら厳格化したものであり、この葬礼の規定は遵守される。哀辞の場合は、対象が幼児、もしくは私人であるが、誄と同様に、埋葬に向かう出棺の時に宣読されたものであることが、作品から推定される。要するに誄・哀策・哀辞そのいずれもが、葬礼の一部として機能する文体だった。

人麻呂の殯宮挽歌は、歌題に「殯宮の時」と明記されるように、それが殯宮（殯庭）で宣読されたか、あるいは殯宮が営まれている期間に生前居所で宣読されたか議論が分かれるとしても、葬礼の特定の段階において必要とされたことは疑いえない。その意味では、主観的な抒情歌ではなく、客観的な葬礼の場で機能する葬礼の歌だった。しかもその制作の背後に持統天皇の下命が推定されるとなると、殯宮挽歌の制作をめぐる環境は、限りなく誄ないしは哀策との類似を思わせるものとなる。

「殯宮の時」とは、ある長さを持った期間を指すのか、それとも特定の時点を指すのか、不明である。しかし上野誠氏が述べるように、殯宮挽歌は、生前の宮殿から殯宮への「宮遷り」を主題とするとなると、話は興味深くなる。中国の誄は、「殯宮（生前居所）⇓陵墓」の出棺の時点で読み上げられた。もし人麻呂の殯宮挽歌が、「生前居所⇓陵墓附近の殯宮」の時点で読まれたとすれば、そこに生前居所から出棺する際に読まれたという共通点が見出だされて、はなはだつじつまが合ってくるのである。

第二に、潘岳には妻を悼む哀辞「哀永逝辞」[21]が存することである。人麻呂の妻を悼んで作った「泣血哀慟歌」（柿本朝臣人麿が、妻《め》の死《みまか》りし後、泣血哀慟《かなしみ》よめる歌二首）については、必ずしも額面通りに妻の実際の死を踏まえたものではなく、宮廷の文会において披露された創作歌であるとの可能性も指摘されている。しかしいずれにせよ、この妻の死を悼む挽歌は、人麻呂の殯宮挽歌を含む挽歌群の一角を占めるものであり、その歌群は相互に無関係ではない。とすれば、この挽歌を作るときにも、誄系の葬礼文体である哀辞の「哀永逝辞」が参照されている可能性が、検討されなければならないだろう。なお「泣血哀慟歌」については、古くは契沖が潘岳の「悼亡詩」からの影響を指摘しているが、まずは誄系の「哀永逝辞」との関係を優先的に考えるべきである。影響関係は、表面に見える字句文句ではなく、文体の類縁性を重視しなければならない。文体には、定められた機能があり、影響はその機能を通して伝わるのである。

人麻呂の宮廷挽歌は、死者を皇統神話に接続させるところに特徴がある。そのような神話との接続は、中国の誄にはない。その点で、人麻呂の挽歌は、日本に独自のものである。またその一方で、殯宮に関わる葬礼の中で、帝王の下命を承けて制作されるという制作の方法は、明らかに中国の誄と近似している。詞章の内容の問題と、制作を規定する環境の問題とをいったん区別した上で、人麻呂の挽歌と中国の誄との影響関係を考えることが有効になるだろう。

註

（1）大化の薄葬令（六四六年）によって殯は禁止されたが、皇族には特権として許可された。

（2）『続日本紀』文武天皇四年（七〇〇）三月一〇日の条に、入唐僧道照が粟田の地で火葬された。これが日本における火葬の始まりともいわれる。また大宝二年（七〇二）持統天皇が飛鳥岡に火葬された。天皇火葬の最初であり、続く文武、元明、元正の三天皇も火葬にされた。

（3）日並皇子の挽歌（一六七長歌・一六八・一六九・一七〇）、河嶋皇子の挽歌（一九四長歌・一九五）、明日香皇女の挽歌（一九六長歌・一九七・一九八）、高市皇子の挽歌（一九九長歌・二〇〇・二〇一・二〇二）、泣血哀慟歌（二〇七長歌・二〇八・二〇九・二一〇長歌・二一一・二一二）、吉備津采女の挽歌（二一七長歌・二一八・二一九）、狭岑島死人の歌（二二〇長歌・二二一・二二二）、臨死の歌（二二三）、巻三挽歌（四二六・四二八・四二九・四三〇）

（4）男女の思いを相手に告げる「相聞」の成熟にも、柿本人麻呂は重要な役割を果したが、この相聞も実は、近江朝（六六七～六七二）以前にさかのぼる男性の死を哀しむ女性の挽歌から発生したといわれる。この相聞の歌も挽歌の一支と考えるならば、人麻呂における挽歌的なものの比率はさらに高まる。

（5）天武天皇は、川嶋・忍壁《おさかべ》両皇子たちに「帝紀」と「旧辞」（上古諸事）の整理を命じた。また『古事記』の序文によると、天武天皇は、この「帝紀」「旧辞」を稗田阿礼に誦習させた。『古事記』（七一二年）や『日本書紀』（七二〇年）の完成はその後にあるが、端緒は天武天皇にある。

（6）身崎壽『宮廷挽歌の世界』とくに第三章（塙書房、一九九四年）・上野誠『古代日本の文芸空間―万葉挽歌と葬送儀礼』とくに第三章（雄山閣出版、一九九七年）。殯宮が生前居所から離れた陵墓に近いところに設置されるようになった理由を、前者は時代的変化、後者は天皇と皇子・皇女との相違としてとらえてニュアンスを異にするが、基本的主張は近似。

（7）『後漢書』礼儀志・下の注に引く丁孚の『漢儀』に、「永平七年（六四）、陰太后崩ず、……柩の将《まさ》に殿を發せんとするや……女侍・史官三百人、皆素（喪服）を著て、参《まじ》うるに白素を以てし、棺を引きて挽歌す」。また杜佑『通典《つてん》』巻八六「挽歌」に、「摯虞《しぐ》（?～三一一）云う、『漢魏の故事に、大喪（皇帝の喪葬）及び大臣の喪は、紼《つな》を執る者挽歌す』と」。

(8) 人麻呂の当時、日本に将来されていたことが確実視されるのは、詞華集の『文選』(無注本)と、百科項目を備えた類書の『華林遍略』である。『華林遍略』は佚しているが、『芸文類聚』の南朝梁代以前の部分は、基本的に『華林遍略』を抜粋・継承したものと考えられる。(池田昌廣「『日本書紀』と六朝の類書」『日本中国学会報』第五九集、二〇〇七年)

(9) 『文選』には「甘泉賦」「羽獵賦」「長楊賦」「解嘲」「趙充国頌」「劇秦美新」が収められ、これ以外に『太玄経』『法言』『方言』などの著作もある。

(10) 『漢書』巻九八、元后伝に「太后年八十四にして、建國五年二月癸丑に崩ず。三月乙酉、渭《い》陵に合葬す。(王)莽、大《たい》夫《ふ》の揚雄に詔して誄を作らしめて曰く、……」。なお揚雄の「元后誄」は『文選』にはなく、『芸文類聚』に節録。人麻呂も見たであろう『芸文類聚』の藍本『華林遍略』には、全録されていた可能性が高い。

(11) 天武天皇の殯宮で多くの誄が奉呈されたのと、区別が必要である。天武の場合は、官署ごとに誄を奉呈したものであり、その誄はその職掌に即した内容の分担があったと見るべきであろう。

(12) 『日本書紀』にある蘇我・物部の事例、また軽における事例のような宣読の効果・もしくは身体所作の効果に対する評価ではなく、文字として書かれた作品に対する評価である。なんとしても杜篤は獄中に拘束されていた。

(13) 墓碑禁令は、その後も三回、魏の黄初三年(二二二)・西晋の咸寧四年(二七八)・東晋の義熙初年(四〇五)に出されている。

(14) 魏晋の時代に、挽歌が葬礼を離れて、結婚式などの祝宴・酒宴においても好んで歌われたことは、この時代の美的思潮の反映である。永遠の帝国と思われていた漢の滅亡を目の当たりにし、また戦乱の続発を自ら体験した知識人の厭世的感情が背景にある。しかしそれ以上に、文字における個の自覚が、死の主題によって覚醒され、前面に押し出された結果と考えることが重要であろう。

(15) 厳密には、後漢時代に哀策も哀辞も作られたらしい。哀策については、『後漢書』禮儀下・大喪に「太史奉哀策、……太史令自車南、北面讀哀策」とあり、大喪（皇帝の葬礼）の場面で奉献されている。また哀辞は、『後漢書』文苑伝・摯虞「文章流別論」・劉勰『文心雕龍』などに、班昭・蘇順・崔瑗・超昇・馬融らの哀辞が言及されている。しかし後漢の哀策・哀辞が結果として残らなかったのは、当該の葬礼を離れて、自立した文学作品として読み継がれなかったため、つまり文学作品が備えるべき様式がなお未成熟だったためであろう。

(16) 西晋・孫楚の「和氏外孫小同哀文」に「杪末の嬰孩（嬰児）、安ぞ誄を称するに足らんや」。『文心雕龍』には哀辞を説明して、「下流（幼少）を悼むものにして、故より黄髪（長老）に在らず」。

(17) 「悲邢生辭」の場合は、邢生は官職にあるとはいえ、取るに足らぬ微官だった。「茂實暢びたるも、休名（盛名）未だ衍びず。其の財は至って貧しく、其の位は至って賤し」。

(18) そもそも「哀永逝辞」の冒頭に「啓夕に宵《よる》に興《お》く」（啓殯の前夜は早く目覚めた）。「啓夕」とは、啓殯（殯葬終了）の前夜のこと。「哀永逝辞」が啓殯（出棺）の時点を基準としていることの証左である。

(19) 『文選』に収める謝荘の「宋孝武宣貴妃誄」は、『南史』巻一一「后妃伝」には「謝荘、哀策文を作りて之を奏す」とあり、誄と哀策の混乱が見られる。両者の類縁を示す事例である。

(20) 『禮記』曾子問に「賤（下位者）は貴（上位者）に誄せず、幼（年少者）は長（年長者）に誄せざるは、礼なり。唯だ天子のみ、天を称して以て之に誄す」。『文心雕龍』に同様の記述があるのは、この部分を踏襲する。

(21) 『芸文類聚』巻三四には「哀永逝辞」、『文選』巻五七には題を「哀永逝文」と改めるが、いずれにも収録され、人麻呂が読んだ可能性がある。註（8）参照。

〔付記〕中国の誄については、詳しくは拙稿「誄と哀辞と哀策―魏晋南朝における誄の分化」（中国詩文研究会『中国詩文論叢』第二十六集、二〇〇七年）を参照。

社会人類学からみる死・墓・社会—韓国の事例を中心に—

網野　房子

死や墓を対象とする研究は、葬法や墓制といった死体処理に関わる問題から、家族・親族などの社会組織・社会制度、政治体制や広く社会構造・社会変動に関連する問題、さらに宗教や世界観、死生観や霊魂観などの文化的側面に関わる問題まで多様な領域に及び、歴史的観点、あるいは比較社会・文化の観点からの究明が人類学・民俗学をはじめさまざまな分野でなされている。(1)死や墓の問題が人間のアイデンティティーや生き方そのものに関わることを描きだそうとする新しい研究も注目され、(2)学際的研究も活発に行なわれてきた。(3)本稿でふれる朝鮮半島については、近年、墓や葬法（土葬と火葬）の変容の問題などへの精力的な取り組みが始まっており、きわめて興味深い。(4)

本シンポジウムもまた、こうした一連の研究動向につながる重要な成果だといえよう。朝鮮半島を対象にした社会人類学的研究にたずさわる筆者の立場からも多くのことを学ぶことができた。本稿では、シンポジウムに関連して気づいた点を二、三述べてみたいと思う。ただ、このテーマへの筆者の関わりはきわめて浅く、考古学の知識に乏しい上、死や墓をめぐる膨大な研究成果を未だほとんどふまえることができなかった。以下に述べることは視野の狭い的はずれな愚見に過ぎないかもしれないが、あえてこの貴重な機会に、朝鮮半島の人類学的フィールドワークによって得た死と墓に関わる調査資料に基づいて、拙ない考えを述べてみたいと思う。

一 社会人類学からのシンポジウムに対する関心

シンポジウムは、弥生・古墳時代の墓をめぐる最新の考古学研究の成果を議論の対象にしつつ、社会学・民俗学などの研究者との対話を通して、死や墓の問題から広く社会そのものをとらえてゆこうとするダイナミックな構想に基づいた企画であった。全体の流れとしてまず、弥生時代から古墳時代にかけての墓を政治・経済・社会・文化など多面的な側面からとらえる立場に立ち、考古学の禰宜田佳男氏と土生田純之氏により両時代の墓に関する研究成果の概要が示された後、葬送と死の社会学を専門とする嶋根克己氏は、社会の変容とともにそのあり方を変えてゆく墓制をモンゴルとアメリカの事例をもとに紹介した。ついで、柳田国男以来の長い葬墓制研究の蓄積をもつ民俗学からは、生と死の民俗学の大家である新谷尚紀氏が、文献史学の成果もふまえて日本の墓を通史的に概観した。そしてこれらの報告をふまえ、参加者のあいだで活発な討論が行なわれたのである。

私がとりわけ興味深く思ったのは、土生田氏の『黄泉国の成立』において指摘されシンポジウムでも示されていた、いわば「物言わぬ」考古資料から、当時の人々の心の領域に踏み込もうとする観点である。

シンポジウムでも強調されていたように、墓は埋葬施設であると同時に儀礼の場でもあった。土生田氏によれば、弥生時代には、墓の墳丘上において首長権継承の共同飲食儀礼が、民衆の参加によって行なわれていたという。しかし六世紀前半に畿内を中心に広く普及するようになる畿内型横穴式石室においては、これまでにない、死者との分離の葬送儀礼（『古事記』『日本書紀』のヨモツヘグイやコトドワタシ）が行なわれていたことが推測されるという[5]。またその時期になると、墳墓の石室内部を死者の世界とする具体的な認識が見いだせるようになり、死後の世界と現世との分離、隔絶、「死者の不帰還性」が明確になってくる。そしてそうした死者の行く世界とは、古代の『古事記』『日本書紀』の黄泉国神話において描かれているような暗黒の闇の世界としてイメージされているというのである。

さらにこのような地下他界観は朝鮮半島に由来する新来の観念であったが、この受容によって従来の他界観が一掃されたわけではなく、他界観は複合的・重層的に生きていたと考えられている。(6)そしてこの従来の他界観、すなわち黄泉国思想受容以前の弥生時代から古墳時代前半にかけての他界観においては、死者の世界のイメージは黄泉国思想のように明確ではないという。またそれは、死者の世界を地下にみることはない、水平方向のあるいは上昇方向にみる他界観で、鳥形木製品から想像されるような、大空を飛翔する鳥への信仰にみられる世界観ではないか、といい興味深い。(7)

以上のような、弥生・古墳時代へと続く墓について、儀礼の場という側面に注目し、そこで当時の人々が何を行なっていたのか、その儀礼行為にはどのような意味があったのか、どのような観念や宗教観が見いだせるのかといった、人間の営みや行動、観念や思想を、考古資料に即して実証的に読み解こうとする視点から、私は多くの示唆を与えられた。

もとより、フィールドワークに基づき個別の社会・文化の現在を研究する人類学の知見を、弥生・古墳時代の考古学的研究の成果へと結びつけて論じることの難しさと危うさは十分にふまえておかなければならない。しかし、非近代的な無境界状況といえる弥生・古墳時代とは、朝鮮半島とのあいだに、活発な人的交流・文化的交流が確実に存在した時代であった。(8)ならば、弥生・古墳時代の社会に関する諸事実は、決して、現在の朝鮮半島の社会のあり方と無関係だとはいえないだろう。

私がこれまで朝鮮半島で学んできたことは、巫者の宗教的世界、巫者と社会との関わりについてであり、これは大きくとらえれば宗教と社会の問題であった。主な調査地は韓国全羅南道珍島と済州島である。それらの問題を調査する過程で、現在、珍島の巫者が死の領域を主な活動領域として死と深い関わりをもつのに対し、済州島の巫者は、死に関わると同時に、死の領域とは異質な神々の領域にも深く関与しているという差違を知ることになる。そして、そうした差異をふまえて巫者とはひとまず、「死を解決する人」という一側面をもつ存在であるととらえていった。この「死を解決する」という観点は、内堀基光氏が『死の人類学』で述べた次のような見解に教えられたものである。

「この本で二人の著者が語ろうとすることは、死ということがらが人間の文化的営みのなかで、いかなる仕方ではあれ、何らかの解決を必要とする問題としてあるということである。現在地球上にみられる人間の諸社会、あるいはすでに歴史と先史のなかに消えさった諸社会のそれぞれが、文化をとおして死を一つの問題として設定し、さらにそれに解答を提示しているということができる。(9)」

この内堀氏の視座は重要であり、私がその後フィールドワークの営みを続けながら死の現場に身をおいて問うたことは、社会の中でいかにして死は解決されているのかという点であった。死の解決を中心的に担うのは巫者であるが、しかし巫者だけでなく、死者に関わる多くの生者達が、それぞれの形でその解決に力を尽くすのであり、その解決の仕方を具体的に知ることが重要であると考えたのである。そしてこの内堀氏の観点は、シンポジウムで嶋根氏が、「死は死者の記憶を残している社会を傷つけるが、そうした危機的な状況を乗り越えさせるのが葬儀といった儀礼であり、そのための世界観を作ってきたのが宗教であり、そうした人々の思いというものが結実したものが墓なのではないか」（本冊178頁参照）と述べた鋭い見方に連なるものである。このような観点からフィールドに臨んだとき、見えてきたのは、本シンポジウムにも関連する殯の問題、他界観の問題、ケガレの問題、死霊の問題などであった。

二　朝鮮半島のフィールドワークからみた死・墓・社会

珍島の調査地での忘れられない光景がある。それは、村人たちの葬儀において、一連の儒教式葬儀にさしはさまれた、民間巫女による死者儀礼の光景であった。

珍島では、死者を墓に土葬する前夜、まさに死者の横たわる棺を前にして、その名も棺頭シッキムクッ（シッキムは洗われる・クッは巫儀の意味）という儀礼が行なわれる。現在ではかつてのように一般的ではなく不慮の事故などの特別な場合に行なわれているものだが、一九九五年の調査中はまだ頻繁に観察することができた。日本では通夜にあたる夕刻から明け方近くまで、巫女は一定の儀礼手順をふんで巫儀を執行する。死の儀礼の場の主役は、棺に眠る死者の肉体そのものとその死霊であるが、そのほか八百万の神々と祖霊と死にまつわるもろもろの霊魂が招かれ、死者は、死霊と神々とともに酒食でもてなされ歌舞によって遊び、あの世へ旅立ってゆく。また巫女は、棺を水で洗う所作をし、死者をかたどった人形《ヒトガタ》をも洗い、まるで実際の洗骨を彷彿とさせるのである。そしてあの世への道を白い布で示しながら、死者のためにその道もキヨメていった。

　全羅道地方の巫者の儀礼はきわめて芸術性が高く、儀礼において歌い続けられる巫歌は独特の音楽性をもっている。地の底からわきあがるような土俗的な歌声と調べは、家族達の哭泣する音声と重なって一つの音楽世界をなしているかのようであり、男性巫者による楽器演奏もまた、言葉に尽くせないほど見事であった。クライマックスの死霊と棺の儀礼的「洗い」「キヨメ」の場面では悲しみの調べが最高潮に達するが、前半には、神々を遊ばせるために、情感あふれた軽快な調べもさしはさまれる。そこではかけつけた近隣の村人達によって、歌舞が披露されることもあり、葬儀の庭では、火を焚いたその横で必ずユンノリ（双六遊びに似たもの）遊びが金を賭けて行なわれていた。[10]

　葬儀の場が、このような広い意味での遊びの場でもあることを現代の韓国に見いだしたことは、大きな驚きであり、この光景からは、三世紀後半、弥生時代晩期の頃の記録である『魏志倭人伝』の次の有名な記述を思い浮かべずにはいられなかった。

写真１　死霊儀礼を行なう珍島の巫女

「人が死ぬと、はじめ十日余、喪に服する。この間、人々は肉食せず、また喪主は大声で泣き、他の人々は（喪主の）傍で歌舞し飲食する。埋葬しおわると（喪主の）一家中が海や川に入り澡浴する。それは（中国における）練沐のようである。[11]」

　珍島と同様の死者儀礼は済州島でも盛んであり、ここでは巫者による口寄せが儀礼の中心をなしている。済州島の場合、珍島の死者儀礼に際だっていた芸術性よりも、口寄せという語りと、占いを特徴としている点も興味深い。

こうして以上のような死者儀礼にみられる死霊の鎮魂、洗霊、歌舞飲食、口寄せ、遊びという諸要素からは、広い意味の殯との関連性が推測されるのである。殯に関する文献史学や考古学の研究史や議論についてここではまだ不勉強のためふれることができないが、多くの研究蓄積の中で私が重要な示唆を与えられたのは、新谷氏の次のようなとらえ方である。

「殯とは単に死者の蘇生を願うだけのものでもなく、また死者の新しい魂を鎮めるため、あるいは人々に死をもたらす邪霊の類を鎮め祓うためのものだけでもなくて、むしろそれらが渾然一体となった複雑な観念の均衡の上に成立していたものといわねばならない。つまり、死者に対する愛惜（籠居・発哀・発哭・誄・供饌など）、死体から遊離する新魂の鎮送（呪言・供饌・歌舞奏楽など）、死体に憑依する邪霊の類の祓除（呪言・刀剣・歌舞奏楽など）、それに死穢の忌避（籠居・沐浴など）、という喪葬儀礼を構成する四つの基本要素がここに帰納されるわけであり、これらが錯綜し、矛盾を孕みつつ、微妙な均衡の上に、殯という死後一定期間の遺体保存として儀礼化されていたものということができる。つまり、それはいわば境界観念の儀礼的表現の一つとしてとらえられるべきものなのであって、具体的には縁者による死者の見送りであり、生死の境を一歩踏み込んでしばらくの期間、遺体とともに特別な空間を設定して、そこでトギ（御伽《オトギ》のこと：筆者注）をしたのが殯のもとのすがたであったと考える。そしてその生死の境を一歩踏みこむという実感の確認への希求が、憑霊つまり遊ぶという特異な行為を生んでいたのである。(12)」

写真２　旧暦８月15日秋夕前の墓の伐草

以上の新谷氏による殯や遊びをめぐる卓見に教えられ、殯や遊びとは、生から死へ、肉体から霊魂へと移行するま

写真 3　済州島の共同墓地

写真 4　死霊儀式を行なう済州島の巫女

写真５　死霊のための衣服をもち死霊を招き呼ぶ済州島の巫女

さにその生死の境界のただなかで、社会が生み出した、「死を解決する」方法の一つとしてみることもできると思う。

こうして埋葬前の殯が終わると、翌日、死者は墓へと送られ土葬されるのである。済州島の調査からは、埋葬直後の墓は強いケガレの場であることがわかっている。またその死のケガレの発生源は、ほかならぬ死者の身体であることも調査から明らかなのである。しかしここで重要なことは、済州島における死生観を示すケガレとは、ビリダという済州島方言で表わされる、不浄観とは異質な死と生に関わる観念であるという点であり、墓がそのまま不浄の地・死穢の地・穢れの地だとはいえないことを強調しておきたい。そしてもう一点の重要なこととして、済州島のケガレは、地域社会の神々の領域とは決して交わることはない、生と死にまつわる特殊な領域であるという点もふまえなければならず、ケガレの領域と神々の領域とがともに非日常的領域としてくくられるなら、両者は相克する関係にあるともいえるのである。一方、珍島の場合、死と生に対する不浄観がより強くみられるのであり、少くとも現在において、済州島とは異な

る世界観をもつことも付け加えておきたい。(13)

以上の問題は、シンポジウムでもふれられていた古代の墳墓と神々の祭祀の地との関係や、古代の死穢・死忌・ケガレの観念にも関わる問題であろうと思われ、(14)「不浄」とともに不浄とは異なる「ケガレ」という二つの概念を設定することにより、人類学的観点からも考えていく余地があるのではないかと思う。

三　おわりに

殯、死者の肉体と死霊、祖霊や邪霊、キヨメとケガレ、洗骨や洗霊、湿と乾、複葬制、歌舞飲食、遊び、泣き、口寄せ、あの世（他界）やあの世の使者、貨幣、豚と肉食、墓、埋葬、ケガレの領域（死・生の領域）と神の領域（祭祀の領域）、「聖」(15)と非日常的領域と忌と注連縄、畏怖と忌避と差別……。本稿で取り上げたのは、この中の一部だが、こうして韓国の珍島と済州島の死者儀礼や墓のあり方をみていくと、これらの諸要素が、複雑にからみあい存在していることがわかる。

人類学ではこのような死をめぐるもろもろの文化要素を、各々別個に論ずるのではなく、社会の全体像の中でとらえるというアプローチをとるのであり、(16)その射程は調査現在の時空間という小さな領域に限定されるという方法論上の限界をもつものの、経験的・実践的なフィールドワークは、死の儀礼や死をめぐる慣習に込められた心性にふれることも可能にしてくれる。本稿ではそうした人類学的観点を十分に生かすことができたとはいえず、シンポジウムで掲げられた本質的な諸問題に対して人類学からの応答も難しかったが、異なる研究分野の方法論や成果から学ぶことで自らの方法論を鍛えることの重要性を痛感した。残された問題はこれからの課題としたい。そして、日本列島を朝鮮半島へ、アジアへと、ダイナミックにつなげてゆく魅力的な考古学から、今後もたくさんのことを学んでゆきたいと思う。

註

（1）参照した文献は、総論として孝本・義江　一九九三、葬墓制については、大林　一九七七、沖縄県地域史協議会編　一九八九、新谷　一九八六、新谷・関沢編　二〇〇五、森　一九九三、社会組織・社会構造・社会変容との関係については石川・岩田・佐々木編　一九八五、遠藤　二〇〇二、森　二〇〇〇、森山　一九九六、世界観・死生観・霊魂観については岩田　二〇〇六、酒井　一九八七、新谷　一九八六、渡邊　一九九〇である。

（2）内堀・山下　一九八六、前山　一九九三参照。

（3）沖縄県地域史協議会編　一九八九、孝本・八木編　一九九七、国立歴史民俗博物館編　二〇〇二、藤井・義江・孝本編　一九九三参照。

（4）髙村　二〇〇一・二〇〇七、秀村　二〇〇七参照。

（5）この点については反論もあるようである。（土生田　一九九八、三〇四―三一三頁）

（6）本稿では論じられなかったが、現在の朝鮮半島の調査地における人々の他界観には、水平的な海上他界観、垂直的な天上他界観・地下他界観が重層的に存在しているといえるが、池上良正氏が述べるように、人々にとって重要なのは他界の場所ではなく他界や他者との「コミュニケーションの技法」であると思われる。（新谷編　一九九九、二七三頁）

（7）土生田　一九九八（一六―三〇・二〇二―二二一・二四七―二三三頁）、同　二〇〇六（三一―五二頁）を参照した。

（8）数多くの研究があるが、例えば埴原　一九九三、土生田　二〇〇六（二五二―二七〇頁）参照。

（9）内堀・山下　一九八六、二頁。

（10）拙稿　一九九七。

（11）井上ほか訳注　一九七四、二九五頁。

（12）新谷　一九八六、一四〇―一四一頁。

（13）拙稿　二〇〇六・二〇〇七a。

(14) 土生田　一九九八、二八四―二九六頁。

(15) 筆者は「聖」という概念を浄・不浄、吉・凶などを含み込む広い意味での非日常的領域を示す概念として用いたいと考えている。(拙稿　二〇〇七b、三八―三九頁)

(16) 例えば、『巨木と鳥竿』(諏訪編　二〇〇一)は、日本列島や朝鮮半島の古代の霊魂観や他界観の解明の上で注目されてきた鳥竿をめぐる考古学・人類学・民俗学の学際的研究として興味深いが、この書の中で社会人類学者の崔吉城は、鳥竿に関し、鳥は現代の朝鮮半島の民俗でとくに際だつ要素ではないとし、鳥竿・ソッテ・神木・神竿・木柱の問題は、社会人類学や民俗学の立場からは、鳥とか竿の文化要素だけを論ずるのではなく、社会構造との関連性が重要であり、社会の境界の問題から考えるべきことを述べており、大いに教えられた。

参考文献

網野房子　一九九七「韓国―巫女の宗教的世界―全羅南道珍島の調査から」民族学研究、六二―三、二七三―二九三頁

同　二〇〇六「日韓民衆宗教の比較に向けた予備的ノート―桜井徳太郎の民間巫者研究をめぐって」現文研、八二、専修大学現代文化研究会、九三―一〇五頁

同　二〇〇七a「巫女とケガレ―韓国済州島と珍島の調査から」阿部年晴・綾部真雄・新屋重彦編『辺縁のアジア―〈ケガレ〉が問いかけるもの』明石書店、八二―一三四頁

同　二〇〇七b「豚と天神―朝鮮半島の巫俗と儒教の習合をめぐる一考察」土屋昌明編『東アジア社会における儒教の変容』専修大学社会科学研究所社会科学研究叢書一〇、専修大学出版局、一―五一頁

石川栄吉・岩田慶治・佐々木高明編　一九八五『生と死の人類学』講談社

井上秀雄ほか訳注　一九七四『東アジア民族史一―正史東夷伝』平凡社

岩田重則　二〇〇六『「お墓」の誕生―死者祭祀の民俗誌』岩波書店

内堀基光・山下晋司　一九八六『死の人類学』弘文堂

遠藤　央　二〇〇二『政治空間としてのパラオ―島嶼の近代への社会人類学的アプローチ』世界思想社
大林太良　一九七七『葬制の起源』角川書店
沖縄県地域史協議会編　一九八九『シンポジウム　南島の墓―沖縄の葬制・墓制』沖縄出版
孝本　貢・八木　透編　一九九七『シリーズ比較家族九　家族と死者祭祀』早稲田大学出版部
孝本　貢・義江彰夫　一九九三「『墓制研究』の展望」藤井正雄・義江彰夫・孝本　貢編『シリーズ比較家族二　家族と墓』早稲田大学出版部、三一一―三一六頁
国立歴史民俗博物館編　二〇〇二『葬儀と墓の現在―民俗の変容』吉川弘文館
酒井卯作　一九八七『琉球列島における死霊祭祀の構造』第一書房
新谷尚紀　一九八六『生と死の民俗史』木耳社
新谷尚紀編　一九九九『講座人間と環境　第九巻　死後の環境―他界への準備と墓』昭和堂
新谷尚紀・関沢まゆみ編　二〇〇五『民俗小事典　死と葬送』吉川弘文館
諏訪春雄編　二〇〇一『巨木と鳥竿』勉誠出版
高村竜平　二〇〇一「済州島の葬墓文化―西帰浦市猊来洞の事例を中心に」済州島研究、二〇、二三三―二五七頁
同　二〇〇七「葬法の文明論―植民地朝鮮における土葬と火葬」『大東亜共栄圏の文化建設』人文書院、二四一―二九一頁
埴原和郎　一九九三「日本人の形成」『日本通史一　日本列島と人類社会』岩波書店、八三―一一四頁
土生田純之　一九九八『黄泉国の成立』学生社
同　二〇〇六『古墳時代の政治と社会』吉川弘文館
秀村研二　二〇〇七「韓国社会における死をめぐる民俗文化の変容―火葬の増加と葬儀場」朝倉敏夫・岡田浩樹編『グローバル化と韓国社会―その内と外（国立民族学博物館調査報告六九）』国立民族学博物館、三二一―四二一頁
藤井正雄・義江彰夫・孝本　貢編　一九九三『シリーズ比較家族二　家族と墓』早稲田大学出版部

前山　隆　一九九三「移民・家族・墓―ブラジル日本移民を中心に」藤井正雄・義江彰夫・孝本　貢編『シリーズ比較家族二　家族と墓』早稲田大学出版部、一五〇―一七〇頁
森　謙二　一九九三『墓と葬送の社会史』講談社
同　二〇〇〇『墓と葬送の現在―祖先祭祀から葬送の自由へ』東京堂出版
森山　工　一九九六『墓を生きる人々―マダガスカル、シハナカにおける社会的実践』東京大学出版会
渡邊欣雄　一九九〇『風水思想と東アジア』人文書院

連携企画「弥生・古墳・飛鳥時代を考える」を振り返って

中川二美
浜田晋介
深澤靖幸

川崎市市民ミュージアム、横浜市歴史博物館、そして府中市郷土の森博物館の三館は、「弥生・古墳・飛鳥時代を考える」のテーマのもと、展示会を開催した。各博物館が地域の特性を活かしながら、連携することによって、全体として規模の大きな催しにしようという企てである。すでに述べられているように、本書は川崎市市民ミュージアムで開催されたシンポジウムの記録を中心として編まれているが、このシンポジウムは上記三館による展示会の関連事業として企画されたものである。小文では、まず連携展示会の顚末を記し、その上で、関連事業である「墓から探る社会」の位置づけを述べておきたい。

一　事の始まり

川崎・横浜・府中の三館が連携して展示会を開催したのは二〇〇六年四月から六月のことである。これをさかのぼること一年半位前のことだったと思う。三館の学芸員が顔を合わし、近況や今後の展示会予定など、情報交換を行なう機会があった。その中で、横浜は隣接する大塚・歳勝土遺跡の国史跡指定二〇周年、遺跡公園開園一〇周年という節目の年を迎えるにあたり、弥生時代をテーマとした展示会を構想していること、川崎は近年の博物館活動の中で蓄積してきた市域の古墳出土品を活用する手立てを模索していること、そして府中は全国で三例目となる上円下方墳の発見・発掘を受けて、古墳時代終末期を中心とした展示会を計画していることが話題にのぼった。

実は、この三館の連携展示は、これが初めてではない。二〇〇三年に「古代を考える」を統一テーマとして、府中「武蔵の国府と国分寺」、川崎「郡の役所と寺院」、横浜「文字との出会い―南武蔵・相模の地域社会と文字」を開催している。こうした経験・実績から、今回も連携展示会を行なえるのではないか、そんな雰囲気が生まれ、それぞれ館に持ち帰り、検討することとなったのである。

二　企画のすり合わせと各館の独自性

幸いに各館とも前向きに対応することとなり、連携会議と各館での検討を何度か繰り返し、展示会の会期、テーマをつめて行った。会期は、横浜の周年記念にあわせて四～六月とし、横浜が弥生時代の墓、川崎が古墳の成立と展開、府中が終末期の古墳を受け持つことで、全体として古代の「墓」をテーマとした展示会に仕立て上げるということでまとまった。統一タイトルは「弥生・古墳・飛鳥を考える」とした。

以上のような経緯と意図のもとに展示会が企画された訳だが、予算規模も会場の広さも異なる館が連携するのは意外に難しい。さまざまな弊害や事務的な手続きの煩わしさが付き物である。そこで私たち三館は、二〇〇三年と同じく、実行委員会を作るわけでもなく、各館が独自性をもって運営するシステムを採った。あるのは統一テーマとそれに基づく展示意図、そしていくつかの連携関連事業である。

基幹となる展示では、統一したストーリーを設けず、各館がそれぞれの地域性に沿って展示を構成することとした。横浜は関東地方の方形周溝墓と環濠集落とのかかわりに重点を置き、人々の暮らしと社会の変化をたどっている。これは大塚・歳勝土遺跡を中心に据え、その位置づけを明らかにしようという意図による。川崎では、近畿および南武蔵や東北における古墳の出現や展開の様相をたどりながら、川崎市域の古墳を丁寧に紹介した。府中では上円下方墳である熊野神社古墳の調査を振り返るとともに、関東や近畿の主要な終末期古墳を紹介し、熊野神社古墳の年代や被葬者像を考えることを意図した。このように、各館とも地域博物館としての独自性を重視しながら、統一テーマに接近することを目指した。

三　連携展示会の関連事業とメリット

連携事業の一つが、本書の中心となっているシンポジウムである。この位置づけについては、後述する。

いまひとつの連携事業としては、バスツアーがある。各館が主催し、基本的に各館とも二コースを用意した。三館の展示会めぐりと、遺跡めぐりである。前者はそれぞれの担当学芸員が展示解説を行なうという内容で、二〇〇三年の「古代を考える」に実施し、好評を博した実績がある。後者は今回新規に採りいれたもので、各館の展示を象徴する大塚・歳勝土遺跡、多摩川台古墳群、熊野神社古墳を巡り、各館の学芸員が分担して解説した。三館やそれぞれの遺跡はそれほど離れているわけではないが、鉄道交通の便は必ずしも良くない。三館を一日で見学することも、三遺跡を一日で巡ることもかなり難しい。移動の煩わしさから解放され、解説付きで三館や遺跡を巡れるというのは、それなりのお得感があるのだろう。濃密なツアーとして今回も好評であった。

このほか、展示図録や解説書も各館で独自の方針で編集・発行し、それを相互で販売した。また、こうした連携事業ばかりでなく、各館独自に展示解説やワークショップを適宜開催した。

以上、かいつまんでみてきたように、企画の点でも運営の点でも独自性を尊重しながら、無理のない範囲で協力し、補い合うというのが私たち三館の連携のあり方である。私たちはこれを「ルーズな連携」と評したが、こんな連携でも効果は小さくない。

三館すべてを巡れば、大規模展に匹敵する展示会を観覧したことになる。今回のテーマでいえば、墓を通して時代の移り変わりを知ることができるし、それぞれの時代の墓の研究状況も一瞥できる。これが単独で取り組める規模でないことは明らかである。しかもそれは、各館の独自性や主張を含んだ、変化に富んだ構成となっているのだ。ストーリーに一貫性はないものの、ここに大規模展にはない地域史の醍醐味がある。地域博物館が連携する意義はここにあるといえよう。

私たち開催館にとって最大のメリットは、広報宣伝の相乗効果である。ポスターやチラシに連携企画として他館の情報を掲載することで、宣伝効果は格段に増す。新聞の地方版で地元の展覧会紹介とともに、連携展示会が紹介され、また川崎のミニコミ誌に横浜や府中の展覧会が紹介されるといった具合である。横浜の展示を観覧し、川崎・府中との連携事業であることを知り、足を伸ばしてくれた人もいる。口コミも単純に考えて三倍の効果があったはずだ。連携が利用者の開拓につながっていることは間違いない。

そればかりでない。連携は博物館や学芸員の質を高めることにもつながる。同じ土俵とまではいえないまでも、同じ時期に、統一テーマで展示をするのだから、対抗心がないわけがない。予算や会場の規模、そしてスタッフの数も違うのだから単純ではないが、展示内容ばかりでなく、準備や会期中の運営の仕方など他館の事情をつぶさに知ることができる連携は、自らの仕事を見つめ直す機会にもなる。むろん、反省点を共有し、相対化することもできる。

四　そしてシンポジウム

さて、博物館における展示は当然のことながら即物的である。学芸員としては、展示シナリオを作成しそれに沿って良質な資料を集めていくわけだが、いつものことながら展示意図がどこまで伝わっているか、心もとない。モノを観て、モノを通して学ぶ場である博物館で、抽象的な事柄は伝えにくい。これを補うのが展示解説や講演会、シンポジウムだろう。とりわけ講演会やシンポジウムは、展示内容をさらに深めたり、大きな視野の中で相対化することもできる。

こうした考えのもと私たちは、展示解説や講演会は各館が実施することとして、連携展示会を総括するシンポジウムを合同で開催することを模索した。二〇〇三年の「古代を考える」でも同様の考えのもと、「古代武蔵国を考える」と題したシンポジウムを古代武蔵国研究会の主催で開催していただき、三館はこれを後援した。武蔵国をフィールドとする研究者たちの協力を得て、彼らの研究成果を連携展示会に合わせて市民に広く還元したのである。今回は何度かの協議を経て、川崎が主催し、横浜・府中が協力体制をとることとした。そして、川崎の地元にある専修大学・土生田純之氏にコーディネイトをお願いして実施した。

いわば今回は地域博物館と地元大学の連携である。その趣旨はシンポジウムの冒頭に土生田氏によって解説されているとおりの異種格闘技戦である。「古代武蔵国を考える」も文献史学と考古学の協働だったが、この二分野はすでに緊密な関係を築き上げており、シンポジウムにも予定調和的な面が少なくなかった。それに対して今回は、考古学に民俗学と社会学をからめ、墓を鳥瞰的にとらえなおすという斬新な企画であった。連携展示会の関連事業にとどまらない、当初の私たちの目論見を大きく超えたシンポジウムとなったのである。

五　連携企画の将来

以上、連携展示会とシンポジウムの顛末を振り返ってみた。いまや地域博物館同士の連携は珍しいことではないかもしれない。各地に博物館ネットワークがあり、横浜・川崎は神奈川県博物館協会、府中は三多摩博物館協議会に属している。こうした会を主体とした連携事業も少なくない。とくに、神奈川県博物館協会では、二〇〇一年に東海道をテーマにした合同展示会を開催している。

そうした中で、私たち三館の連携は、都県を越えたところにひとつの特色がある。既成の博物館ネットワークではなく、学芸員の普段の交流の中から立ち上げていることにも大きな特長があると思う。そして、「ルーズな連携」にはメリットはあっても、デメリットはない。今回で二回目の連携展示会となったが、連携には単独ではできない企画を実現する可能性がまだまだあるようだ。また、連携の輪を広げていくこともできそうである。近い将来、再度連携展示会を開催できればと思う。

執筆者紹介（掲載順）

禰宜田　佳男（ねぎた・よしお）　文化庁
土生田　純之（はぶた・よしゆき）　専修大学　教授
嶋根　克己（しまね・かつみ）　専修大学　教授
新谷　尚紀（しんたに・たかのり）　国立歴史民俗博物館　教授
浜田　晋介（はまだ・しんすけ）　川崎市市民ミュージアム
小坂　延仁（こさか・のぶひと）　鳩ヶ谷市教育委員会
中條　英樹（ちゅうじょう・ひでき）　専修大学　講師
青木　敬（あおき・たかし）　奈良文化財研究所
古屋　紀之（ふるや・のりゆき）　横浜市埋蔵文化財センター
松原　朗（まつばら・あきら）　専修大学　教授
網野　房子（あみの・ふさこ）　専修大学　准教授
深澤　靖幸（ふかさわ・やすゆき）　府中市郷土の森博物館
中川　二美（なかがわ・ふみ）　前横浜市歴史博物館

2009年6月5日　初版発行　　《検印省略》

墓《はか》から探《さぐ》る社会《しゃかい》

編　者　川崎市市民ミュージアム
発行者　宮田哲男
発行所　株式会社 雄山閣
〒102-0071　東京都千代田区富士見2-6-9
TEL 03−3262−3231（代）　FAX 03−3262−6938
URL http://yuzankaku.co.jp
E-mail info@yuzankaku.co.jp
振替：00130-5-1685

組　版　株式会社　富士デザイン
印　刷　三美印刷株式会社
製　本　協栄製本株式会社

ISBN978-4-639-02094-3 C1021　　Printed in Japan 2009